Uwe Ziegler
Kreuz und Schwert

Uwe Ziegler

Kreuz und Schwert

Die Geschichte des Deutschen Ordens

2003

BÖHLAU VERLAG KÖLN WEIMAR WIEN

Bibliografische Information der Deutschen Bibliothek:
Die Deutsche Bibliothek verzeichnet diese Publikation in der Deutschen Nationalbibliografie; detaillierte bibliografische Daten sind im Internet über http://dnb.ddb.de abrufbar.

Umschlagabbildung: © AKG, Berlin
Die Baumburg des Deutschen Ordens gegen die Pruzzen,
Darstellung der Baumburg von Thorn aus dem Jahre 1231.
Gemälde, um 1600

Lektorat: Annalisa Viviani

Ursulaplatz 1, D-50668 Köln
Tel. (0221) 913 90-0, Fax (0221) 913 90-11
vertrieb@boehlau.de

Satz und Reproduktionen: Satzpunkt Bayreuth
Druck und Bindung: Friedrich Pustet KG, Regensburg
Gedruckt auf chlor- und säurefreiem Papier
Printed in Germany

ISBN 3-412-13402-3

Inhalt

Vorwort

Seit dem Fall des Eisernen Vorhangs, der vor allem unterschiedliches gesellschaftliches Denken und unterschiedliche Politikstile symbolisierte, hat sich der Blick auch der Westdeutschen nach Osteuropa und Rußland geöffnet.

Trifft diese Feststellung aber wirklich zu? Der Blick des interessierten Lesers und Zuschauers in die Tageszeitungen, Fernsehnachrichten und politischen Magazine läßt Zweifel aufkommen, massive Zweifel sogar. Denn noch immer herrscht die *terra incognita* in den Köpfen der Redakteure, noch immer ist die Oder-Neiße-Grenze manifest: Außer zu Wahlzeiten oder bei Besuchen prominenter Politiker hört, liest und sieht man über unsere östlichen Nachbarn nichts oder nur Rudimentäres; deren Leben spielt sich weitgehend so außerhalb unserer Sphäre ab, als ob es virtuell sei. Das mag auch daran liegen, daß wenigstens zwei Generationen von Medienmachern den Osten nicht erfahren haben (im wahrsten Sinne des Wortes). Verständigungsschwierigkeiten haben vermutlich auch das Erkenntnisinteresse eingeschränkt. Aber reicht das als Erklärung aus? Über die zusammengebrochene sozialistische Industrie in den neuen Bundesländern beispielsweise erfahren wir gelegentlich etwas – aber wann etwas über Nowa Huta, der größten Industriestadt Polens mit dem größten Hüttenwerk des Landes? Immerhin ist das eine Stadt, die mit den noch schlimmeren Folgen des gleichen Sozialismus zu kämpfen und keinen reichen Bruder zur Seite hat. Und diese Stadt war zudem lange Jahre der Wirkungsort von Karol Wojtyła, Papst Johannes Paul II. Ist also der Zusammenbruch des Lebensraums von Zehntausenden Polen weniger wichtig?

Noch längst sind die latenten Vorurteile auf beiden Seiten nicht auf das unvermeidliche, also unschädliche Minimum reduziert worden. Noch immer gibt es auf beiden Seiten Politiker und selbsternannte «Aufklärer», die glauben, ihre Karriere und ihr öffentliches Ansehen auf nationalistischem oder antinationalistischem Boden bereiten zu können. Über sie und ihr Auftreten wird berichtet, sie dürfen ihre Artikel veröffentlichen.

Nicht berichtet wird über all die anderen, die überwiegende Mehrheit, auch die der Polen: Uns erstaunte auf unseren Reisen die Gelassenheit der Polen im Umgang mit uns Deutschen und ihre Selbstverständlichkeit im Umgang mit unserer gemeinsamen Geschichte. Ihnen war das nationalistische Pathos vergangener Jahrzehnte innerlich längst völlig fremd. Selbstverständlich verwendeten sie im Gespräch mit uns die deutschen Namen der Städte, die wir besuchten, so wie sie untereinander die polnischen Namen benutzten. Als aufdringlich und daher unangemessen empfanden sie es, wenn wir polnische Namen für heute polnische Siedlungen benutzten – zumal die Deutschen in dieser Beziehung inkonsequent sind: Wie viele Gebildete reden und schreiben Szczecin, Gdansk – und wie viele aber Malbork (d.i. Marienburg)?

Für unsere polnischen Freunde war die lange heiß diskutierte, angeblich hochpolitische Frage (weil aus ihr vermeintlich Ansprüche irgendwelcher Art hätten abgeleitet werden können) völlig ohne Belang, ob irgendeine Siedlung von Polen oder Deutschen gegründet worden war – einfach deswegen nicht, weil es zu ihrer Gründungszeit solche nationalen Kategorien nicht gab.

Wie selbstverständlich war ihnen der Deutsche Orden nicht der antipolnische Gottseibeiuns, wie er von allzu vielen Deutschen den Deutschen und von Polen den Polen seit vielen Jahren suggeriert wird. Warum auch? Schließlich war er für dreihundert Jahre politisch und praktisch wirkungsmächtig, und seine Entscheidungen sind längst nicht mehr reversibel.

Inzwischen sind viele Polen und Deutsche auf politischer Ebene dabei, im Zuge des gemeinsamen Strebens nach einer europäischen Union ihr nachbarschaftliches Verhältnis zeitgemäßer zu definieren und zu gestalten. Im deutsch-polnischen Verhältnis geht es dabei auch um eine objektivere Sicht der Vergangenheit, um die Anerkennung einer gemeinsamen Vergangenheit, zu der sich heute die Deutschen noch nicht durchringen können. Auch was die Geschichte des Deutschen Ordens betrifft.

Ebenso fehlt bisher in der öffentlichen Wahrnehmung ein der deutsch-französischen Freundschaft vergleichbarer Umgang miteinander, obwohl es ihn durchaus gibt. Die beeindruckende Gelassenheit unserer polnischen Freunde im Umgang mit der eigenen Geschichte, mit den Deutschen und mit unserer gemeinsamen Vergangenheit hat dieses Buch geprägt. Ihnen gilt unser Dank.

Wenn man heute in Deutschland eine Geschichte des Deutschen Ordens schreibt, muß man (zumindest) zwei Mißverständnissen vorbeugen und sie aus dem Weg räumen: Das eine, die nationale Orientierung aller Lebensfragen, und damit auch der Geschichtsschreibung, hat – auch hierzulande – inzwischen seine Bedeutung weitgehend verloren; nur ein paar unserer Zeitgenossen beschwören noch den *anti*deutschen nationalen Affekt. Das andere permanent die öffentliche Diskussion beherrschende Mißverständnis ist die offenbar unausrottbare Sucht, Ereignisse und Persönlichkeiten der Vergangenheit mit heutigen ethischen Maßstäben bewerten zu wollen, zu dürfen, ja sogar zu müssen.

Dabei findet selbstverständlich immer eine Auswahl der Menschen statt, die sich diesen Maßstäben zu stellen haben; auf das Problem, daß die anderen Menschen dieser Zeit den gleichen Motiven und den gleichen Wertvorstellungen gefolgt sind oder wenigstens gefolgt sein könnten, wird nicht eingegangen, schon allein deswegen nicht, weil man damit die Eingeschränktheit und Beliebigkeit der eigenen Positionen herausstellen würde: Wer den Deutschen Orden und seinen Einsatz in Preußen aus – möglicherweise heute relevanten – ethischen Gründen problematisiert, müßte die gleichen Grundsätze auch an dessen politische und militärische Gegner anlegen, an alle anderen europäischen Herrscher dieser Zeit. Welches Recht etwa hatten die polnischen Könige oder die Herzöge von Masowien an den Pruzzen und ihren Siedlungsgebieten? Genauso wenig und genau so viel wie der Deutsche Orden – nämlich keines. Nie wurden die königlich-polnischen Ansprüche in Zweifel gezogen, schon gar nicht von den modernen Autoren. Zu wünschen ist, daß diese «intellektuellen» Moralisten wenigstens von späteren Interpreten gefragt werden, welche ethischen Maßstäbe sie denn an ihre Zeitgenossen, die ihren eigenen Maßstäben nicht genügten, angelegt und sie damit der öffentlichen Diskussion ausgesetzt haben: Wer beispielsweise gegen Präsident Bush seiner (geäußerten) Kriegsabsichten wegen demonstriert, nicht aber gegen Präsident Putin wegen seines (tatsächlichen) Krieges gegen Tschetschenien, ist, gelinde formuliert, einäugig. Wer mit einigen seiner Zeitgenosssen nicht kritisch umgehen will, hat mehr als jeder andere das Recht verspielt, Menschen aus vergangenen Zeiten zu kritisieren.

Über den Deutschen Orden und seine Geschichte sind inzwischen unzählige fachwissenschaftliche und populäre Abhandlungen und Artikel erschienen, nur wenige Themen sind in der Geschichtsforschung und -schreibung so heikel und so umstritten. Daß nun eine neue Gesamtdarstellung vorgelegt wird, hängt mit der Würze des Themas selbst zusammen – das ist der Spannungsbogen, der über acht Jahrhunderte reicht; das ist die Geschichte einer *Organisation* mit ihren ständigen personellen und zeitbedingten geistigen Wandlungen, nicht die einer Familie oder eines Staates oder einer politischen Idee – außer der katholischen Kirche mitsamt Mönchs- und Nonnenorden gibt es in Europa keine überregionale Organisation mit einer so langen Geschichte.

Wenn die Fakten weitgehend bekannt sind und die allfälligen Streitfragen in ihren Widersprüchen bereits umfassend dargestellt wurden, so kann sich diese neue Darstellung nur durch die Gewichtung von Teilaspekten und die unterschiedliche Interpretation der Fakten von den bisherigen Untersuchungen abheben: in der Form der Wahrheitssuche und in der Sprache. Sie ist vor allem ideologischer und politischer Insinuationen und Beschränkungen entkleidet Darüber hinaus wird gelegentlich auch bei historischen Fragestellungen auf den Gebrauch der praktischen Vernunft gesetzt. So scheint es nahezu ausgeschlossen, daß Landmeister Hermann Balk und seine Streitgenossen oder sein Gefolge während oder neben den Kampfgeschäften vor Ort die «Kulmer Handfeste» selber entworfen haben, die sie 1233 den Städten Kulm und Thorn verliehen haben. Die geistigen Vorarbeiten zur Entwicklung dieses Stadtrechts können nur in der Ordenszentrale selbst geleistet worden sein.

Dort, wo gesicherte Erkenntnisse der Quellenlage wegen nicht mehr zu gewinnen sind, werden auch denkbare Möglichkeiten geschildert. So erscheint es als durchaus wahrscheinlich (wenn auch historisch nicht belegbar), daß Hochmeister Hermann von Salza bereits 1223 die östlichen Gestade der Ostsee, das Pruzzenland und das Baltikum, in sein strategisches Visier gefaßt hatte und nicht erst 1226 im zeitlichen Umfeld der Goldbulle von Rimini: 1223 schlichtete er nämlich im Auftrag von Kaiser und Papst vor Ort erfolgreich – wenigstens für ein paar Jahre – einen Streit zwischen dem dänischen König auf der einen Seite und einem Bündnis von regionalem deutschen Adel und Hansestädten auf der anderen Seite. Bei dieser Gelegenheit ist er mit Sicherheit darüber informiert worden, daß die bisherigen Bemühungen um die Christianisierung in dieser östlichen Gegend Europas, jenseits der Grenzen des Deutschen Reichs also, noch immer von wenig Erfolg gekrönt waren: Pruzzen, Liven und Esten wollten einfach nicht die Segnungen des Christentums (und selbstverständlich auch nicht die Herrschaftsinteressen der West- und Mitteleuropäer) akzeptieren.

Völlig anders dagegen die für wahrscheinlicher zu haltende Sicht des Deutschen Ordens: Die Aufgabe, Land zu erobern und die Christenmission zu unterstützen, stand dem erfahrenen Hochmeister gut an – ohne Konkurrenz von seiten anderer Ritterorden, der Klöster und einheimischer weltlicher Herrscher.

Ausgehend von der Goldbulle von Rimini 1226 wird zum Erkenntnisgewinn gelegentlich der «schwebende Zustand» von Macht- und Rechtsverhältnissen genutzt, der bis 1806 in allen Lebensbereichen des Heiligen Deutschen Reichs Römischer Nation immer wieder wirksam wurde: Was heute sicher schien, konnte morgen schon in sein Gegenteil verkehrt werden. Wie ein roter Faden zieht sich diese Argumentationsweise durch die Darstellung und erleichtert die Interpretation der Geschehnisse: Beispielsweise war die Goldbulle von Rimini zwar äußerst repräsentativ, doch, was ihre Außenwirkung betraf, von keinerlei einklagbarem rechtlichen Wert. Denn Preußen lag außerhalb der Grenzen des Reichs und gehörte demzufolge nicht zum Macht- und Einflußbereich des römischen Kaisers; das Gebiet und seine Menschen gehörten, bis auf das Kulmer Land, nicht einmal zum Macht- und Einflußbereich der polnischen Könige und ihrer Teilherzogtümer (die wiederum in keinem Abhängigkeitsverhältnis zum Deutschen Reich standen). Die Ausstellung dieser Urkunde war lediglich ein politisch-diplomatischer, wenn auch notwendiger Reflex auf die miserablen Erfahrungen des Ordens im ungarischen Burzenland ein Jahr zuvor und diente der Absicherung von Ordenspositionen innerhalb des Reichs und, im Zweifelsfall, sogar gegenüber dem Reich.

Ein schwebender Zustand also im Jahr 1226: Wenn der Orden in Preußen Erfolg haben würde, gereichte es ihm und dem Kaiser zum Vorteil; wenn nicht, trüge er allein den Schaden, hätte allein er für Spott gesorgt und Ressourcen verschwendet. Der Orden war – zunächst – erfolgreich: Fast dreihundert Jahre herrschte er hier, kämpfte um seine Vormachtstellung – und verlor dann doch alles. Der schwebende Zustand war beendet.

Gelegentlich ist die Beurteilung historischer Situationen durch die Sicht der Spätergeborenen geprägt, die den Ablauf der Geschehnisse kennen: Die Schlacht von Tannenberg ist selbstverständlich erst wegen ihres Ausgangs zu einem epochalen Ereignis stilisiert worden – in ihrem Vorfeld war indes keineswegs sicher, daß sie überhaupt eine solche Bedeutung erlangen könnte. Was in der Abfolge von Ereignissen als logisch erscheint, ist durchaus nicht immer logisch: Geschichte kennt keine inhärente Logik.

Gestellt werden auch neue Fragen: Wie war beispielsweise die Natur beschaffen, die von den europäischen Kreuzfahrern bei ihrer Ankunft in Palästina vorgefunden wurde, und wie wurde sie von ihnen bei ihrem Abzug hinterlassen? Auch über die Rückwirkung dieser in Europa (mit Ausnahme von Spanien) unbekannten islamischen Kultur gibt es kaum Informationen. Für Preußen steht soviel fest: Aus einer 1231 in Preußen fleckenweise bewohnten Wildnis mit Naturalwirtschaft (Bodenbearbeitung und Waldnutzung nur für den Eigenbedarf) wurde innerhalb weniger Generationen eine der wichtigsten Kornkammern Europas aufgrund einer systematisch forcierten Landwirtschaft unter Anwendung modernster ackerbaulicher Methoden. Aber welche Natur hatten die Ordensritter vorgefunden?

Alte Fragen werden anders beantwortet als bisher: So besteht kein Zweifel daran, daß sich der Orden, bevor er sein Abenteuer in Preußen

1231 begann, bestens vorbereitet hatte und aus den Fehlern seines Ungarn-Engagements 1211–1225 eine Lehre gezogen hatte.

Dieses Buch ist für Leser bestimmt, die sich von der erwähnten fundamentalen polnischen Offenheit, die wir erleben durften, anstecken lassen und bereit sind, sich neugierig und vorurteilsfrei in fremde Zeiten und zu fremden Menschen führen zu lassen, deren geistige, politische, rechtliche, wirtschaftliche und ethische Orientierungen sich von den unsrigen erheblich unterscheiden und die auch im täglichen Leben von anderen Problemen und Sorgen begleitet und bedrängt wurden als wir heute.

Stadecken-Elsheim, im Dezember 2002 *Uwe Ziegler*

Einleitung

Es geschah in Breslau am 10. März 1813, dem Geburtstag der drei Jahre zuvor verstorbenen, bei den Untertanen so sehr beliebten preußischen Königin Luise. Der preußische König Friedrich Wilhelm III. stiftete einen Orden, das *Eiserne Kreuz*: «Wir haben daher beschlossen, das Verdienst welches in dem jetzt ausbrechenden Kriege, entweder im wirklichem Kampf mit dem Feinde oder außerdem im Felde oder daheim jedoch in Beziehung auf diesen großen Kampf um Freiheit und Selbstständigkeit, erworben wird, besonders auszuzeichnen und diese eigenthümliche Auszeichnung nach d i e s e m Kriege nicht weiter zu verleihen.»[1] Diese neue – rein militärische – Auszeichnung konnte an Angehörige aller Schichten des Volkes verliehen werden und war durchaus mit materiellen Wohltaten verbunden. Das war etwas grundlegend Neues für das bis dahin doch so sehr adelsbetonte Preußen: Dieser Orden «wird von Höheren und Geringeren auf gleiche Weise» getragen.

Doch keine Einfälle, kein Gedanken, keine Ideen können sich, sind sie erst einmal in die Öffentlichkeit gelangt, gegen eine weitere, eine andersartige – selbstverständlich auch nicht gegen eine mißbräuchliche – Verwendung wehren. Das Symbol «Eisernes Kreuz» war zu genial, um es nicht entgegen dem königlich-preußischen Willen doch immer wieder einzusetzen: In den Kriegen mit deutscher Beteiligung 1870/71, 1914–1918 und 1939–1945 gab es jeweils erneut eigens gestiftete «Eiserne Kreuze» als Ehrenzeichen für militärische Leistungen, die, wie das Vorbild von 1813, in verschiedenen Klassen verliehen wurden. Heute schmückt die Bundeswehr ihr militärisches Gerät mit dem Eisernen Kreuz.

Warum wurde diese Auszeichnung 1813 nötig und warum so gestaltet? Kein geringerer als Karl Friedrich Schinkel, einer der bedeutendsten Architekten seiner Zeit, hatte den Entwurf dazu geliefert «in Anlehnung an das Schwarze Kreuz auf weißem Grund der Deutschen Ordensritter, als schwarzes Eisenkreuz mit Silberrand – den weißen Grund andeutend – und einem Zierat von Eichenblättern auf den vier Armen. Es sollte das schlichte Kreuz ein Orden sein für die Helden, welche das Land von den Franzosen befreiten».[2]

Diese Historisierung aktueller, zeitbedingter Ansprüche durch den preußischen König kam 1813 nicht von ungefähr und wurde ironischerweise in einer Stadt verkündet, die selbst erst seit gerade einmal siebzig Jahren zum Königreich Preußen gehörte.

Diese Historisierung zeigt zugleich die Beliebigkeit, die Austauschbarkeit des Symbols, das Friedrich Wilhelm III. aus dem Steinbruch der Geschichte ausgraben ließ und für sich und seinen Staat reklamierte. Sie offenbart überdies ein Spiel mit dem bis heute mehrdeutigen Begriff «Orden»: Einerseits bezeichnet er das geregelte Zusammenleben einer geistlichen Gemeinschaft, andererseits ein Ehrenzeichen des Staates für als Verdienste angesehene Taten oder Verhalten des Geehrten (beim «Eisernen Kreuz» um Verdienste im Krieg). Die dritte Variante des Begriffs «Orden» galt im 20. Jahrhundert nur ein paar Jahre und bezog sich ausschließlich auf die SS.

Indem sich König Friedrich Wilhelm III. im Namen seines von Napoleon so sehr gebeutelten Staates Preußen an den 1809 aufgehobenen Deutschen Orden anlehnte (von dessen Aufhebung sein Königreich materiell allerdings erheblich profitierte), wollte er sehr wahrscheinlich – aus heutiger Sicht: historisch in völliger Schieflage – an Traditionen anknüpfen und/oder neue Traditionen begründen. Aber er konnte vom Deutschen Orden und seiner Geschichte kaum gesicherte Kenntnisse haben und diesen «neuen Traditionen» folglich keinen historisch gesicherten Inhalt geben. Die Marienburg beispielsweise kam zwar nach der ersten polnischen Teilung (1772) an das Königreich Preußen. Doch der neue Eigentümer ließ sie ohne Rücksicht auf den historischen Bestand sofort für moderne militärische Belange umbauen und wollte sie, da dies nicht gelang, vor der Jahrhundertwende sogar ganz abreißen lassen.[3]

Den Verriß des Deutschen Ordens, den sich der Göttinger Historiker August Ludwig Schlözer 1796 in bester aufklärerischer Manier in seinen *Kritischen Sammlungen zur Geschichte der Deutschen in Siebenbürgen* (erschienen in drei Bänden 1795–1797) leistete, haben sich der König von Preußen und seine Beauftragten gewiß nicht zum Vorbild genommen: «Die müßigen Ritter, die wenig Lust mer zur Rückkunft nach Palästina hatten, wußten Mittel, sich ihre unnütze Fortdauer in Europa zu sichern: die KrankenPfleger sannen auf LänderHerrschaft; und ihr damaliger Meister, der stolze, mächtige, und intrigante Hermann von Salza, brütete gar Pläne von gänzlicher Unabhängigkeit seines Ordens aus. Sie wollten offenbar in Burzenland einen Stat im State bilden, der weder unter dem König noch unter dem Bischof stünde.»[4]

Darum die Frage: An welche Traditionen hätten der König und seine Berater inmitten der napoleonischen Kriege anknüpfen können? Etwa an die des Staatsstreichs? Hatte sich denn nicht der zum Luthertum übergetretene Hochmeister des Ordens, Albrecht von Brandenburg-Ansbach, 1525 in einem Staatsstreich das Ordensgebiet im späteren Land Preußen angeeignet, es sogar unter polnische Oberhoheit gestellt? Hatte er nicht das Land für sich und seine Familie privatisiert und den Orden um sein Eigentum gebracht? Oder war es die Tradition des Missionskampfes? Sollte also der Kampf Preußens gegen die Franzosen dem Missionsauftrag des Ordens gleichgestellt werden?

All diese Gründe werden Friedrich Wilhelm III. wohl kaum zu seiner Entscheidung bewogen haben, vor allem deswegen nicht, weil man zur damaligen Zeit nur wenig gesicherte historische Kenntnisse über den Deutschen Orden hatte: Die erste aus den Quellen geschriebene Darstellung der Geschichte Preußens (und damit auch des Deutschen Ordens), vom Königsberger Archivdirektor Johannes Voigt verfaßt, erschien in den zwanziger Jahren des 19. Jahrhunderts. Wahrscheinlicher ist vielmehr, daß man im Abwehrkampf Preußens gegen Napoleon lediglich ein geeignetes Symbol suchte, das nicht schon an anderer Stelle verwendet worden war. Es war allerdings ein außerordentlich wirkungsvolles Symbol.

Hartmut Boockmann erklärt zu diesen Fragen: «Der Ordensstaat wurde positiv gesehen auch deshalb, weil er nicht einer der vielen Fürstenstaaten war, sondern auf Prinzipien begründet, weil er eine Staatsidee zu verkörpern schien, ebenso wie auch der preußische Staat der Gegenwart eine Staatsidee haben sollte. Man begann zu meinen, daß die Staatsidee des alten Ordensstaates und die Idee des modernen preußischen Staates teilweise identisch seien.»[5]

Die Zeit der Wiedergeburt Preußens nach 1815 weckte, im Verein mit der romantischen Geistesrevolution, in einer ungeheuren Aufbruchstimmung das Interesse weiter Bevölkerungskreise, nicht nur des Adels, an mittelalterlicher Geschichte. Schon mitten in den Wirren der napoleonischen Zeit fanden Mäzene wie die Brüder Boisserée, im Speditionswesen reich geworden, Gelegenheit, bislang verachtete oder zumindest gering geschätzte mittelalterliche Kunstwerke zu retten und zu ihrer berühmten Sammlung zusammenzufügen. Seit ihrer öffentlichen Präsentation in Stuttgart 1819 «zog der Landsturm durch die Zimmer» (Josef Görres), die Besucher aller Stände waren begeistert. So wie die Sammlung auf die Zeitgenossen und deren Bild von mittelalterlicher Kunst Einfluß ausübte, so wirkte der Erfolg ihres Unternehmens auf die Brüder Boisserée zurück.

Denn sie waren es auch, die gemeinsam mit dem Verleger Johann Friedrich Cotta seit 1819 das «Domwerk»[6] herausgaben, eine Baugeschichte des (bis dahin unvollendeten) Kölner Doms, mit beigegebenen hervorragenden Kupfertiefdrucktafeln. Ein ungeheurer Erfolg: für das Druckwerk, für den Verleger, für die Autoren, für den Dom. Denn jetzt hob eine deutschlandweite Spendensammelaktion ohnegleichen und ohne Vorbild an. 1823 schon begann man mit Restaurierungsarbeiten am Dom, 1842 wurde der Grundstein gelegt für den Weiterbau. Und innerhalb von nur vierzig Jahren war aus der Ruine Kölner Dom, die zum Schluß nur noch als Lager gedient hatte, der strahlende Kirchenbau geworden, den die Stadt und ihre Bürger aus eigenen Mitteln nie haben vollenden können. Einer der eifrigsten Förderer des Unternehmens Domweiterbau war König Friedrich Wilhelm IV., der Romantiker auf dem preußischen Thron.

Die Grundlagen für eine wissenschaftliche Erarbeitung der mittelalterlichen Geschichte Deutschlands und Europas stellte seit 1819 die auf Anregung des früheren preußischen Staatsministers Freiherrn vom Stein begründete «Gesellschaft für Deutschlands ältere Geschichtskunde» bereit, in deren Auftrag die *Monumenta Germaniae Historica* begonnen wurden. Auch auf regionaler und lokaler Ebene begannen die Forscher mit der systematischen Sammlung mittelalterlicher Urkunden, Chroniken und sonstiger Quellen. Diese ferne Epoche war nicht länger mehr die geschichts- und gesichtslose Zeit, als die man das Mittelalter bis zum Auftreten der Romantiker angesehen hatte.

In das Blickfeld dieser romantischen Betrachtungsweise geriet schon sehr früh – wenn auch nur zufällig – die Marienburg. Eigentlich sollte sie nach den ersten, zögerlichen Umbauten seit 1772 abgerissen werden. Als aber 1794 der Leiter der preußischen Bauverwaltung, David Gilly, nach Marienburg reiste, um die nötigen Arbeiten vorzubereiten, nahm er seinen Sohn Friedrich mit. Der war von den Gebäuden so begeistert, daß er sie in Zeichnungen festhielt. Die Ausstellung dieser kräftigen, ausdrucksvollen Bilder, ergänzt um die Aquatinta-Blätter von Friedrich Flick, geriet in Berlin zur Sensation. Jetzt waren die Abrißpläne hinfällig geworden, zumal sich 1803 Max von Schenkendorf massiv gegen weitere Zerstörungen gewandt hatte. Auch Karl Friedrich Schinkel ließ sich von der Marienburg «tief beeindrucken». So wurde sie denn – noch vor dem Kölner Dom – eines der ersten mittelalterlichen Denkmäler, an denen sich eine neue Wissenschaft erprobte: die Denkmalpflege.[7]

Doch die vom neuen Preußen ausgehende quellenkritische Beschäftigung mit einer längst vergangenen Zeit konnte nicht verhindern, daß sie schon bald zur Folie für gegenwärtige politische Interessen wurde. Mitte des 19. Jahrhunderts machten sich die ersten nationalen Töne im Verhältnis zu Polen bemerkbar. «Es ist endlich der deutsche Sinn und Geist, der wie ein frischer Waldhauch durch diese Säle weht...» stellte Joseph von Eichendorff fest, der im Auftrag des Oberpräsidenten Theodor von Schön auch die Renovierungsarbeiten begleitete, über die er 1844 in einem eigenen Druckstück berichtete.[8]

Fatalerweise war es gerade einmal gut zehn Jahre nach den ersten demokratischen Gehversuchen in Deutschland sogar ein preußischer Historiker, der sich an die Spitze einer unrühmlichen Entwicklung stellte: Buchstäblich Furore machte und Furor erzeugte die breit angelegte Rezension Heinrich von Treitschkes in den *Preußischen Jahrbüchern* 1862 über den ersten Band einer Sammlung von preußischen chronikalischen Quellen.[9]

Treitschke entfachte den ganzen «aggressiven Nationalismus»,[10] der die Köpfe führender Preußen – auf der anderen Seite auch einiger Polen – im ausgehenden 19. Jahrhundert so nachhaltig und so unrühmlich beeinflußte und der politisch eine so starke Wirkung zeitigte. Treitschke (laut Boockmann «gesinnungsstark, aber kenntnisarm»[11]) prägte bis weit in unser Jahrhundert das Verhältnis der deutschen politischen Öffentlichkeit zum Deutschen Orden und – leider – auch die Kenntnis über ihn (ironischerweise auch die der schärfsten Ordenskritiker): «Er hat das deutsche Geschichtsbild im Hinblick auf die Deutschordensgeschichte gewiß stärker geformt als alle anderen Publikationen der Zeit ... Treitschke wußte keineswegs, was man damals über die Geschichte des Ordens wissen konnte. Den Wirkungen des Textes hat das nicht geschadet.» Zu ergänzen ist: bis heute nicht. Ein beinahe makabres Verdikt: Diejenigen, die über den Deutschen Orden so abfällig urteilen, beziehen ihre Kenntnisse möglicherweise von jemandem, dem man, wissenschaftlich begründet, unterstellen kann, über die Geschichte des Ordens nicht genau informiert gewesen zu sein.

Dabei war Treitschke nun gewiß nicht der Volksverhetzer, der richtungsweisend gewesen wäre, der also eine ganze Nation zu seinen Vorstellungen hingeführt oder gar verführt hätte. Er war zunächst vor allem das Sprachrohr einer breiteren Bevölkerungsschicht wenigstens in Preußen, Sprachrohr von Adel, Großbürgern und Mittelstand; und er gab – wie jeder gute Demagoge – den Gedankengängen und Emotionen anderer sprachliche Gestalt.

Doch bei aller Bereitschaft zu nationaler Geißelung und Selbstdemütigung, die bis heute in Deutschland weithin den Ton angibt, sollte man nicht außer Acht lassen, daß auch in anderen europäischen Ländern eine Zeit nationalistischer Geistesverwirrung heraufdämmerte und politische Wirkung zeigte. Die ersten nationalistisch motivierten Attentate fanden nur zu einem geringen Teil im Deutschen Reich statt. In der zweiten Hälfte des 19. Jahrhunderts brach sich ein immer aggressiver werdender Nationalismus seine Bahn, aber eben nicht nur in Preußen, nicht nur in Deutschland.

Waren die Polen im Königreich Preußen bis 1871 eine von Politik, Gesetzgebung und Staatsverständnis durchaus tolerierte, in Maßen sogar geförderte Minderheit, so änderte sich ihr Status im neuen Deutschen Reich rasch und radikal. Die nationalen und sozialen Verhältnisse im Ruhrgebiet dieser Zeit mögen zu einem differenzierteren Bild Anlaß geben;[12] sie widersprechen aber nicht im Grundsatz den Erfahrungen für den Teil Preußens östlich der Elbe im stark agrarisch und adelig bestimmten Umfeld.

Der Staat Polen war in den drei «Polnischen Teilungen» zwischen den Nachbarn Preußen, Österreich und Rußland so zerschlagen worden, daß von staatlicher Selbständigkeit und nationaler Unabhängigkeit des Volkes der Polen nichts mehr übrig geblieben war. In einer solchen nationalen Zerrissenheit wird nationalistischen Parolen mehr Aufmerksamkeit zuteil, als ihnen eigentlich gebührt. Ausdruck dafür ist der berühmte historischen Roman *Krzyzacy* («Kreuzritter») von Henryk Sienkiewicz.[13]

Wohlmeinende Kritiker dieses Werks sind übrigens der Überzeugung, daß Sienkiewicz nicht den Deutschen Orden gemeint habe, sondern die russischen Besatzer seines Landes zu seiner Zeit. Nur habe er der Zensur wegen den Gegenstand seines Zornes nicht direkt nennen können.[14]

Längst nicht so einflußreich wie Sienkiewicz waren die literarischen Bemühungen etwa von Joseph Freiherr von Eichendorff, der 1830 im Auftrag seines Dienstherrn, des Oberpräsidenten der Provinz Preußen, Theodor von Schön, ein Trauerspiel schrieb: *Der letzte Held von Marienburg*. Doch schon die Erstaufführung geriet 1831 in Königsberg zu einem eklatanten Mißerfolg.[15] Ähnlich erging es Ernst Wiechert, der sich ebenfalls die historische Figur *Heinrich von Plauen* als literarische Figur vornahm und einen vielseitigen Roman darüber schrieb. Allerdings griff er noch entschiedener als Eichendorff mit absichtlichen Verleumdungen den Gegner an.[16]

Polen wurde dank französischer und englischer Diplomatie nach 1918 wieder ein selbständiger Staat und umfaßte dann auch Gebiete mit vorherrschend deutscher Bevölkerung. Die neuen Grenzen trennten Danzig und die übrigen noch zu Deutschland gehörenden Provinzen Ost- und Westpreußen auf dem Landweg vom Staatsgebiet der Weimarer Republik ab, was wiederum Anlaß zu nationalistischen Verhaltensweisen auf beiden Seiten gab und letztlich einen Vorwand für den Überfall Hitlers auf Polen und damit den Beginn des Zweiten Weltkriegs lieferte.

Die Teilung der politischen Welt in Westen und Osten belastete auch nach 1945 noch weiterhin das Verhältnis von Polen und Deutschen untereinander und zum Deutschen Orden. Die politisch motivierten Auseinandersetzungen um den Deutschen Orden zwischen Polen und Deutschen beziehen sich nur auf dessen Tätigkeit in Preußen, also auf die Geschichte des alten Ordens in Preußen von 1231 bis 1525. Fast dreihundert Jahre lang griffen die Ritter in die Geschicke dieser Weltgegend gestaltend ein und hinterließen Spuren, die bis heute sichtbar sind und nachwirken: Die Eroberung des Pruzzenlandes durch den Deutschen Orden und die sich ihr anschließende Missionierung wurden im Zeitalter des Nationalismus, etwa zwischen 1830 und 1989, von Polen und Deutschen unterschiedlich bewertet und im «Volkstumskampf» ungeniert ideologisch instrumentalisiert.[17]

Nach dem Fall des Eisernen Vorhangs sehen sowohl die meisten deutschen als auch polnischen Historiker den Deutschen Orden und seine Wirkung unabhängig von nationalistischen Attitüden und durchaus als ein gemeinsames historisches Erbe an, das weder dem einen noch dem anderen allein gehört. Inzwischen ist längst gemeinsame Erkenntnis: All das, was man in der genannten Zeitspanne von hundertsechzig Jahren unter dem Begriff «Deutscher Orden» und seine Tätigkeit in Preußen diskutierte, kritisierte, unterstellte, hat mit dem Orden selbst und seinen Rittern wenig zu tun (so moralisch oder auch rechtlich anfechtbar seine Handlungen aus damaliger oder aus heutiger Sicht auch immer gewesen sein mögen), sondern nur mit den jeweiligen politischen Zeitläuften und Interessen.

Diese Instrumentalisierung von Geschichte hatten sich national denkende polnische und deutsche Historiker seit dem 19. Jahrhundert geleistet – niemandem zur Ehre, allen zum Schaden. In der Zeit des Kalten Kriegs gab es ähnliche Verwirrungen, auch diesmal niemandem zur Ehre und allen zum Schaden.

Irritierenderweise stellen sich auch heute (oder gerade heute?) noch manche Kritiker des Deutschen Ordens[18] in jene Tradition, die geschichtliche Ereignisse für aktuelle politische Debatten instrumentalisiert, die Geschichte auf ähnliche Weise als einen beliebig ausbeutbaren Steinbruch benutzt wie Friedrich Wilhelm III. Und darum ist es wichtig, eben diesen Traditionslinien nicht zu folgen, sondern *sine ira et studio* Fakten aufzuzeigen – bis zurück zu den Ursprüngen.

Die Anfänge in Palästina

Der Kampf um Akko

Am 28. August 1189 trifft König Guido von Lusignan mit einem kleinen, müden Trupp Kreuzfahrer vor die Tore von Akko an der Bucht von Haifa in Palästina ein, um die Stadt von den Muslimen zurückzuerobern. Akko, das antike Ptolomais, von den mittelalterlichen Christen und Chronisten aus Westeuropa selbstbewußt St. Jean d'Acre genannt, ist seit Beginn der Kreuzzüge 1096 bis zu ihrem Ende 1291 der wichtigste Flottenstützpunkt an Kleinasiens Küste (Akko wurde von den Christen erstmals 1104 besetzt) und geographischer (also auch militärischer) Vorposten von Jerusalem, dem eigentlichen Ziel der Europäer. Die von Sultan Saladin aus dem Hause der Aijubiden wieder aufgebaute und mit neuen Gräben, Wällen, Türmen und Bastionen stark befestigte Hafenstadt in muslimischer Hand ist ein Hauptbollwerk des Islam gegen die Christen.

Der Überraschungsangriff des Königs trifft auf einen unvorbereiteten, wenn auch zahlenmäßig weit überlegenen Gegner: Diesen verzweifelten Mut der Christen hatten die Einheimischen nicht erwartet. Einmal mehr begehen jetzt Europäer im Namen Christi unvorstellbare Greuel an Muslimen. Akko wird in diesem Jahr noch nicht erobert (das wird erst 1191 geschehen), es bleibt – wegen seiner herausragenden Lage – stets umkämpft, wie früher schon und auch später immer wieder.

Ebenfalls im August 1189 sammelt Kaiser Friedrich I. das dritte Kontingent von Reitern und Streitern um sich, das innerhalb eines Jahrhunderts dem Ruf der christlichen Kirche zu einem Kreuzzug folgt, um Palästina und die heiligen Stätten in Jerusalem von den Heiden, von den

Muslimen, zu befreien. Im ersten Kreuzzug war Jerusalem 1099 in die Hände der Christen gefallen; der zweite Kreuzzug (1147–1149) endete für die Europäer schmählich: Die Heere des deutschen Königs Konrad III. und des französischen Königs Ludwig VII. kamen nicht weiter als bis Kleinasien: Da sie die Ratschläge des byzantinischen Kaisers mißachtet hatten, erreichte nur ein Bruchteil der französischen und ein nur bescheidener Rest der deutschen Truppen Antiochia und Akko. Der dritte Kreuzzug soll schließlich das zwei Jahre zuvor von Sultan Saladin zurückeroberte Jerusalem, immerhin das geistliche Zentrum von drei Religionen, wieder in christliche Hände bringen.

Schließlich finden sich im gleichen Jahr 1189 – möglicherweise aber auch erst ein Jahr später – in Akko einige «Deutsche» zusammen, um als Selbsthilfegruppe christliche kranke Pilger und verwundete Krieger zu pflegen und im fremden Land zu betreuen. Welche Personen sich da zusammentaten, warum sie sich gerade in Akko organisierten und warum gerade zu diesem Zeitpunkt – dies alles kann nicht mehr rekonstruiert werden. Mit an Sicherheit grenzender Wahrscheinlichkeit gab es schon früher und auch andernorts vergleichbare humanitäre Aktivitäten im Sinne der christlichen Nächstenliebe – nur sind sie uns nicht überliefert worden. Auch dieses Ereignis in Akko 1189/1190 wird von den Chronisten selbstverständlich nicht um seiner selbst willen festgehalten, sondern weil aus dieser Laien-Initiative ein Ritterorden entsteht, der Deutsche Orden.

Jerusalem, die Heilige Stadt

Jerusalem, das Ziel aller christlichen Kreuzzüge, war zu dieser Zeit schon seit über fünfhundert Jahren in den Händen der Muslime. Sie hatten die Stadt 637, fünf Jahre nach dem Tod des Propheten Mohammed, erobert; ganz Palästina fiel ihnen 678 zu, weil das Oströmische Reich dem religiösen und politischen Druck des jungen Islam im Augenblick militärisch nichts entgegenzusetzen hatte.

Nach 1071 unterwarfen die aus dem heutigen Usbekistan stammmenden türkischen Seldschuken, die bereits über Persien herrschten, weitere Teile des heutigen Nahen Ostens: Sie hatten sich durch einen vernichtenden Sieg über ein byzantinisches Heer bei Manzikert am

Stadtplan von Jerusalem. Federzeichnung auf Pergament, 1140/1150.

Van-See in Anatolien den Weg an die Mittelmeerküste freigekämpft und sich dort festgesetzt. Über einen Widerstand der in Kairo residierenden fatimidischen Kalifen, die formell auch über Palästina und Jerusalem herrschten, gegen diese Bedrohung aus dem Nordosten wird nichts berichtet.

Doch nach dem Tod des großen seldschukischen Führers Melikschah – er regierte von 1072 bis 1092 – verfiel das Seldschuken-Reich wieder in kleinere Fürstentümer. Das Oströmische Reich entwickelte neue Abwehrkräfte und warb sogar im christlichen Abendland Söldner an. Der byzantinische Kaiser Alexios I. Komnenos rief dann 1095 Papst Urban II. und die gesamte westliche Christenheit offiziell zur Hilfe auf, um Jerusalem und seine heiligen Stätten von der islamischen Herrschaft zu befreien. Dieser Aufruf erfolgte, obwohl doch beide christlichen Kirchen durch das Schisma von 1054 getrennt waren.

Genauer besehen dürfte dieser Hilferuf lediglich ein Propagandatrick von Byzanz gewesen sein, denn Ostrom suchte in Wahrheit nur bewaffnete Söldner, die es als Krieger unter eigenem Kommando gegen die Seldschuken in Anatolien einsetzen konnte, gewiß aber nicht zur Befreiung Palästinas.

Doch es kam anders, als von Byzanz geplant. Denn auf den langen Weg machten sich bewaffnete westeuropäische Pilger, die nur ein Ziel vor Augen hatten: Jerusalem und Palästina unter die Herrschaft der westlichen Christen zu bringen. Nach dem byzantinische Hilferuf hatte Papst Urban II. auf dem Konzil von Clermont (1095) zu einem Kreuzzug aufgerufen.

Ein neuer sozialer Stand

«Die sollen jetzt Christi Ritter werden, die solange Räuber waren»[1], rief er seinen Zuhörern zu – und schuf damit ein neues Ritterideal: Nicht mehr der gut ausgebildete und bewaffnete Soldat (den man Ritter nannte) war gefragt, sondern der *christliche* Ritter.

Dieses neue Ideal vereinigte germanische Traditionen und christliches Gedankengut zu einem neuen ritterlichen Gesellschafts- und Sittenkodex, der große und kleine Adlige gedanklich gleichermaßen betraf und auf eine breite Zustimmung stieß. Ein Indiz für die ungeheure Begeisterung für dieses neue Programm ist, daß gerade die – in allen Ständen höchst beliebten – Heiligen Martin und Gregor eine radikale Umwertung erfuhren; ausgerechnet die, die auch deswegen zu Heiligen wurden, weil sie einst den Kriegsdienst verweigert hatten, wurden seit dem päpstlichen Aufruf in Clermont als Vorbild für Ritter und Krieger verstanden, verehrt und dargestellt.

Papst Urban II. mag zwar ein begnadeter Redner gewesen sein, er war aber gewiß ein noch begabterer Organisator, denn seine Predigt fand vor den Toren der Stadt Clermont auf freiem Feld statt, des großen Andrangs wegen, wie es in den Chroniken heißt. Wie aber konnte in einer Zeit, in der Kommunikation doch schwierig war, ein solcher Massenandrang überhaupt zustande kommen? Die Konzilsteilnehmer allein konnten eine solche Menschenmenge nicht bilden; es muß doch eine geeignete, frühzeitige Vorbereitung und öffentliche Bekanntmachung gegeben haben!

Sämtliche Berichte über diese epochale päpstliche Predigt stammen aus späteren Zeiten. Selbst wenn man unterstellen würde, daß diese Autoren über das Ereignis so berichten, wie es tatsächlich stattgefunden hat, selbst dann müssen die Predigt und ihr Umfeld sorgfältigst inszeniert worden sein. Dafür spricht zum Beispiel die Tatsache, daß die Boten des Grafen Raimund von Toulouse bereits am 1. Dezember, nur drei Tage nach der «Stadt und Erdkreis» so bewegenden und aufregenden päpstlichen Botschaft, in Clermont ankündigten, ihr Herr werde in einen Kreuzzug ziehen. Vom Aufruf des Papstes aber konnte der Graf beim besten Willen noch gar nichts gehört haben, als er seine Diener losschickte. Darum vermutet man zu Recht, daß er zuvor schon in die päpstlichen Pläne eingeweiht war, denn Urban II. war nur zwei Monate zuvor bei ihm zu Gast gewesen: Graf Raimund hätte der militärische Führer des ersten Kreuzzugs werden sollen, als geistlichen Führer erkor der Papst seinen Legaten Adhémar von Le Puy.

Wahrscheinlich waren die – späteren – Berichte über diese rasche gräfliche Entscheidung aber vor allem darauf angelegt, den von den päpstlichen Worten ausgehenden ungeheuren Schwung zu veranschaulichen. Dafür haben die Chronisten des 12. Jahrhunderts lediglich in ihre rhetorische Trickkiste gegriffen, und zwar nicht, weil sie Hörer und Leser absichtlich und willentlich falsch informieren wollten (was bei anderen Gelegenheiten durchaus vorkam). Für den Historiker stellt sich dennoch die Frage, wieviel Wahrheit diesen Berichten zu entnehmen ist und wieviel lediglich der zeitgemäßen «Verherrlichung christlicher Taten» zuzuschreiben hat.

Urban II. war nicht der Erfinder der Kreuzzugsidee. Er griff vielmehr den Gedanken eines seiner Vorgänger auf. Aber er vermochte dieses Vorbild in politisch wirksame Bahnen zu lenken. Papst Alexander II. hatte 1063 französische Ritter bei einem «Vorkreuzzug» in Spanien in eine Art Heiligen Krieg geschickt und eine Art Ablaß versprochen. Und dessen Nachfolger, Gregor VII., der große Gegner Kaiser Heinrichs IV., hatte schon mit dem Gedanken eines Kreuzzugs nach Palästina gespielt. Sogar in dem Machtkampf mit dem Kaiser, einem nur innerchristlichen Streit also, wollte er die Ritter als übernationale Truppe mobilisieren, traf dabei aber auf kein positives Echo.

Urban II. hingegen aktivierte den noch jungen Ritterstand für den Kampf gegen die Muslime. Diese geistliche Wendung schlug ein wie der Blitz. Die Rede des Heiligen Vaters habe, so heißt es, bei den Zuhörern eine ungeheure Begeisterung hervorgerufen. «Deus lo volt! Gott will es!» Und zu jenen unzähligen Zeitgenossen, denen dieser päpstliche Aufruf notgedrungen entgangen war, schwärmte umgehend ein Heer von Kreuzzugspredigern aus, die eine gleichfalls ungeheure Begeisterung auslösten. Papst und Prediger entfachten eine enthusiastische, kirchlich bestimmte Volksbewegung.

Diese amtskirchlich inszenierte Massenbegeisterung hat aber eine Kehrseite: Das «Volk» kann nun auch selbständig handeln, es befindet sich theologisch nicht mehr nur in Abhängigkeit von der katholischen Kirche. Nur wenige Jahrzehnte nach dem Ereignis von Clermont werden eigenständige christliche Volksbewegungen die Amtskirche auf schwere Proben stellen. 1209 ruft die Kurie sogar zu einem Kreuzzug gegen eine dieser Volksbewegungen, gegen die Albingenser, auf. Nach moderner Auffassung aberwitzig genug: Christliche Ritter sollen im Namen des christlichen Papstes christliche Gläubige bekämpfen!

Mit dieser direkten Einbeziehung der Gläubigen steht Urban II. am Anfang einer Entwicklung innerhalb der katholischen Kirche, die von der Klerikerkirche zu einer Volkskirche unter Leitung des Papstes führte, von einer Klerikerreligion zu einer Volksreligion. Mit dieser Hinwendung zu allen Gläubigen stärkte Urban II., jedenfalls für seine Person, den päpstlichen Allmachtsanspruch im Abendland und im Morgenland.

Für wie wichtig Urban II. seinen Aufruf selbst einschätzte, zeigt sein Verbot an die Spanier, an diesem ersten offiziellen Kreuzzug teilzunehmen: Sie sollten weiter in ihrer Heimat die Muslime bekämpfen.

Allerdings herrschte zu Beginn dieses ersten Kreuzzugs auf der offiziellen Ebene zunächst eine gewisse Ziellosigkeit. Hieß es nämlich im Herbst 1095 ursprünglich päpstlicherseits noch, daß die östliche Kirche vom Joch der Heiden befreit werden solle, so forderte Urban II. im September 1096 zur Befreiung von Jerusalem und Palästina auf.

Der erste Aufruf des Papstes ist schon in seiner Zielsetzung merkwürdig, denn die östliche und die westliche Kirche hatten sich wenige Jahrzehnte zuvor im Großen Schisma 1054 getrennt, sich sogar gegenseitig gebannt. Und ausgerechnet diese schismatische, abtrünnige Kirche wollte der Papst von den Heiden befreien? Für diese Kirche sollten westeuropäische westkirchliche Ritter ihr Leben riskieren?

In der byzantinischen Bitte um Beistand sah der Papst vor allem eine reale Chance, die geistliche Oberherrschaft über die orthodoxe Kirche wieder zu erreichen. Urban II. wäre dann als der große Kirchenvereiniger in die Geschichte eingegangen. Und für dieses Ziel zu kämpfen, war das Leben der westlichen Ritter gewiß wert. Doch die Massenbewegung, die er 1095 in Gang setzte, scheint ihm ein wenig aus der Hand geglitten zu sein, denn zum ersten Mal beeinflussen die Gläubigen eine Entscheidung des Papstes. Und darum heißt nur ein Jahr später das neue Kreuzzugsziel Jerusalem und Palästina – von der möglichen Kircheneinigung kein Gedanke und schon gar kein Wort mehr.

Der erste Kreuzzug

Jerusalem aber war in der Vorstellungswelt der mittelalterlichen Christen nicht nur das irdische Jerusalem, sondern auch das in der Bibel, vor allem in der Apokalypse, beschriebene himmlische Jerusalem. In ihrem irdischen Leben wurden die Kreuzritter durch das Stoffkreuz, das sie sich auf ihre Schultern nähten, in den Schutz des Gottesfriedens gestellt; ihre Schulden wurden ihnen für die Zeit ihrer Abwesenheit gestundet. Die alten Pilgersymbole Stab und Tasche wurden um das Schwert ergänzt.

Der päpstliche Aufruf in Clermont 1095 hatte eine wahre Volksbewegung zur Folge. Hauptmotivation war die Aussicht auf einen Erlaß von *Kirchen*strafen, den Papst und Konzil allen Kreuzzugsteilnehmern wegen ihrer Sünden versprochen hatten. Das Volk und die Kreuzzugsprediger legten den Konzilsbeschluß allerdings bedenkenlos aus als den Erlaß der *Sünden*strafen: Jedem Kreuzzugsteilnehmer winkte also die Erlösung von Hölle oder Fegefeuer auf direktem Wege, ohne Einschaltung der Kirche. Diese Umdeutung durch Volk und Prediger war die wohl wichtigste Voraussetzung für den ungeheuren Erfolg des päpstlichen Aufrufs und ist schon 1215 auf dem 4. Lateranskonzil als Kurs der Kirche offiziell beschlossen worden.

Die Bedeutung eines solchen Versprechens ist selbst dem heutigen gläubigen Christen kaum mehr vermittelbar. Im Mittelalter waren Hölle und Fegefeuer für die Menschen eine Realität wie das Wetter oder der Krieg, so wie das irdische Jerusalem mit dem himmlischen Jerusalem gleichgesetzt wurde. Die Theologen, augenscheinlich noch längst nicht dogmatisch verfestigt, reagierten auf diese veränderte Lage sofort. Denn nur eine Generation später kritisiert Bernhard von Clairvaux, unbestritten ein Großmeister der Theologie und der Rhetorik, in *Vom Lob der neuen Ritterschaft* («De laude novae militiae», 1128) zwar den Stolz, die Maßlosigkeit und den Luxus der (alten) Ritterschaft, um dann sogleich das Ideal der neuen Ritterschaft zu entwerfen: «Jetzt hast du, tapferer Krieger, eine Gelegenheit, ohne Gefahr zu kämpfen, wo Siegen Ruhm bedeutet und Sterben Gewinn. (...) Nimm das Kreuz, und du wirst für alles, was du reumütigen Herzens bekennst, Ablaß erhalten.»

Kreuzzug als Geschäft im irdischen Leben und Kreuzzug als Geschäft im himmlischen Leben, das ist die Botschaft, von der sich das Kirchenvolk hinreißen und zum Mitmachen verführen ließ. Die Missionierung galt als ehrenwerte, christliche Tat. Palästina (wie später auch Preußen) wurde von der Kirche offiziell als Kreuzzugsgebiete anerkannt, also versprach der Papst die Vergebung der bisher begangenen Sünden.

In den Kreuzzügen manifestierte sich das ritterlich-kirchliche Ideal des Kriegs gegen die Heiden. Zugleich waren sie Wallfahrten. Hinzu kamen profane Motive: Abenteuer lockten, und man hoffte auf Beute – auch wenn darüber nie offen gesprochen oder berichtet wurde. Vor allem aber waren die Kreuzzüge ein erstes gesamteuropäisches Beschäftigungs- und Bevölkerungsprogramm, ein Programm im übrigen, das die Landesherren nichts kostete, außer sie zogen selbst nach Südosten.

Was sollten denn die vielen jungen Ritter in Europa sonst tun? Zum Kriegshandwerk trefflich ausgebildet und täglich trainiert, hatten sie dennoch nur bedingt Gelegenheit, ihre Fertigkeiten und ihre Tapferkeit unter Beweis zu stellen. Die Berufssoldaten der Zeit litten unter den insgesamt mangelnden Einsatzmöglichkeiten in der Heimat. Denn soviel Krieg gab es selbst im kriegswilligen Europa nicht, daß alle Ritter ihrem Handwerk ernsthaft nachkommen, gar von ihm leben konnten.

Um der Unterbeschäftigung dieses Standes abzuhelfen, erfanden die Franzosen das Turnier, bei dem es bezeichnenderweise alsbald nicht mehr nur um die Ehre des Siegens ging, sondern vermehrt ums Geldverdienen (Preise für die Sieger und Lösegeld von den Unterlegenen). Georges Duby faßt kurz zusammen: «Das Turnier ist ein Scheinkrieg. (...) Die Turniere befriedigten eine unwiderstehliche Leidenschaft (...), waren ein Ventil für das Ungestüm der Ritterschaft. (...) Die Meisterkämpfer werden von allen Seiten mit Höchstgeboten umworben (...), am Ende des Turniers beginnt ein großes Feilschen. (...) Die Gefangenen werden auf Ehrenwort freigelassen (...), es werden zwischen Siegern und Besiegten komplexe Vereinbarungen getroffen.»[2]

Selbstverständlich wollte die herrschende Schicht ihr Eigentum zusammenhalten, darum sollte möglichst nur einer der meist zahlreichen Nachkommen den Besitz erben, denn vielfach geteiltes Erbe hätte den Verlust der politischen Bedeutung, der wirtschaftlichen Macht und der sozialen Stellung der Familie herbeigeführt. Diese zu halten, gar zu verbessern, war selbstverständlich wichtiger, als die Bedürfnisse eines einzelnen Nachkommen zu befriedigen. Daher erbte in vielen Teilen Europas nur der älteste Sohn elterliches Gut und Vermögen. Andererseits konnten die Familien nicht auf den zahlreichen Nachwuchs verzichten: Angesichts der hohen Kindersterblichkeit, der geringen Lebenserwartung, der ständigen Kriege und der in vielen Fällen völlig unzureichenden medizinischen Versorgung mußten möglichst viel Kinder gezeugt werden, damit überhaupt ein Erbe zur Verfügung stand.

Um den aus dieser Situation zwangsläufig entstehenden «Überschuß» an Nachwuchs wiederum ausgleichen zu können, entwickelte sich eine spezifisch mittelalterliche Form von Familien- und Sozialpolitik: Die nachgeborenen Söhne, die nicht erbten – und sie waren naturgemäß in der Mehrzahl – steckte man ins Kloster oder man verschaffte ihnen geistliche Ämter oder schickte sie an fremde Höfe. Sie fochten lokale Fehden aus, nahmen an den Kreuzzügen teil – oder traten in geistliche Ritterorden ein, den, in gewissem Sinne, ersten stehenden Heeren in der christlichen Geschichte Europas.

Schon seit Karl dem Großen war die Heidenbekämpfung ein wichtiges Einsatzgebiet der Christen; in der Ostkolonisation seit den Ottonen, dann in der Staufernzeit verband sich mit diesen kriegerischen Einsätzen der Nachwuchsritter sogar die Möglichkeit zur Erweitung des Familienbesitzes. Mit der Unterbringung der unverheirateten Töchter, der Witwen und Kriegerwitwen in Klöstern hatte man zudem eine wirksame Methode der Geburtenbeschränkung zur Verfügung.

Über den neuen Reichtum, den sich so mancher Europäer auf den Kreuzzügen durch Plünderung erwarb, ist kaum etwas überliefert; zumeist heißt es bei den Zeitzeugen lediglich, man habe reiche Beute gemacht. Man darf vermuten, daß die adligen Teilnehmer den größeren Teil für sich behielten. Plastisch und prall wird diese Beutementalität erkennbar in den Absprachen zwischen König Richard I. von England und König Philipp II. August von Frankreich, in deren Folge der englische König sogar gefangen genommen wurde.

Am wenigsten berichten die Quellen freilich über den kulturellen Reichtum der Muslime. Das christliche Sendungs- und Überlegenheitsbewußtsein ließen keine irgendwie geartete Offenheit gegenüber einer fremden Kultur zu. Dennoch haben die Heimkehrer über die in Europa nahezu unbekannte orientalische Kultur erzählt, Ideen, fremde Pflanzen[3] und Tiere mitgebracht – auch wenn in die offizielle Überlieferung davon nur äußerst wenig eingegangen ist.

Die überwiegende Mehrheit der Palästinafahrer war ungebildet; selbst ihre Führungsschicht besaß nur selten mehr Kenntnisse, als zum physischen und politischen Überleben in Europa nötig waren. Das Abenteuerliche der Palästinareisen wird noch dadurch unterstrichen, daß sich die europäischen Kreuzritter zu Beginn der Kreuzzüge kaum vorstellen konnten, worauf sie sich mit ihrer Reise einließen. Nur jede Menge Gottvertrauen, Glück und wohl ein wenig Geld halfen, die Entbehrungen und Gefährdungen zu überwinden. Eigentlich hätten sich die Kreuzfahrtwilligen bei zurückgekehrten Palästinawallfahrern durchaus informieren können. Warum sie das aber nicht taten, ist nicht nachvollziehbar.

Mehr als hunderttausend Menschen dürften in den knapp einhundert Jahren seit dem Beginn der Kreuzzüge bis zu dem beinahe verzweifelten Sturm auf Akko 1189 aus Europa an den kleinasiatischen Küsten gelandet sein. Menschen aus allen europäischen Reichen und Regionen, aus allen Berufen und Ständen, Männer, Frauen und Kinder begaben sich auf dem Landweg über Byzanz oder auf dem Seeweg, meist von Venedig über Zypern nach Palästina, ins Heilige Land. Ein Schiff konnte an die vierzig Pferde laden mitsamt Rittern, Mannschaft, Futter und Nahrung. Die Größe der europäischen Ritterheere war daher durch die Transportkapazität der Schiffe begrenzt; andererseits bot dieser ständige Bedarf eine sichere Einnahmequelle für mittelmeerische Reeder, die oft Wucher trieben.

Nicht zuletzt um den Bevölkerungs*überschuß* der führenden Schicht zu kanalisieren, entwickelten sich die geistlichen Ritterorden – allerdings nur allmählich und nach äußerst mühseligen Anfängen, doch dann um so explosionsartiger. Gerade die Templer, die als erste bereit waren, neben den Mönchsidealen auch den Kampf mit der Waffe als für ihr Leben bestimmend zu akzeptieren, hatten zunächst mit erheblichen Rekrutierungsschwierigkeiten zu kämpfen. Den *miles christianus*, den christlichen Ritter, hatte man als neue geistige und geistliche Orientierung sofort begeistert aufgenommen. Aber als Mönch leben und zugleich mit dem Schwert für das Christentum kämpfen, schien den Zeitgenossen noch zu fremd. In dieser Situation rief der erste Templer-Hochmeister Huge de Payens verzweifelt seinen schon zu dieser Zeit übermächtigen Verwandten Bernhard von Clairvaux zu Hilfe, der selbst dem Stand der Ritter entstammte: Seine Vorfahren waren Vasallen des Herzogs von Burgund, seine Mutter kam aus gräflichem Hause, ein Onkel war Mitbegründer des Ordens.

Bernhard von Clairvaux schuf in der Abhandlung *Vom Lob der neuen Ritterschaft*[4] (sinngemäß zu ergänzen: der Templer) endlich das ersehnte notwendige geistige und geistliche Rüstzeug, das ideologische Fundament für das noch mangelhaft ausgebildete Ansehen und Selbstbewußtsein der Ritter: Im Kampf um Jerusalem und das Heilige Land sollten sie Mönche und Ritter zugleich sein, mit Kreuz und Schwert kämpfen. Keusch, arm, gehorsam und kampfeswillig sollten diese Streiter für das Christentum sein. «Sie», so erklärt der heilige Bernhard, «kämmen sich nie, waschen sich selten, pflegen den Bart nicht, riechen nach Staub, sind von Harnisch und Hitze schmutzig.»

Wenig bis gar nichts erfahren wir über das Gemeinschaftsleben der Ordensritter. Sie sollen einer reduzierten mönchischen Regel gefolgt sein, die ihnen beispielsweise nur drei statt täglich sieben Gebetsstunden vorschrieb. Aber war ihr tägliches Leben tatsächlich so arm, so keusch, wie von den Theologen gefordert und von den Mönchen (angeblich) praktiziert? Gehorsam und kriegerisch-tapfer werden sie gewesen sein, doch arm? Nur knapp zweihundert Jahre nach seiner Gründung wird der Templerorden vom französischen König gewaltsam aufgelöst – unter den vielen Vorwürfen war der des ungerechtfertigten luxuriösen Lebens den Zeitgenossen nicht der unwichtigste.

Seit den erfolgreichen und folgenreichen theologischen Ausflügen Bernhards von Clairvaux in die Welt der Mönchsritter erfuhren die Ritterorden einen riesigen Zuwachs, und zwar sowohl hinsichtlich ihrer Mitgliederzahlen als auch ihres Vermögens. Binnen kürzester Zeit verkehrte sich das bisherige Verhältnis der Menschen zum Stand der Ordensritter ins Gegenteil.[5] Es war, als ob alle Vermögenden darauf gewartet hätten, ihre Schenkungen nicht nur Klöstern und Kirchen zukommen zu lassen, sondern halb-weltlichen, halb-geistlichen Organisationen. Zum einen erklärt sich dieser wachsende Zuspruch aus der damaligen tiefen Gläubigkeit der meisten Menschen; zum anderen resultiert er auch daraus, daß die Ritterorden die materiellen Zuwendungen, die sie erhielten, eigenständig und selbstverantwortlich in einen Kreuzzugsablaß umwandeln konnten. Voraussetzung dafür war, daß die Mittel tatsächlich für einen Kreuzzug verwendet wurden. Doch wer konnte oder wollte das so genau prüfen? Jeder, der für die Unterstützung der Kreuzritter spendete, wurde so behandelt, als hätte er selbst an einem Kreuzzug teilgenommen.[6]

Der Kreuzritter oder der Ordensritter im Kreuzzugseinsatz erhielt einen Ablaß für sein aktives Tun, der Spender einen Ablaß für seine Sachleistung oder Geldspende. Schließlich gab es Menschen, die den Strapazen eines Kreuzzugs von vornherein nicht gewachsen waren – denen wollte und mußte man aber ebenso eine «Teilnahme» ermöglichen, gegen eine zweckgebundene Spende. Der damalige Ablaß entsprach in etwa einer heutigen Spendenquittung – ein Vergleich mit allen gebotenen Einschränkungen (schon allein deswegen, weil eine Spendenquittung heute von einer staatlichen Abgabe befreit, der Ablaß aber himmlische Erwartungen erfüllte). Jedenfalls kam auf diese Weise viel Geld in die Kasse und viel Land in das Eigentum der Ritterorden. Da sie nicht so viele Ordensritter rekrutieren oder Kreuzritter ausstatten konnten, wie es dem ständigen Einnahmenüberschuß entsprochen hätte, häuften sie immer größere Vermögen an. Doch wie auch bei den Mönchsorden steckte darin bereits der Keim des Rückzugs von den eigenen Idealen.

Im Herbst 1096 brach das Heer zum ersten offiziellen Kreuzzug auf. Diesem ersten offiziellen Kreuzzug war im Frühjahr 1096 ein Bauern- und Armenkreuzzug vorangegangen. Unter dem Ritter Walter ohne Habe und dem Prediger Peter dem Eremiten zogen Deutsche und Franzosen nach Südosten. Sie hinterließen, obwohl meist unbewaffnet, eine Spur der Verwüstung, beginnend im Rheinland, wo als erstes die jüdischen Besitzungen geplündert und die Juden massakriert wurden – das früheste Vergehen dieser Art von Christen gegen Juden. Die byzantinischen Machthaber entledigten sich der streunenden und marodierenden Gruppen schließlich dadurch, daß sie diese Massen auf dem schnellsten Wege nach Kleinasien weiterleiteten. Hier unterlagen die nicht ausgebildeten Soldaten restlos den türkischen Truppen. Nur einer ihrer Anführer hatte sich rechtzeitig abgesetzt: Peter der Eremit kehrte unversehrt nach Byzanz zurück und begleitete von dort aus spätere Ritterheere des ersten Kreuzzugs.[7]

Die Teilnehmer des päpstlich gestützten ersten offiziellen Kreuzzugs stammten größtenteils aus den Gebieten Europas, die eine hohe Besiedlungsdichte aufwiesen: «Jene Gegenden, in denen die Bevölkerungszunahme, die Hungersnöte und die Epidemien des Mutterkornbrandes während der zweiten Hälfte des 11. Jahrhunderts am stärksten herrschten, stellten auch die Haupttruppen des ersten Kreuzzuges: das Rheinland, Lothringen, Flandern, Ile-de-France, Languedoc, Provence, Süditalien»;[8] das deutsche Kontingent war zahlenmäßig allerdings sehr gering. Heerführer waren Raimund von Toulouse und Gottfried von Bouillon sowie der süditalische Normanne Bohemund von Tarent, Graf Robert II. von Flandern und Graf Stephan von Blois.

Diese hohen Herren waren sich allerdings von Anfang an keineswegs christlich-einig; dazu waren ihre Motive auch zu unterschiedlich: Gottfried von Bouillon hatte sich augenscheinlich ganz dem hohen Ziel unterworfen, Jerusalem von den Muslimen zu befreien; der Normanne Bohemund hingegen sah (wie auch andere) in Palästina eine Chance, eines schnellen sozialen Aufstiegs; Tankred schließlich, Bohemunds Neffe, war eher auf rasche Beute aus.

Dem Aufbruch folgten alsbald ernstliche Schwierigkeiten zwischen den westlichen Heerführern und dem byzantinischen Kaiser Alexios I. Dieser konnte die unwillkommenen Gäste erst im Frühjahr 1097 endlich loswerden – allerdings unter einer wichtigen Bedingung: Alle Kreuzzugsführer mußten ihm den Lehnseid für all die Gebiete schwören, die einst zu Byzanz gehört hatten, verlorengegangen waren und von den West-Christen wieder zurückerobert werden sollten.[9] Welche Gebiete das genau waren, vergaßen aber beide Seiten festzuhalten – Anlaß zu neuem Streit.

Ein halbes Jahr benötigten die Kreuzfahrer, um die zur Festung ausgebaute seldschukische Stadt Antiochia ab Ende Oktober zu erreichen und zu belagern. Wehrhafte Mauern und unzählige Türme standen den Eindringlingen entgegen, mangelndes Kriegsgerät und mehrfache Hungersnöte behinderten die Angreifer in ihren Bemühungen. Zudem herrschte ständig Streit unter den einzelnen Kontingenten: Die Anführer zankten sich über die Taktik, die Ziele, das weitere Vorgehen; die Belagerer verzweifelten, bis Peter der Eremit auf wundersame Weise die Heilige Lanze fand. Danach eroberten die Christen die Stadt; die Zitadelle fiel ein paar Wochen später – wobei es sich weniger um Eroberung als vielmehr um Verrat handelte, also vermutlich ein großzügiges Bakschisch, das den Kreuzfahrern die Stadttore öffnete.[10] Doch auch damit war ein Ende des Streitens untereinander nicht in Sicht, und so verharrten die Ritter nach der Einnahme in der Stadt und rings um sie monatelang tatenlos weiter.

Erst im Januar 1099 zogen sie unter Führung des Grafen Raimund von Toulouse weiter zu ihrem eigentlichen Ziel Jerusalem, das sie am 15. Juli einnahmen: Gottfried von Bouillon war es gelungen, einen der zahlreichen Befestigungstürme zu erstürmen. Der muslimische Gouverneur durfte mit seinem Gefolge abziehen. Alle anderen fremdgläubigen Einwohner überlebten die nächsten Tage und ihre Niederlage so wenig wie die von Antiochia ein paar Monate zuvor. Sozusagen als flammende Krönung ihrer bisherigen Totschlagaktionen schlossen die Christen einen Teil der muslimischen Einwohner in der Hauptmoschee ein, die sie dann in Brand setzten – ein wahrlich würdiger Einstand der christlichen Ritter im muslimischen Orient!

Daß die Kreuzritter 1099 in Jerusalem knietief in Blut gewatet[11] hätten, ist eine zeitgenössische rhetorische Übertreibung, die aber bis heute gern als «wahr» zitiert wird. Doch bei allem Zweifel am zwar plastischen, aber dennoch völlig verrutschten literarischen Bild: In der Tat schlugen die Europäer dem Vernehmen nach unterschiedslos Angehörige aller drei Religionen tot, sogar Christen (wenn sie sich nicht rechtzeitig als solche zu erkennen gaben). Nach dem allgemeinen Morden folgte der allgemeine Raub: «Die Kreuzfahrer liefen bald durch die Stadt, rafften Gold, Silber, Pferde, Mulis zusammen und plünderten die Häuser, die vor Reichtum überflossen.» Einen verheerenderen Kontrast als den zwischen dem «himmlischen Jerusalem», dem Paradies in der Vorstellungswelt der europäischen Christen, und ihrem orgiastischen Blut- und Raubrausch – «Danach, glücklich und vor Freude weinend, gingen die unseren zum Grab unseres Heilands Jesus Christus und entledigten sich ihrer Schuld gegen ihn»[12] – gibt es kaum.

Weitere acht Tage später gründeten die Christen das *König*reich Jerusalem. Zum ersten «König» wählten die Kreuzzugsführer Gottfried von Bouillon, den Herzog von Niederlothringen. Fromm und gottesfürchtig sei er gewesen, heißt es, vor allem aber willig, in Jerusalem zu bleiben – im Gegensatz zu vielen anderen Kreuzfahrern. Er hatte – so will es jedenfalls die Legende (wenn auch unrichtig) – in der Heimat sogar schon sein gesamtes Vermögen zu Geld gemacht. Wie sein Mitkandidat Raimund von Toulouse verzichtete auch er ausdrücklich auf den Titel König: Wo Christus gelebt habe, sollen beide verkündet haben, könnten sie nicht König sein. Dennoch übernahm Gottfried die königsgleiche Herrschaft gerne, wenn auch nicht für lange Zeit.[13]

Am politischen Ränkespiel um Jerusalem war auch noch der Papst beteiligt, immerhin der geistige Urheber und Mitinitiator der Massenbewegung Kreuzzug. Die Eroberung der Heiligen Stadt erhöhte – eine angenehme und erwünschte Begleiterscheinung – das Ansehen Roms, ein wichtiger Faktor in dem noch immer unentschiedenen Kampf zwischen Kaiser und Papst um den universalen Führungsanspruch. Für die Kreuzritter, Palästina und die Kreuzzugsidee selbst war dieser päpstliche Machtanspruch äußerst folgenreich, wie sich später wiederholt zeigen sollte. Zunächst belehnte Erzbischof Daimbert von Pisa, der neue römisch-katholische Patriarch von Jerusalem (den hier schon länger residierenden Patriarchen der oströmischen Kirche, den Vertreter der schismatischen Kirche also, konnte man ja nicht gut anerkennen) Gottfried von Bouillon mit Palästina. Das Königreich Jerusalem war damit ein päpstliches Lehen. Das war das staatsrechtliche Modell, an dem sich die Kurie später orientierte, als sie den Deutschen Orden mit Preußen belehnte. Allerdings konnte der Vogt des Heiligen Grabes Gottfried Würde und Bürde seines Amtes nicht lange wahrnehmen, denn er starb schon im folgenden Jahr.

Sein jüngerer Bruder Balduin, damals noch Graf von Edessa, beerbte ihn auf Wunsch der lothringischen Ritter, einer kleinen Minderheit innerhalb der Kreuzfahrertruppe (die mit dieser Entscheidung allerdings nur anderen möglichen Kandidaten zuvorkommen wollte) und nannte sich – ungenierter als sein Vorgänger – sofort König von Jerusalem. Manche Gelehrte führen daher ihn als den ersten König von Jerusalem. Formell gesehen geschieht das natürlich völlig zu Recht – aber welch herrliche Spitzfindigkeit! Anders auch als sein Bruder Gottfried strebte Balduin I. sogleich ein vom katholischen Patriarchen und dem Papst unabhängiges Staatswesen an, so daß auch damit die europäischen Intrigen und Machtspiele auf vorderasiatischem Boden fortgesetzt werden konnten. Nachdem die Kreuzfahrer wenige Wochen nach der Eroberung von Jerusalem auch ein ägyptisches Heer trotz seiner Übermacht vernichtend geschlagen hatten, setzten sie sich für längere Zeit in Palästina fest.

Man spricht von Kreuzzügen und nummeriert sie sogar; doch diese Orientierung an größeren Truppenkontingenten verdeckt, daß zwischen diesen Zügen regelmäßig europäische Kämpfer als Kreuzritter in das Heilige Land zogen. Da sie, wie auch die Kreuzfahrer, selten ihr Leben lang in Palästina blieben, auch nicht alle ihr Leben dort ließen, sondern wieder in die Heimat zurückkehrten, wechselte die Stärke der christlichen Besatzungsmacht von Monat zu Monat – eine auf den ersten Blick höchst unsicher erscheinende Machtbasis für die christlichen Grafen und Könige, die sich das Land untertan gemacht hatten.

Die Europäer konnten in Wahrheit in Palästina nur deswegen so lange und so unangefochten herrschen, weil es noch keine andere bedeutende politische oder militärische Macht in dieser Region gab. Die viele Jahrzehnte währende Uneinigkeit der Muslime untereinander gab den Christen einerseits die Chance, kleinere Herrschaften zu etablieren, die sie euphemistisch Grafschaften oder sogar Königreich nannten, und bot ihnen andererseits zahlreiche Gelegenheiten für Kämpfe untereinander. Doch in dem Augenblick, als sich die islamischen Mächte wieder einig waren (oder geeinigt wurden), war es um die Christenherrlichkeit im Heiligen Land bald geschehen.

Die vier Kreuzfahrerstaaten in Palästina benötigten dringend einen ständigen personellen Nachschub, denn allein mit den Kreuzzugsteilnehmern, die im Land geblieben waren, den Kreuzrittern und Ordensrittern, konnten sie ihre Herrschaft überhaupt aufrecht erhalten. Dort hatte man sich übrigens nicht mit einer einzigen, ungeteilten Herrschaft begnügt, sondern gleich deren vier eingerichtet: die Grafschaft Edessa im Landesinnern (heute Urfa im Süden der Türkei nahe der Grenze zu Syrien), die Grafschaft Antiochia an der Küste Nordsyriens (von Alexandrette/Iskanderun bis Gibellum und Apamea im Süden, bis vor die Tore von Aleppo im Osten reichend), die Grafschaft Tripolis, ebenfalls an der Küste, um das heutige Tripoli im Libanon und in Syrien (von Margat bis vor die Tore Beiruts); schließlich das Königreich Jerusalem selbst, das sich gleichfalls an der Küstenlinie vom Libanon bis zum Sinai, von Beirut bis Jerusalem hinzog.

Die politische und militärische Einigung des Islam brachte Saladin zustande, der Sultan von Ägypten und Syrien. Am 6. Juli 1187 besiegte er die bis dahin als unschlagbar geltenden Kreuzritter – 18 000 Mann sollen es insgesamt gewesen sein, während Saladin allein 12 000 Reiter zusammenbrachte[14] – in der Schlacht von Hattin am See Genezareth so vernichtend, daß nur wenige christliche Ritter überlebten und den Europäern im Anschluß an diese Niederlage ihre Städte nahezu ausnahmslos verlorengingen; auch Akko. Nur Antiochia, Tripolis und Tyrus blieben in ihrer Hand.

Die erste große Niederlage der europäischen Christen seit nun fast hundert Jahren war im westlichen Europa Anlaß genug, erneut ein Kreuzfahrerheer zusammenzurufen, und zwar erfolgreich. Diesmal sogar unter der Führung des römischen Kaisers. Nach dem feierlichen Schwur Kaiser Friedrichs I. und seines Gefolges in Mainz 1188 und den nicht minder prächtigen Abschiedsfeierlichkeiten für sein Heer – angeblich waren es 12 000 Mann – in Regensburg und Wien 1189 ging dann allerdings fast nichts mehr nach Plan. Und dazu kam noch das größte Unglück: Ertrank doch der Kaiser, der unumstrittene Führer der Kreuzritter, am 10. Juni 1190, an einem Sonntag sogar, auf dem Weg nach Palästina in Kleinasien beim Bad (oder beim Durchschwimmen des Flusses Saleph)!– das war auf den Tag genau drei Jahre nach der Eroberung der Stadt Akko durch Saladins Truppen. Seither sitzt Barbarossa der Sage nach im Kyffhäuser in Thüringen und wartet darauf, daß ihn die Raben aus dem Berg zutage rufen, um die Dinge in Deutschland wieder in Ordnung zu bringen – nur gerufen hat ihn bisher noch niemand.

«Des Kaisers Tod ließ den deutschen Kreuzzug völlig zusammenbrechen. Seinem Sohn Friedrich fehlte das Format, um das verzweifelte Heer zusammenzuhalten.»[15] Die meisten Teilnehmer kehrten in die Heimat zurück, ohne Palästina erreicht zu haben. Andere wurden durch Krankheiten dahingerafft, so daß am 7. Oktober 1190 vom «deutschen» Kontingent des dritten Kreuzzugs nur ein paar hundert Mann Akko erreichten.

War der Tod des römischen Kaisers ein schlechtes Omen für das Gesamtunternehmen? Nicht unbedingt. Standen doch mit dem englischen König Richard I. Löwenherz und dem französischen König Philipp II. August, die beide den Seeweg vorgezogen hatten, zwei weitere bedeutende Heerführer zur Verfügung (auch wenn sie untereinander verfeindet waren). Allerdings scheinen sie das Kreuzfahrtunternehmen sehr viel pragmatischer geplant zu haben als Kaiser Friedrich I.: Sie waren von Anfang an auf Beute aus (mit längerfristigen Folgen in Westeuropa) und nur ganz nebenbei auf einen Besuch der heiligen Stätten in Jerusalem und noch weniger auf die Befreiung Palästinas. Daher schworen sich die beiden Erzfeinde, daß sie alles redlich teilen wollten, was sie im Heiligen Land erobern würden – ein Schwur, den sie indes nie einhielten. In ihren Kontingenten befanden sich deutlich mehr Söldner als gottesfürchtige Ritter. Auch zeigten sie keine sonderliche Eile bei ihren meist getrennt geführten Unternehmungen. Von September 1190 bis März 1191 verweilten sie auf Sizilien, nicht ohne auch hier ihren traditionellen Zwist auszuleben. Im Vorübersegeln eroberten die Engländer dann im Mai Zypern (das formell zu Ostrom gehörte), kassierten, der vielen Söldner wegen in ständigen Geldnöten, eine fünfzigprozentige Steuer und verkauften die Insel anschließend an die Templer weiter, bevor sie im Juni vor Akko eintrafen. König Philipp hatte hier seine Zelte schon seit dem 20. April aufgeschlagen.

Englische und französische Söldner und Kreuzritter, das deutsche Restkontingent und die schon länger in Palästina weilenden Kreuzfahrer mit König Guido von Jerusalem an der Spitze vereinigten sich zu einer Belagerungsarmee, der die muslimischen Truppen, die seit 1187 Akko besetzt hielten, nicht lange widerstehen konnten. Gegen die Zahlung eines immensen Geldbetrags (Sultan Saladin sollte 200 000 Byzantiner zahlen, 1 500 namentlich genannte christliche Gefangene freilassen und das Heilige Kreuz wieder herausgeben[16]) versprachen die Europäer die Schonung von Soldaten und Zivilisten und zogen am 12. Juli 1191 erneut in Akko ein.

Doch das Metzeln war noch immer nicht zu Ende: In einem Wutanfall ließ König Richard I., genannt Löwenherz – der keineswegs die Lichtgestalt war, die uns die englischen Sagen, Sir Walter Scott und die amerikanischen Ritterfilme vorgaukeln –, kurzerhand 3 000 muslimische Gefangene, Soldaten und Zivilisten, Männer und Frauen, vor den Toren der Stadt hinrichten. Die Henker wateten knöcheltief (das gleiche sachlich falsche und nicht einmal rhetorisch akzeptable literarische Bild wie schon für das Jahr 1099) im Blut, diesmal im Blut der Hingerichteten. In den Quellen wird nur das «Ereignis» als solches überliefert, nicht aber der Grund dafür genannt. Hans Eberhard Mayer vermutet, daß Sultan Saladin das vereinbarte Lösegeld nicht sofort zahlen konnte.[17] Oder etwa gar nicht wollte? Denn es ist zu fragen, ob Saladin seine Zusagen überhaupt hatte einhalten wollen – in der vereinbarten Frist von vierzig Tagen hätte er sicherlich schon Zeichen seines guten Willen zeigen können. Da waren zwei gekrönte Häupter aufeinander gestoßen, denen Menschenleben nichts galten, für die nur die Macht und der Sieg zählte.

Im unmittelbaren Zusammenhang mit diesem dritten Kreuzzug steht die bis in unsere Zeit wohl einträglichste Geiselnahme der europäischen Geschichte: die Festsetzung von Richard Löwenherz durch Herzog Leopold V. der Tugendreiche von Österreich im Jahr 1192. Kurz vor Weihnachten geschah es und begründete Sagen, Geschichten, Romane und zahllose moderne Filme. Zunächst verlangte Leopold 100 000 Mark Silber Lösegeld und der Vermittler Kaiser Heinrich VI. die Heerfolge für einen Sizilienfeldzug. Später wurden, nachdem Richard dem Kaiser überstellt worden war, 150 000 Mark Silber verlangt, dagegen der Zwang zur Heerfolge fallengelassen – ein ungeheurer Betrag, den Heinrich aber durchaus noch zu steigern wußte: Richard mußte ihm den Lehnseid für das englische Königreich leisten!

Der Grund für diese alpine Missetat lag angeblich im fernen Akko an Palästinas Küste. Dort soll König Richard Löwenherz das Banner des Österreichers 1191, das dieser – nach Auffassung des Engländers widerrechtlich – in der soeben eroberten Stadt Akko gehißt hatte, in den Staub haben treten lassen oder es sogar eigenhändig heruntergerissen haben. Jedenfalls fühlte sich Leopold beleidigt. Zum ersten: Streit also zwischen den Europäern (oder zumindest ihrer Heerführer) auf orientalischem Boden. Massiver Streit untereinander. Um die Macht.

Bei dieser löwenherzigen Aktion ging es um nichts anderes als um die Aufrechterhaltung der englischen (und französischen) Vorherrschaft über die soeben erst eroberte Stadt Akko. Und – einmal mehr – nur um die Teilung von Beute: Sie sollte, so hatten es der englische und der französische König ja vorab vereinbart, ihnen allein gehören; kein anderer der an der Eroberung von Akko beteiligten Kreuzfahrer sollte an dieser Beute teilhaben. Zum zweiten also: Beutegier der Europäer. Massive Beutegier.

Man darf drittens getrost darüber spekulieren, ob das Motiv der Rache ausgereicht haben dürfte, um Leopold zu einer solch gravierenden Untat zu veranlassen, oder ob nicht noch weitere Beweggründe zu vermuten sind: Daß ein regionaler Fürst einen veritablen König von europäischem Format ergreift und gefangensetzt, ist auch für das rechtlich längst nicht so durchstrukturierte Mittelalter ein höchst ungewöhnlicher Vorgang. Es waren mehrere Affronts zugleich: Die katholische Kirche hatte schon in der Vorbereitung des ersten Kreuzzugs durchgesetzt, daß die Kreuzfahrer unter ihrem besonderen Schutz stehen sollten. Die Gefangennahme eines Kreuzfahrers, zumal eines so hochrangigen, hätte zu entsprechenden Maßnahmen der Kirche führen müssen. Tat es aber nicht, wenigstens zunächst nicht. Man muß also, viertens, das geistliche Oberhaupt der Europäer zu diesem Zeitpunkt nicht unbedingt ernst nehmen.

Da hat es, zum fünften, offensichtlich Vorabsprachen zwischen den Beteiligten gegeben. Der, der sich dieser Angelegenheit sofort annahm, war Kaiser Heinrich VI. Daraus ist abzuleiten, daß er über die Absicht zur Tat schon vorinformiert gewesen sein muß. Die Nachricht von der Gefangennahme Richards hatte ihn auf dem schnellsten Weg erreicht: Richard wurde am 21. Dezember gefangen genommen und schon am 28. Dezember berichtete Heinrich darüber schriftlich dem französischen König; den Brief kennen wir. Das bedeutet, daß Leopold sich verpflichtet fühlte, den Kaiser über die Verhaftung Richards sofort zu informieren, und der wiederum wußte nichts Eiligeres zu tun, als seinen Bruder im Amt, den französischen König, zu benachrichtigen. Zwischen Tat und Nachricht lagen gerade einmal sieben Tage – eine wahrhaft epochale Geschwindigkeit für diese Zeit.

Auch Heinrich profitierte übrigens – auf leichte Weise und in doppelter Hinsicht – von dieser Tat: Die Hälfte des Lösegelds ging an ihn, weil er den Babenberger zur Freilassung seines Gefangenen überredet hatte. Und, am Rande notiert, für Heinrich aber entschieden wichtiger: Seine innerdeutschen Widersacher waren fürs erste geschlagen. Für Leopold hatte sich der Mißgriff allerdings kaum gelohnt: Er wurde, wahrscheinlich auf Wunsch von Richard I., vom Papst 1194 exkommuniziert und starb, vom Pferd gestürzt, aber noch rechtzeitig vom Bann gelöst, schon im Dezember 1194. Die Folgen seiner Schandtat mußten seine Söhne tragen. Immerhin hat er neben allen seinen sonstigen großen Taten den Österreichern auch ihre Landesfarben geschenkt. So jedenfalls will es eine Legende aus dem 14. Jahrhundert: Sein weißes Kreuzfahrergewand sei nach der Schlacht um Akko vom Heidenblut beiderseits des breiten Gürtels tiefrot gefärbt gewesen, das österreichische Streifenbanner war geboren.

Richard konnte sich in der Zeit seiner deutschen Gefangenschaft (von März 1193 bis Februar 1194) zwar nicht völlig frei bewegen (auf dem Trifels war er übrigens nur für knapp drei Wochen inhaftiert), doch in Worms oder in der Pfalz Hagenau ging er als *Gast* des Kaisers seinen heimischen königlichen Geschäften ungehindert nach: Er empfing Gesandtschaften und Briefe, seine Boten reisten unbehelligt nach England und zurück, er konnte seine politischen Aufgaben durchaus erledigen.

Weitere hundert Jahre vermochten sich die Europäer in Akko noch halten. Dann mußten sie sich für viele Jahrhunderte aus dem Vorderen Orient verabschieden, und zwar sowohl nach dem Willen der Muslime als auch der Christen, allerdings mit jeweils unterschiedlicher Begründung. Fortan gab es nur mehr wirtschaftliche Kontakte zwischen Ost und West. Als Europa in dieser Weltgegend an der Wende zum 20. Jahrhundert wieder politisch aktiv eingriff, waren die Folgen noch schwerwiegender als achthundert Jahre zuvor. Jedenfalls versprach das Abendland an der Wende zum 20. Jahrhundert wieder einmal Frieden und säte doch nur Krieg, Not, Vertreibung. Und Konflikte, die bis heute nicht gelöst sind.

Ein Fazit der Kreuzzugsbewegung

Der französische Mittelalter-Spezialist Jacques Le Goff, einer der großen europäischen Historiker unserer Zeit, hält unmißverständlich fest, daß keiner der Kreuzzüge seine Ziele erreicht habe. Vor allem die dauerhafte Besiedlung der Heiligen Stadt Jerusalem durch die Christen sei mißlungen. Zudem hätte sich im Gefolge der Kreuzzugsbewegung eine radikale Abkehr von der bis dahin durchaus toleranten Haltung der Christen gegenüber den Juden ergeben. Le Goff stellt in dieser Zeit einen wachsenden, immer militanter werdenden Antisemitismus fest.

Auch hätten die Kreuzzüge keine Annäherung der Christen untereinander gebracht: Neben den weströmisch-katholischen Christen gab es weiterhin die oströmisch-orthodoxen Christen und die zahlreichen nichtrömischen Christengemeinschaften im Vorderen Orient. Und zu keinem Zeitpunkt hätte ein wirklich friedliches Miteinander der europäischen Christen in Palästina bestanden. Die Mächtigen hätten Hader und Streit aus ihrer Heimat mitgebracht – Streit zwischen Kirchenfürsten und Laien, zwischen Arm und Reich, zwischen den Ständen, zwischen den verschiedenen europäischen Völkern, zwischen den europäischen Fürsten.

Nicht einmal einen positiven kulturellen Einfluß der Kreuzzüge auf Europa läßt Le Goff gelten. Selbstverständlich habe der Orient die westliche Christenheit beeinflußt, doch eben weit mehr auf friedlichem Weg über Spanien, Nordafrika, Sizilien und Byzanz. In diesen jahrhundertelang bestehenden Kontaktzonen zwischen den religiösen Kulturen und politischen Lagern habe der Okzident vom Orient gelernt.

Nicht einmal die zeitgleich mit der Kreuzzugsbewegung wachsende wirtschaftliche Prosperität der italienischen Stadtrepubliken beruhe etwa auf einer Intensivierung des Ost-West-Handels, sondern resultiere vornehmlich aus der Ausbeutung der europäischen Kreuzfahrerheere: Venedig und Genua hatten ein Quasi-Transportmonopol für die Schiffsreisen nach Palästina und ließen sich dafür außerordentlich gut bezahlen.

Andererseits hätten diese gewaltigen materiellen Aufwendungen der Kreuzritter für ihre Palästinareisen zur Verarmung vieler europäischer Geschlechter geführt. Übungen zur moralischen Besserung seien die harten Kämpfe, die von seiten der Christen häufig genug von Metzeleien an den Ungläubigen begleitet wurden, auch nicht gewesen. Nicht einmal die Kirche selbst, die schließlich das ideologische Rüstzeug für diese riesigen Unternehmungen geliefert hatte, hätte dauerhaft von den Kreuzzügen profitiert.[18]

Hans Eberhard Mayer ergänzt diese niederschmetternde Bilanz einer zwei Jahrhunderte prägenden Volksbewegung (das ist die gleiche Zeitspanne wie von der Französischen Revolution bis heute) aus geschichtswissenschaftlicher Sicht noch um die Feststellung, daß sich die Christen in den Kreuzfahrerstaaten zwar den Landesgewohnheiten hinsichtlich Kleidung und Speisen angepaßt, aber jeden persönlichen Kontakt mit den Einheimischen und ihrer Religion vermieden hätten. Kaum ein Europäer habe Arabisch gelernt oder versucht, den Koran zu verstehen oder gar zu lesen. Umgekehrt seien auch der Islam und die arabische Welt von diesen abenteuernden Christen, die dort übrigens immer nur als «Franken» bezeichnet worden waren, nicht wesentlich beeinflußt worden. Auch sei die geistliche Bewegung der Kreuzzüge nicht gefeit gewesen gegen politischen Mißbrauch.[19]

Hinzuzufügen ist, daß, wenn es überhaupt eine Übernahme orientalischer Gegebenheiten und Gewohnheiten gab, diese überwiegend heimlich erfolgten wie am Beispiel der Pflanzen gezeigt worden ist.

Geschichtlich gesehen waren die Kreuzzüge also vorübergehende, wenn auch bluttriefende Geschehnisse. Immerhin entstanden im Gefolge der Kreuzzüge die drei großen europäischen Ritterorden: die Johanniter (weißes Kreuz auf rotem Mantel), die Templer (rotes Kreuz auf weißem Mantel) und der Deutsche Orden (schwarzes Kreuz auf weißem Mantel). Alle drei nahmen ihre Aufgaben eigenständig und auf ihre je eigene Weise wahr: Zunächst war es der Herbergs- und Krankendienst für Jerusalempilger, später auch der Kampf gegen die Muslime und, in Preußen, gegen die Heiden.

Auch gegen die Ritterorden mußten sich irgendwann Bedenken erheben. Denn schließlich waren sie alles in allem erfolgreich gewesen, obwohl sie ihr wichtigstes Ziel, die Eroberung und dauerhafte Sicherung des Heiligen Landes für das Christentum, verfehlten. Aber auch hier blieben die Kritiker weitgehend allein. Selbst der Vorschlag, durch die Zusammenfassung der Templer und Johanniter eine noch schlagkräftigere Kreuzrittertruppe zu formieren, verstieß gegen päpstliche wie französische und englische Königsinteressen und konnte sich nicht durchsetzen. Einzig die Kritik an den Templern führte zu einem radikalen Ergebnis: Auflösung und Verurteilung der meisten Mitglieder. Selbstverständlich hat es zeitgenössische kritische Stimmen gegen die Kreuzzugsbewegung gegeben. Diese kritischen Stimmen sind aber nirgends bewußtseinsbildend geworden und auch in der theologischen Debatte von nachrangiger Bedeutung geblieben.[20]

Der Deutsche Orden im Heiligen Land und im Reich

Gründung und Struktur

Mitglieder des Deutschen Ordens, des jüngsten der drei großen Ritterorden, waren in der internen Struktur Ritter, Priester und dienende Brüder. Und doch war er schon von Beginn an in mehrfacher Hinsicht anders als seine Vorbilder: Zum einen standen an seiner Wiege Kaufleute; nach seiner Umgründung in einen geistlichen Ritterorden 1198 blieb die gute Zusammenarbeit der ersten Ordensmitglieder, die aus dem Bürgertum sowie aus dem Adel stammten, mit den Kaufleuten erhalten. Zum anderen wurde der Deutsche Orden von Laien gegründet; ihre Herkunft und ihre soziale Stellung sind allerdings weitgehend unbekannt. Und schließlich ließ er sich rechtzeitig, lange vor dem Ende der christlichen Interventionen im Vorderen Orient, eine ganz spezifische Aufgabe übertragen, die ihn – auf lange Sicht – von ähnlichen Gefährdungen, wie die Templer sie erfahren mußten, freistellte.

Über die Gründung liest man in der ordenseigenen geschichtlichen Überlieferung (die Übersetzung des hier zitierten, ursprünglich lateinischen Textes von 1244 stammt aus der zweiten Hälfte des 15. Jahrhunderts):

> Noch Cristi unsers herren geburt tusent hundert darnach in dem nuntzigsten jare zcw den gezeyten, do dy statt Acon von den cristglawbigen menschen umbligt unde mit gotes hulff aus den henden der unglawbigen erlangt und erobert was, do haben etzliche cristglaubige manne von Bremen und Lubecke mit barmhertzigkeyt bewegt, eyn spitall under eynen sigell eyns schyffs, das man eyn kockt nennet, gebawet, und aufgericht, under welchs sy gar vyll und manchen krancken

> versamelten, und das bemelt spitall mit groser andacht vorsorgten bysz zcu der zcukunft hertzog Fridrichs von Swaben.[1]

Bremer und Lübecker Kaufleute hatten vielleicht schon 1189, spätestens aber 1190, zunächst vor der Stadt Akko ein provisorisches Hospital errichtet und Segel und Holz von ihren Schiffen dafür geopfert (die in der Quelle genannten *kockt*/Koggen gab es damals noch nicht im Mittelmeer), um Zelte und Feldlazarettbetten für die Verwundeten und Kranken bauen zu können. Offenbar herrschte ein großer Mangel an Pflegeplätzen, obwohl schon der Johanniter- und der Templerorden sich der Krankenpflege im Heiligen Land widmeten. Und wahrscheinlich war die Aktivität der «deutschen» Kaufleute nur eine von vielen vergleichbaren Samariterdiensten, die bei solchen längeren Belagerungen immer wieder notwendig wurden.

Meistens handelte es sich bei den Patienten um Kriegsverwundete – Speere, Pfeile, Schwerter oder siedendes Pech hinterließen in und an den menschlichen Körpern ihre unauslöschlichen Spuren. Die medizinische Betreuung dürfte in dieser Zeit in einem Feldlazarett noch mehr zu wünschen gelassen haben als im normalen Leben. Die Lazarettzelte vor den Toren von Akko waren selbstverständlich keine optimale Unterbringung unter den dort herrschenden klimatischen und hygienischen Bedingungen. Und so erhielten die Krankenpfleger von König Guido von Lusignan schon Mitte September 1190 (mit diesem Zeitpunkt und mit dem Beginn der Belagerung von Akko Ende August 1189 sind die zeitlichen Eckpunkte genannt, in deren Grenzen der Deutsche Orden – zunächst als Hospitalorden – gegründet wurde[2]) urkundlich ein Haus in der noch zu erobernden Stadt Akko übertragen. Das Hospital lag in der Nähe des Nikolaustors zwischen den beiden Stadtmauern, deren Erhaltung alsbald zur Bauleistungspflicht des späteren Ordens gehörte. Von dort aus war der hauseigene Begräbnisplatz auf dem nahe gelegenen Nikolausfriedhof leicht erreichbar.

Schon 1196 genehmigte der Papst die Umwandlung der Laiensamariterschar in einen Hospitalorden. Daß sich der Papst ihrer annahm und sie zugleich weitgehend aus der Bischofsgewalt befreite, also sich selbst unterstellte, weist jedenfalls nicht nur auf einen gewissen Organisationsgrad hin, sondern auch auf eine schon herausgehobenere Stellung –

schließlich genehmigten die Päpste solche gravierenden Ausnahmen nur in Sonderfällen. Etwa zwei Jahre später, am 5. März 1198, beschlossen die in Akko weilenden deutschen Fürsten, die im Jahr zuvor mit Heinrich VI. ihren zweiten König auf einem Kreuzzug verloren hatten, den bislang laizistischen Krankenpflegeorden unter dem Patronat der heiligen Maria in einen geistlichen Ritterorden, den Orden der Brüder des Hospitals St. Marien der Deutschen zu Jerusalem, umzuwandeln. Betraut war er mit der Krankenpflege, dem Schutz der Pilger im Heiligen Land, dem Kampf gegen die Ungläubigen und der christlichen Missionierung. Im Jahr darauf bestätigte Papst Coelestin III. diese Umorganisation und Neuorientierung. Das Zusammenleben der neuen Ordensritter folgte zunächst den Regeln der Templer (Ritterdienst), der Johanniter (Hospitaldienst) und der Dominikaner (Ausbreitung des Glaubens durch Predigt und Unterricht). Schon 1244 erhielt der Orden das Privileg, seine Statuten in eigener Zuständigkeit weiterentwickeln zu dürfen.[3]

Warum aber dieser umständliche Bezug auf das Hospital St. Marien der Deutschen zu Jerusalem, dessen Schutz die Ritter auch dienen sollten? Schon seit dem ersten Kreuzzug gab es in Jerusalem ein deutsches Hospital für die Unterbringung und Pflege vornehmlich deutscher Pilger unter dem Patronat der heiligen Maria. Das Hospital ging spätestens 1187 mit der Rückeroberung Jerusalems durch Sultan Saladin verloren. Einige Historiker halten es für möglich, daß es dieses Hospital zu diesem Zeitpunkt schon nicht mehr gab.[4]

Ob sich allerdings der Orden von Anfang an oder erst ab 1198 so benannt hat, ist nicht bekannt; gesichert ist diese Bezeichnung erst für die zwanziger Jahre des 13. Jahrhunderts. Dennoch knüpft der heute sehr umständlich erscheinende Name des jungen Ordens ausdrücklich an dieses Spital in dem einen Zentrum der Christenheit an.

Im Mittelalter haben die Menschen weitaus stärker in Traditionen gedacht, als wir uns das heute vorstellen können – und die Fortführung eines älteren, zudem «deutschen» Spitals in Jerusalem war eine würdige und dankbare Aufgabe, für jeden Christen und allemal für einen «deutsch» geprägten Ritterorden. Sie ließen sich zudem von pragmatischen Überlegungen leiten – das «deutsche» Spital in Jerusalem dürfte in Jerusalem, im Heiligen Land, in Deutschland und vielleicht auch anderswo über einige Besitzungen und Rechte zu seiner materiellen Ausstattung verfügt haben. Und die wollte der neue Orden offenbar gerne für sich reklamieren. Die uns geläufige Bezeichnung Deutscher Orden ist genau genommen nicht ganz korrekt, aber doch immer noch korrekter als Deutscher Ritterorden.[5] Weder Johanniter noch Templer haben sich übrigens je Ritterorden genannt – warum also hätte der Deutsche Orden dies tun sollen?

Als Patronin erwählten sich die Ritter – und übernahmen sie zugleich von diesem deutschen Hospital in Jerusalem – Maria, die Mutter Gottes. Später kamen als Patrone noch die heilige Elisabeth (vor allem im Reich) und der heilige Georg (vor allem in Preußen) hinzu. Die beiden anderen Orden sahen im noch jungen Deutschen Orden zwangsläufig zunächst eine unliebsame Konkurrenz. Die Templer brachten den Papst sogar dazu, ihm die weißen Umhänge zu untersagen. Dieses Verbot war nicht lange von Bestand, hingegen wurden bald päpstliche und auch kaiserliche Privilegien erlassen.

Der Deutsche Orden stand zweifelsfrei von Anfang an in der Gunst der Staufer, er wird sogar als «staufischer Hausorden» bezeichnet. Die Kaiser Heinrich VI. und Friedrich II. verliehen ihm alsbald Grundbesitz und Rechte. Besonders wichtig war das Recht, Reichslehen und Allodien (Familienerbgüter des Adels) durch Schenkung oder Kauf zu erwerben.[6] Aber auch der welfische Kaiser Otto IV. erwies dem Orden seine Gunst. Diesen Vorbildern folgten alsbald viele andere Adlige des Reichs; aber auch im Bürgertum fand der Orden großzügige Gönner und Stifter. Daß sich der deutsche Adel und die Stadtbürger dem Deutschen Orden gegenüber so spendenwillig zeigten, hat jedoch mit einem *National*bewußtsein der Stifter und der Empfänger nicht das Geringste zu tun: Weder die Johanniter noch die Templer waren östlich des Rheins je wirklich heimisch geworden, auch wenn sie hier und da Rechte und Eigentum übertragen bekommen hatten. Einen Begriff von Nation im Sinne des 19. Jahrhunderts gab es damals ohnehin noch nicht; ob sich die niederdeutschen Kämpfer mit den oberdeutschen Kämpfern sprachlich haben besser verständigen können als mit Franzosen, Engländern oder Italienern, steht dahin.

In seinen Anfangsjahren nutzte dem Deutschen Orden diese enge Verbindung zum staufischen Haus, die ihm, als es mit der Stauferherrlichkeit zwei Generationen später vorbei war, aber auch nicht weiter schadete. Denn die junge Bruderschaft stand auch in der Gunst der Kirche: Schon 1196 gewährte der Papst dem Hospitalorden eine weitgehende Befreiung von bischöflichen Befugnissen und die freie Wahl des Meisters; 1199 folgte auf Bitten der 1198 in Akko versammelten «deutschen» Kreuzfahrer die Anerkennung als Ritterorden; 1209 bestätigte Papst Innozenz III. alle bisherigen Besitzungen des Ordens, stellte ihn weiter frei von der Diözesangerichtsbarkeit; 1216 gestattete Honorius III., daß der Orden von allen Lehensverpflichtungen befreit werde; Ende 1220 und Anfang 1221 ordnete der Papst die Gleichberechtigung der Deutschordensritter mit den Templern und Johannitern an und gewährte jetzt sogar die volle Exemtion des Ordens aus der Diözesangewalt – d.h. er unterstellte sich nunmehr endgültig den Orden selbst, was schon deswegen nahe lag, weil der Orden in sehr vielen Diözesen beheimatet war – und der Lehenshierarchie.[7] Seine Mitglieder mußten also keinem weltlichen oder geistlichen Herrn einen Eid leisten. Ab diesem Zeitpunkt war auch der weiße Umhang endgültig gestattet.

Noch bevor die Samariterbruderschaft von Akko 1198 ihre Umgründung in einen geistlichen Ritterorden erfuhr, besaß sie in Palästina und Syrien, neben dem Haus in Akko, der langjährigen Ordenszentrale, bereits Burgen in Gaza, Jaffa, Askalon, Ramla und Zansi. Nur wenig später sind Besitzungen in Deutschland (Thüringen, Franken, Tirol [v.a. Sterzing], Hessen, Bayern, Prag, Wien), Griechenland und in heute rumänischen und armenischen Landstrichen nachweisbar.

Um 1226 eigneten sich die Ritter ein Gebiet nördlich von Akko an, auf dem sich die schon von französischen Kreuzfahrern im 12. Jahrhundert errichtete Burg Montfort befand. Offenbar waren erhebliche Reparatur- und Neubaumaßnahmen nötig, denn Montfort, zu deutsch «Starkenberg» genannt, ist erst ab etwa 1229/30 bis 1271 Sitz des Hochmeisters. Zwar sind einige Reste dieser Burganlage erhalten, doch eine gründlichere archäologische Untersuchung steht noch immer aus.[8]

Der Deutsche Orden soll, wie auch die beiden anderen großen europäischen Ritterorden, schon früh – zusätzlich zu der Befreiung aus der Bischofsgewalt (die ja immer auch eine Beschränkung der Macht des Ortsbischofs einschloß) – auch ein hohes Maß an Unabhängigkeit von

Ordensburg Starkenberg/Montfort. Erster Hochmeistersitz des Deutschen Ordens 1230–1250. Steindruck um 1850.

den staatlichen Gewalten angestrebt haben. Nicht nur das Engagement im siebenbürgischen Burzenland in dem damaligen Königreich Ungarn, dem heutigen Rumänien, wird dahingehend gedeutet,[9] sondern auch die ausdrückliche kaiserliche Privilegierung 1226 im Heiligen Land. Beide Versuche schlugen fehl: Aus dem Burzenland hatte König Andreas II. von Ungarn die Ritter schon 1225 vertrieben, aus Palästina wurde der Orden 1291 mit allen anderen Christen verdrängt. Doch da hatte er sich schon längst in einer anderen Region engagiert und war in Preußen auf dem besten Weg zur angestrebten Eigenstaatlichkeit.

Zweifelsohne hat der Orden die raschen Privilegierungen und zahlreichen Rechte in der Frühzeit vor allem Hermann von Salza zu verdanken. Dieser thüringische Adlige, von 1209 bis 1239 im Amt, verstand es, zwischen den beiden wichtigsten Mächten seiner Zeit, Kaiser und Papst, und deren politischen und geistlichen Differenzen eine stets unabhängige Position zu bewahren und dennoch von beiden Seiten hochgeschätzt zu bleiben und Vorteile für den jungen Orden herauszuholen. Er war zweifelsohne der bedeutendste Hochmeister des Ordens in seiner achthundertjährigen Geschichte. Ihm verdankt der Orden die frühzeitige und für sein Überleben so wichtige Entscheidung, das Pruzzenland zu erobern und die Missionierung der Pruzzen zu ermöglichen.

Stauferzeit: Umwälzung und Mobilität

In den etwa hundert Jahren zwischen dem ersten päpstlichen Kreuzzugsaufruf 1095 und der Gründung des Deutschen Ordens 1198 haben in der europäischen Geschichte grundlegende Entwicklungen stattgefunden. Es ist eine Zeit der erstaunlichsten Vielfalt in allen Lebensbereichen, eine Zeit des Übergangs von der Tauschwirtschaft zur Geldwirtschaft, von einer ländlich orientierten zu einer höfisch orientierten Kultur, von einer klerikal bestimmten zu einer stärker säkular orientierten Gesellschaft. Es ist eine Zeit der vordergründigen Begegnung, nicht aber des Austauschs zwischen arabischer und christlicher Kultur.

In dieser kurzen Zeitspanne findet in Europa eine Revolution der landwirtschaftlichen Techniken statt, nicht zuletzt als Reaktion auf die Bevölkerungsexplosion: Es wird die Dreifelderwirtschaft eingeführt, deren Erträge die der klassischen Zweifelderwirtschaft übersteigen, insbesondere seit sie mit Ansätzen zu einer Fruchtwechselfolge verbunden wird; der Scheibenpflug löst den Hakenpflug ab; man beginnt, begünstigt vom Klimaoptimum der Stauferzeit, immer mehr Grenzertragsregionen in den Mittelgebirgen und den Alpen zu erschließen und zu bewirtschaften.

Die Städte werden selbständige Rechtssubjekte in dem weiterhin bestehenden ständischen Sozialsystem und dem Ständestaat. Mit «Stadt» verbindet sich der wohl schwierigste soziale, rechtliche, wirtschaftliche und politische Umgliederungsprozeß, den die mittelalterliche Gesellschaft bis zur Reformationszeit zu bewältigen hatte – und den sie so souverän bewältigte, wie eine moderne Gesellschaft es wohl nie bewerkstelligen könnte.

Die Stadt ist selbstverständlich mehr als nur eine Ansammlung von Häusern oder Bürgern, die von einer Mauer umgeben sind. Sie ist ein eigenes Rechtsgebiet, bietet Rechtssicherheit, teilweise sogar mehr als außerhalb der Stadtmauern. Die Stadt beinhaltet Selbstverwaltung, und das heißt vor allem auch Selbstverantwortung. Durch den Handel sorgt sie für überregionale Kommunikation, Gedankenaustausch, Fernverbindung zu anderen Städten und Ländern. Sie bürgt für (relative) Freiheit aller Einwohner, fördert die Entwicklung des Handwerks, seiner Techniken, seiner genossenschaftlichen Organisation und die Herausbildung neuer Berufe. «Stadt» bedeutet auch: Lösung neuer Bauaufgaben, nicht mehr nur Burgen-, Kirchen- und Bauernhof- und Wohnhausbau; Spezialgebäude entstehen zunächst im Zusammenhang mit Handwerk, Handel und Verkehr, dann, mit wachsendem Reichtum, kommen auch die städtischen, zünftischen und bürgerlichen Repräsentativbauten hinzu. Sie erschließt auch neue bevölkerungspolitische Dimensionen: Auf kleiner Fläche konnten viel mehr Menschen leben und arbeiten als auf dem Land – die Stadt hat beispielsweise viel mehr von dem Bevölkerungsüberschuß der Stauferzeit aufgesogen als etwa die Ostkolonisation oder die erwähnte Erschließung der Grenzertragsregionen.

Das alte staatlich-ständische System paßt sich also den neuen Anforderungen an, ohne dabei prinzipielle Eigenschaften aufzugeben. Neben die Fürstenhöfe und die Klöster treten mit zunehmender Bedeutung die Städte als eigenständige Kulturträger. In der Kunst, besonders im Bauwesen, beginnt die Gotik, die Romanik abzulösen. War die Romanik ein Feudalstil, so wird die Gotik in Deutschland zu einem überwiegend städtischen, bürgerlichen Stil: Es entstehen Kathedralen, Rathäuser, Bürgerhäuser, Kaufhäuser, Zunfthäuser, Verkehrsbauten.

In diesem einen Jahrhundert werden in Parma, Bologna und Paris die ersten Universitäten eingerichtet – sie waren zunächst selbstverständlich kirchlich dominiert, weil die Kirche noch das Bildungsmonopol hatte und es trefflich zu nutzen wußte; aber schon die Etablierung der Universitäten als eigenständige Körperschaften barg den Keim ihrer Unabhängigkeit von der «Mutter Kirche» in sich. Friedrich Barbarossa privilegierte 1154 die Professoren und Scholaren und stellte sie in ihren Reisemöglichkeiten (d.h. in einer weitgehend schriftlosen Kultur auch Kenntnis- und Gedankenaustausch) den Kaufleuten gleich. In den Universitäten, in einigen Klöstern und in den Dom- und Bischofsschulen, in denen der Priesternachwuchs ausgebildet wurde, legen die Philosophen unter den Theologen die Grundsteine zu dem beeindruckenden, in sich geschlossenen Gedankengebäude der Scholastik (das aber eben dieser Geschlossenheit wegen den Keim der Weltfremdheit und seines Untergangs schon in sich trägt).

Diesen philosophischen Höhenflügen stehen zunehmend Volksbewegungen gegenüber, in denen das Subjekt, der einzelne Mensch im Mittelpunkt einer neuen, von der offiziellen Kirche nicht immer geduldeten Innerlichkeit steht. Einerseits verleiht die Benediktinerin Hildegard von Bingen dieser Geistesströmung unvergleichlichen Ausdruck. Andererseits verfolgt die Geistlichkeit (bis hin zu offiziellen Kreuzzügen[10]) die als Häretiker diffamierten Katharer, Waldenser oder Albigenser, die von ähnlichen Gedanken und Gefühlen beherrscht sind. In schärfstem Kontrast zu dieser christlichen Innerlichkeit stehen die Judenverfolgungen, die zeitgleich mit der Kreuzzugsbewegung einsetzen.

In diesem einen Jahrhundert entsteht aus der benediktinischen Einheit der Mönchs- und Nonnenklöster, die zuletzt in der Reform von Cluny eine machtvolle und mächtig wirkende neue Observanz erfahren hat, seit dem ausgehenden 11. Jahrhundert eine monastische Vielfalt ohnegleichen. Von Citeaux und Clairvaux aus hatte eine stürmische Reformbewegung in den Klöstern und bei den Menschen eine neue Spiritualität entfacht: Einsamkeit, Armut, Handarbeit und Gebet waren die alten Ziele im neuen Geist. Dieser neue Geist schlug sich auch in der asketisch-einfachen Architektur der Klöster und ihrer Kirchen nieder. Überall werden Zisterzienserklöster (Gemeinschaftsklöster) und, nach strengeren Regeln, Kartäuserklöster (Einsiedlerklöster) gezielt in Einöden, in unberührter Natur neu errichtet. Dabei stören und zerstören, widersinnig genug, Mönche und Nonnen und Dienstleute durch ihre Arbeit gerade das, um dessenwegen sie hierher gezogen waren: die Einöde, die Einsamkeit, die Natur.

Der heilige Bernhard hat 1115 das Kloster Clairvaux gegründet, am Ende desselben Jahrhunderts gibt es bereits 530 Zisterzienserklöster.

Die Radikalität der Zisterzienser in ihren monastischen Ansprüchen ist die religiöse Antwort auf den fast luxuriös gewordenen Lebenswandel der Cluniazenser. Doch auch Bernhard von Clairvaux ist unter den Zeitgenossen nicht unumstritten. So verteidigt sich Petrus Venerabilis (der wesentlich an der Übernahme antiken Gedanken- und Kulturgutes beteiligt ist) gegen die harsche Kritik Bernhards mit dem Hinweis, daß die zisterziensische Strenge im Grunde auch nichts weiter als prahlerisch sei.[11] Entschieden wichtiger noch ist sein Satz: «Bewahren ist schwerer als Neubeginnen.» Er gilt für alle monastischen Bewegungen der europäischen Christenheit. Auch die jetzt entstehenden Bettelorden (Franziskaner) und Predigerorden (Dominikaner) zeigen, daß selbst Bernhard von Clairvaux nicht mehr für alle Mönche und Nonnen spricht. In der Selbstorganisation der Kirche breitet sich Vielfalt aus.

Etwas früher schon, massiv aber in der Stauferzeit, begann zunächst der Hochadel, sich aus der Ebene *auf die Berge* zurückzuziehen, sich *steinerne* Burgen bauen zu lassen – in diesem Orts- und Materialwechsel manifestiert sich eine weitere soziale Abschottung; Burgenbau, eigentlich königliches Vorrecht, wurde für die Interessen einer kleinen Schicht entfremdet. Mit dem Auszug aus der bisher gemeinsamen Siedlung grenzt der Adel sich von Bürgern und Bauern auch physisch ab. Am Burgtor werden Burgbewohner und Nichtburgbewohner geschieden, so wie wenig später an den Stadttoren die städtischen und die nichtstädtischen Bewohner. Der Adel benennt sich nach den festen Plätzen, auf denen er wohnt. Seine Soldaten beginnen, Wappen auf ihren Schilden und farbige Fahnen an den Lanzen zu tragen. Am Ende des 12. Jahrhunderts stilisiert er sich und seine Weltanschauung[12] in Minnesang und idealem Rittertum (das, obwohl gleichgenannt, mit dem sozialen Stand der Ritter, den Ministerialen, nur wenig gemein hatte.)

In diesen hundert Jahren, so lehren uns die Klimahistoriker, erreichte das mittelalterliche Klimaoptimum (800–1300) seinen Höhepunkt, um dann alsbald in die neuzeitliche «Kleine Eiszeit» einzumünden (bis 1800): Schon in den ersten Jahrzehnten des 14. Jahrhunderts war es in Europa merklich kühler und vor allem feuchter als im Jahrhundert zuvor; die seither durch zahlreiche Mißernten schon heftig gebeutelte Bevölkerung mußte dann ab 1347 auch noch die Pestepidemien überstehen. Die Folgen von rasantem Klimawechsel und medizinischem Notstand waren sinkende Lebenserwartung, drastischer Rückgang der Bevölkerung, wirtschaftliche Schwierigkeiten in allen Bevölkerungsschichten und damit verbunden deutlich geringere Abgaben an den Adel und das Verlassen der meisten Siedlungen.

Die meisten Menschen, auch Historiker, unterstellen wie selbstverständlich, daß sich das Klima erst seit den letzten Jahren des 20. Jahrhunderts wesentlich verändere. Das genaue Gegenteil gilt: Seit der letzten Klimakatastrophe, der Eiszeit, verändert sich unser Klima ununterbrochen, allerdings in langen Perioden von mehreren hundert Jahren: So konnte der Jungsteinzeitmensch «Ötzi» leicht bekleidet die Alpen überwinden, weil sein klimatisches Umfeld wärmer und trockener war als heute; auch die Römer lebten in einem wesentlich wärmeren Klima als wir. In der Stauferzeit, in der Zeit des mittelalterlichen Klimaoptimums, lebte man mit dem nachwachsenden Rohstoff Holz als wichtigstem Energieträger, kannte keinen Kunstdünger, und mit Wind- oder Wassermühlen als einzigen Maschinen lebte man also in und mit der Natur. Und dennoch war es erheblich wärmer und trockener als heute! Sogar die Gletscher zogen sich zurück!

Es ist ein Jahrhundert der Dualismen: Im politischen Bereich ist der Kampf zwischen römischem Kaiser und Papst um den universalen Machtanspruch seit dem Wormser Konkordat von 1122 in vorläufig ruhigere Fahrwasser geraten. Nicht etwa, daß er endgültig ausgetragen gewesen wäre, er wird am Ende der Stauferzeit, Mitte des 13. Jahrhunderts, noch verhängnisvoller wirken als zuvor. Doch nun scheidet er die Geister und die Familien, die Fürsten und die Bischöfe nicht mehr so rigoros wie noch vor wenigen Jahrzehnten. Unendlich viel Leid hat dieser Streit über die Menschen in Europa gebracht, hat sicher auch die Entwicklung des deutschen Königreichs zu einem Frankreich oder England vergleichbaren homogeneren staatlichen Gebilde erschwert, wenn nicht verhindert. Der erbitterte Zweikampf zwischen Kaiser und Papst stärkt in Deutschland jedenfalls – und vor allem – den hohen Adel und die regionalen Kräfte zu Lasten von Zentralmacht und Zentralstaat. Seit dem Wormser Konkordat und auf seiner Grundlage entwickelt sich der Reichsfürstenstand, es entsteht eine für Jahrhunderte wirksame Oligarchie: Bestimmten weltlichen und geistlichen Würdenträgern wird mit dem Recht zur freien Königswahl eine in anderen Ländern unbekannte Entscheidungsbefugnis eingeräumt (faktisch realisiert seit etwa 1180, staatsrechtlich endgültig fixiert in der Goldenen Bulle Kaiser Karls IV. von 1356).

Im Umfeld dieses Streits haben sich im mittelalterlichen Sozialgefüge in Deutschland (in England und Frankreich ebenfalls, aber unter völlig anderen politischen und gesellschaftlichen Gegebenheiten), modern gesprochen, zwei neue Mittelstände durchgesetzt: Die bisherigen Geburtsstände (Adel, Bauern) und der Stand *sui generis*, der Klerus, wurden zeitweilig mit Berufsständen konfrontiert, ohne daß die neuen Stände, die Ritter und Kaufleute, die älteren Stände politisch, geistig oder gesellschaftlich abgelöst hätten oder hätten ablösen wollen (wie es das Bürgertum im 19. Jahrhundert anstrebte).

Auch im Rittertum scheint der Dualismus dieses Zeitalters auf: «Rittertum» war Lebensideal und sozialer Stand zugleich. Als Ritter bezeichnete man den niederen Adel, den Dienstadel, die Ministerialen – alles Angehörige der gleichen sozialen Gruppe. Diese niedere Adelsgruppe diente dem König, der Kirche, den Fürsten und dem hohen Adel als Verwalter wie als Krieger. Sie tritt in allen europäischen Ländern zur gleichen Zeit in das Licht der Geschichte. In der staufischen Heerschildordnung, in der die (Lehens)-Rangfolge der Stände genau festgehalten ist, steht sie auf der zweituntersten Stufe der Lehenshierarchie; unter ihr befinden sich nur noch diejenigen, die keine Lehen weitergeben können.

In Europa findet eine unglaubliche Informations- und Gedankenübernahme aus anderen Kulturen statt: In den maurischen Zentren auf der Iberischen Halbinsel – in Granada, Toledo und Cordoba – sitzen unzählige fleißige Übersetzer und Schreiber, die arabisches, indisches und griechisches Wissen und Schrifttum ins Lateinische übertragen und es damit der europäischen Gelehrtenwelt zugänglich machen. Diese Werke erweitern zweifelsohne deren geistigen Horizont, sie begrenzen ihn aber auch: Die geistige Fixierung einer ganzen Epoche beispielsweise auf die Gedankenwelt des Aristoteles verschließt zugleich auch die Offenheit des Denkens gegenüber anderen Modellen.

Es ist eine Zeit der Mobilität in nahezu allen geistigen, sozialen und persönlichen Bereichen. Den geistigen Aufbruch, die Neuorientierung der Philosophie und ihre Verfestigung in Scholastik und Aristotelismus wurden ebenso erwähnt wie die soziale Mobilität von Rittern und Bürgern, die sich als neuer Stand nahtlos in das bisherigen Sozialgefüge einpassen. Sogar Bauern oder Landhandwerker konnten mit der Umsiedlung in die Stadt sozial aufsteigen. Und die Ostkolonisation (siehe S. 216f.) ist ohne diese Chance für den einzelnen, sich sozial, wirtschaftlich und rechtlich zu verbessern, ganz und gar undenkbar.

Zu bemerken ist eine physische Mobilität ohnegleichen, wie sie vergleichbar erst in der zweiten Hälfte des 20. Jahrhundert wieder möglich wird. Wie schon in den Jahrhunderten zuvor sind die Könige noch immer Reisekönige, sind die Herzöge noch immer Reiseherzöge; beide haben sie keine festen Residenzen. Sie nehmen ihre Aufgaben an ständig wechselnden Orten wahr: die Könige in den Pfalzen, Reichsklöstern oder Bischofsresidenzen, die Herzöge auf ihren Burgen. Die Bauern und Landhandwerker ziehen in die Städte oder nach Osten – da sind möglicherweise Hunderttausende in Bewegung gewesen. Pilger aus allen sozialen Schichten durchströmen ganz Europa von Ost nach West (Santiago de Compostela), von Nord nach Süd (Rom) oder Südwest (Palästina, Jerusalem). Die Kreuzfahrer und Ordensritter reiten nach Südost (Palästina), Nordost (Preußen, Litauen, Livland) und Westen (maurisches Spanien).

Der Fernhandel blüht. Auch wenn die Kaufleute selbst immer weniger reisen, so sind doch ihre Mitarbeiter um so häufiger und mit immer größeren Warenmengen unterwegs (bis weit hinein nach Asien). Die längst hochspezialisierten Bauhandwerker und -künstler wandern von der einen Großbaustelle zur anderen – der gotische Kathedralenbau ist ohne diese Wanderhandwerker und Wanderkünstler nicht denkbar. Professoren und Studenten ziehen von einer Universität zur anderen. Fahrende Sänger, die Minnesänger wie die Vagantenpoeten, die Gaukler und Bettler, sind ständig unterwegs. Diesen wachsenden Strom der Reisenden nehmen von nun an die bislang unbekannten kommerziellen Gasthäuser auf, für Pilger gibt es eigene Pilgerhospitäler.

Die Bewohner der alten Städte beginnen, sich von der Herrschaft der Bischöfe und der anderen Stadtherren zu befreien. Neben die bisherigen Funktionen der Siedlungszentren, die wir vereinfachend Städte nennen, neben Bischofssitz und Militärstützpunkt, tritt deutlicher und zukunftsweisender als je zuvor der «Markt», das in der Regel überregionale Handelszentrum. Jenseits der Elbe können Fürsten und Bürger sogar gemeinsam Städte gründen. Der Bund der Kaufleute und der spätere Städtebund der Hanse beginnen, eine selbstbewußte Haltung einzunehmen. Schon gibt es in den Städten die ersten steinernen Bürgerhäuser; schon haben sich einige Städte mit steinernen Mauern umgeben.

Auf die karolingische und die ottonische Renaissance folgt eine gesamteuropäische Renaissance – Aufbruch zu neuen Ufern, aber auch Rückbesinnung auf die Antike kennzeichnen diese Zeit. Vieles von dem, was uns in diesen hundert Jahren als physisch und geistig mobil entgegentritt, wird sich in den kommenden Jahrzehnten rasch verfestigen, immobil werden. Die Ministerialen sind die letzte Gruppe, der es gelingt, in den Adelsstand übernommen zu werden; sie sind am Ende des Jahrhunderts ein sozial gesicherter Berufsstand von Soldaten und Beamten. Auch anderswo nimmt die zeitweilige soziale Durchlässigkeit immer mehr ab; der Zuzug in die Städte wird laufend erschwert, das bislang freie Reisen auf alle mögliche (nicht nur kriminelle) Weise behindert. Einzig der Fernhandel, der Warenverkehr, bleibt von dieser Stagnation ausgenommen. Er nimmt vielmehr unter ständiger Verbesserung seiner rechtlichen Grundlagen einen ungeheuren Aufschwung – und mit ihm das Patriziat in den Städten, das im wesentlichen von den Kaufleuten bestimmt wird.

Am Ende dieser so ereignisreichen und veränderungswilligen Epoche wurde der Deutsche Orden gegründet, rechtzeitig genug, um noch Anteil an dieser umfassenden Mobilität zu haben; am Ende dieser Epoche nahm Hermann von Salza als Hochmeister des Ordens den großen Elan dieses Jahrhunderts auf und wurde bis zu seinem Tod von ihm angetrieben; am Ende dieser Epoche war das Rittertum als geistige Orientierung und als sozialer Stand weitgehend verfestigt. Ohne diese strukturellen Voraussetzungen hätte sich die Geschichte des Deutschen Ordens gewiß anders entwickelt.

Hermann von Salza

Ein Glücksgriff für den Deutschen Orden

Hermann von Salza war der vierte Hochmeister des noch jungen Deutschen Ordens innerhalb von nur elf Jahren. Über seine drei Vorgänger, allesamt aus niederem Adel, wissen wir außer ihren Namen wenig. Ob sie nach ihrer Wahl Palästina jemals wieder verlassen haben, ist unbekannt.[1] Der erste Hochmeister, Heinrich Walpot von Bassenheim, stammte aus einer Ministerialenfamilie vom Niederrhein. Wahrscheinlich ist er identisch mit dem letzten Vorsteher der Hospitalbruderschaft von Akko, Heinrich, von dem man nur den Vornamen kennt. Nicht sicher ist, ob er sich überhaupt schon Hochmeister genannt hat. Er gehörte, wie auch sein Nachfolger Otto von Karpen, zuvor dem Johanniterorden an. Dieser ältere Ritterorden wiederum leitete aus dem Umstand, daß zwei seiner Mitglieder die ersten Vorsteher der jungen Korporation wurden, später, als er deren Konkurrenz unangenehm zu spüren bekam, sogar Vorherrschaftsansprüche über den Deutschen Orden ab.[2] Der dritte Hochmeister Heinrich von Tunna, genannt Bart, kam bereits aus Thüringen, aus dem Land also, in dem der Orden schon früh seinen ersten Besitzschwerpunkt hatte.

Geschadet hat dieser rasche Wechsel der Amtsinhaber dem jungen Deutschen Orden allerdings nicht, wußten sich die Ritter doch von Anfang an allerhöchster Protektion sicher, der Protektion von Kaiser und Papst.[3] Und offenbar, so scheint es jedenfalls im Rückblick, hat der «deutsche» Adel nur auf die Gelegenheit gewartet, Besitztümer und Rechte an einen «Deutschen» Orden zu verschenken und ihm seine Familienmitglieder zuzuführen (wobei man «deutsch» nicht im nationalen Sinne des 19. Jahrhunderts verstehen darf). Diese Bereitschaft zu Güter-

Papst Innozenz III. verleiht Hermann von Salza den Siegelring.
Gemälde von Karl Wilhelm Kolbe, 1826.

schenkungen verstärkte sich nach dem Amtsantritt von Hermann von Salza im Jahr 1209 noch einmal deutlich.

Auffällig und schon hier als Besonderheit gegenüber allen anderen Ritterorden zu nennen ist die soziale Zusammensetzung der Mitglieder: Nahezu durch seine gesamte Geschichte hindurch entstammte die Mehrzahl der Ritter dem niederen Adel; in der Frühzeit kamen sie auch aus dem Stand der Ministerialen, aus dem noch teilweise unfreien Dienstadel, und sogar aus bürgerlichen Familien. Erst im 15. Jahrhundert konnte durchgesetzt werden, daß nur noch Adlige als Mitglieder aufgenommen werden durften. Doch noch im 14. Jahrhundert verfügte der Deutsche Orden im Bürgertum über einen festen Rückhalt; Karl von Trier stieg sogar zum Hochmeister auf.[4]

Dreißig Jahre lang nahm Hermann von Salza das Amt des Hochmeisters wahr; doch verbrachte er davon nur etwa vier auf deutschem Boden. Und in Preußen, an dessen «Erwerbung» er so maßgeblich und für drei Jahrhunderte richtungsweisend beteiligt war, dürfte er, folgt man den bisher bekannten Spuren, gar nicht gewesen sein. Sein Haupteinsatzgebiet war der Mittelmeerraum: das Heilige Land, Ägypten, Italien und Sizilien.

Er stammte aus dem niederen Adel, aus dem thüringischen Langensalza, und prägte die Entwicklung der Korporation wie keiner seiner Nachfolger, ausgenommen vielleicht Winrich von Kniprode, der nicht nur ebenfalls dreißig Jahre als Hochmeister amtierte, sondern seit der Mitte des 14. Jahrhunderts dem Orden und dem Ordensland Preußen eine kulturelle, politische und wirtschaftliche Hochblüte bescherte, die nie mehr erreicht wurde, zugleich aber bereits den Kern des Untergangs in sich trug.

Man nimmt an, daß Hermann von Salza um 1178 geboren wurde. Er wuchs am Hofe des Landgrafen Hermann I. von Thüringen auf, an einem der glanzvollsten und kulturgeschichtlich bedeutendsten Fürstenhöfe des Reichs, im Ansehen und an Bedeutung durchaus zu vergleichen mit den Höfen in Wien (Babenberger), Meißen (Wettiner), München (Wittelsbacher) oder Braunschweig (Welfen). In Thüringen trafen sich alle Großen der Zeit, Politiker, Kirchenleute wie Kulturschaffende. In Thüringen fand die Kunst des Minnesangs im berühmten Sängerkrieg auf der Wartburg 1207 ihren vollendeten Ausdruck. Und selbst wenn dieser Wettstreit nicht dort oder gar überhaupt nicht stattgefunden haben sollte (für beide Thesen gibt es gute Gründe und daher auch Verfechter) – allein die Tatsache, daß die Sage am thüringischen Hof plaziert wird, zeigt den Respekt späterer Generationen vor den kulturellen Leistungen der Landgrafenfamilie.

Landgraf Hermann I. von Thüringen (geboren um 1155, 1181 Pfalzgraf von Sachsen, um 1190–1217 Landgraf von Thüringen) war politisch mehr flatterhaft als zuverlässig: Obwohl mit den Staufern eng verwandt, unterstützte er, dynastischer Interessen des eigenen Hauses und ständigen Geldmangels wegen, mal den Staufer Philipp von Schwaben, mal den Welfen Otto IV. in ihrem Streit um die deutsche Krone. Ständiger Geldmangel herrschte in Thüringen vor allem wegen des gleichzeitigen Baus und Ausbaus der landgräflichen Burgen Wartburg, Weißensee und Neuenburg und wegen der luxuriösen Lebensweise des Hofes. 1211 schlug er sich auf die Seite der Staufer, als Friedrich II. zum deutschen König gewählt wurde. Aber Landgraf Hermann sollte auch jetzt nicht lange im staufischen Lager bleiben. Rasche Koalitionswechsel waren damals eben auch nicht ungewöhnlicher als heute.

Landgraf Hermann I. gehörte zu den Kreuzzugsteilnehmern 1190, und zwar zu den wenigen, die Akko erreichten. Dabei wird ihm die Gründung des deutschen Spitals und der neuen Laienbruderschaft gewiß ebensowenig verborgen geblieben sein wie das Wohlwollen, das der «deutsche» Adel und insbesondere die Staufer dieser neuen humanitären Einrichtung im fernen Palästina entgegenbrachten. Er gehörte alsbald auch zu den eifrigsten Förderern des Ordens.

Hermann von Salza, der Knappe am thüringischen Hof und Namensvetter des Landesherrn, wird 1196 bereits als Mitglied des Deutschen Ordens genannt. Er mag gerade achtzehn Jahre alt gewesen sein. Einen väterlichen Hinweis, eine freundliche Empfehlung des Landgrafen Hermann I. an seinen Höfling, dem Orden beizutreten, darf man füglich ebenso annehmen wie auch, daß dieser bei der Ernennung Hermanns von Salza zum neuen Hochmeister Hilfe geleistet haben wird. Es ist allerdings nicht überliefert, wer in der frühen Zeit wie, wann und wo den Hochmeister bestimmte; man darf aber vermuten, daß auch im Mittelalter Führungspositionen protektionistisch erworben oder vergeben wurden – im Fall Hermanns von Salza erwies sich dieser Eingriff als ein Glücksgriff für den Deutschen Orden.

Thronwirren in Deutschland

1209 war der deutsche König Otto IV. zum römischen Kaiser gesalbt worden, nachdem der bayrische Pfalzgraf Otto von Wittelsbach kurz zuvor aus gekränkter Ehre den anderen deutschen Thronprätendenten, Philipp von Schwaben, ermordet und damit den Streit um die Königswürde und Kaiserkrönung vorzeitig und auf radikale Weise gelöst hatte: Pfalzgraf Otto von Wittelsbach, der Mörder, war mit einer Tochter des staufischen Königs Philipp verlobt. Sie aber war in der diplomatischen Streiterei zwischen König und Papst einem Neffen des Papstes versprochen werden, was Otto IV. als ehrenrührig ansah und zur Rache Anlaß gab. Dem Papst kam diese Entwicklung so gelegen, daß er sie, wenigstens anfänglich, für ein «Gottesurteil» hielt.

Die politischen Verhältnisse waren dann bis zum Jahr 1215 äußerst verwirrend: In Sizilien lebte Friedrich, der Sohn des auf dem Kreuzzug 1197 verstorbenen Kaisers Heinrich VI. Er war schon im Dezember 1196 als Zweijähriger zum deutschen König erwählt worden und wurde von fast allen Reichsfürsten als rechtmäßiger Thronanwärter angesehen; für ihn wollte Philipp zunächst die Regentschaft wahrnehmen. Doch dem stand ein ehrgeiziger Kölner Erzbischof (im Einverständnis mit dem Papst und/oder auf dessen Weisung) entgegen. Der rheinische Kirchenfürst fand – allerdings erst nach langer Suche – in Otto aus dem Hause der Welfen, einem Sohn Heinrichs des Löwen, 1198 einen ihm geeignet erscheinenden Konkurrenten für den Königskandidaten. Ein Teil der Fürsten wählte denn auch Otto zum neuen König. Der welfisch-staufische Konflikt konnte dank dieser kirchlichen Fürsorge in die nächste Generation übergehen.

Der unselige Kölner Kirchenfürst brachte den Deutschen nur Streit und Leid. Im Gegenzug erhoben die Anhänger der Staufer Philipp von Schwaben auf den Königsthron in der Überzeugung, nur auf diese Weise den staufischen Anspruch auf die Königswürde aufrechterhalten zu können. Beide Wahlhandlungen und beide Krönungen waren anzweifelbar und wurden in ihrer Rechtsgültigkeit von den Zeitgenossen angezweifelt. Doch keiner der Kandidaten gab auf – bis zu jenem verhängnisvollen Mord in Bamberg.

Der deutsche König Otto IV. bezeichnete sich übrigens als «König von Gottes und des Papstes Gnaden», der Papst nannte ihn «meinen lieben Sohn, an dem ich Wohlgefallen habe». Aber auch das Bündnis zwischen Kaiser Otto IV. und Papst Innozenz III., der im Interesse des Kirchenstaats den Welfen gegen den Staufer ungeniert förderte, währte nur zwei Jahre. Denn, um unangefochten König bleiben und Kaiser werden zu können, mußte Otto seinen Rivalen in Sizilien, den rechtmäßigen Thronanwärter Friedrich, unterwerfen. Das mögliche Ergebnis wiederum mußte der Papst mehr fürchten als der Teufel das Weihwasser: Wer auch immer sich durchsetzte – in beiden Fällen wäre sein Kirchenstaat in Mittelitalien in die Zange zweier verbündeter Reiche in den Händen einer deutschen Dynastie geraten. König Otto IV. war dem Papst also nur so lange ein guter Verbündeter, solange er half, die erwünschte Trennung beider Reiche aufrecht und die staufische Macht möglichst niedrig zu halten.

Als Otto dann im ureigensten Interesse nach Sizilien aufbrach, gab es für den Papst nur eine Lösung: Wieder einmal belegte er einen deutschen König mit dem Kirchenbann, begleitet von markigen Worten über dessen angebliche Verfehlungen. Obwohl auf Außenwirkung und zur Selbstrechtfertigung gedacht, verfehlte dieser Ausschluss aus der Kirchengemeinschaft bei den Zeitgenossen seine Wirkung nicht.

Schon im Herbst desselben Jahres 1209, nur wenige Monate nach der neuen päpstlichen Erkenntnis, daß Otto kirchlicherseits nicht mehr zu unterstützen sei, wählten einige Reichsfürsten in Nürnberg (wieder am falschen Ort und in unvollständiger Zusammensetzung) den auf Sizilien lebenden Staufer Friedrich erneut zum deutschen König – auf Vorschlag des Papstes. An dieser Wahl war auch der politisch so wendige Landgraf Hermann I. von Thüringen maßgeblich beteiligt. Das mag seiner faktischen Machtstellung im Reich entsprochen haben, widersprach aber allen Gepflogenheiten. Nur gab es diesmal keine Kläger. Auf geheimnisumwitterten Wegen zog der nun achtzehnjährige Friedrich 1212 nach Deutschland, um seinerseits Otto zu unterwerfen.

Endgültig zerbrach Ottos Macht und Anhängerschaft, nachdem sein Verbündeter, der englische König Johann, bei Bouvines 1214 eine Niederlage erlitten hatte. Kaiser Otto IV. verlor Anhänger und Land, zog sich auf seinen Braunschweiger Besitz zurück und starb 1218 in Harzburg. Friedrich II. wurde – vorläufig unbestritten – deutscher König, ließ sich 1215 in Aachen, nunmehr in rechtsgültiger Form, ein zweites Mal krönen. Die Kaiserkrönung durch den Papst erfolgte 1220 in Rom – ohne Friedrich II. war an einen erneuten Kreuzzug nicht zu denken, also mußte der Papst ihm entgegenkommen.

Es ist durchaus wahrscheinlich, daß es in Aachen zur ersten Begegnung zwischen dem neuen deutschen König und Hermann von Salza kam, möglicherweise aber auch erst im Dezember 1216. Unabhängig von der Genauigkeit dieses Termins: Hermann von Salza machte als Hochmeister eine erstaunliche Karriere. Erst sechs oder sieben Jahre in diesem Amt und gerade fünfunddreißig Jahre alt, verkehrte er bereits in den höchsten gesellschaftlichen Kreisen des Reichs.

Friedrich II. förderte, kaum war er auf Reichsboden, den Deutschen Orden durch die Bestätigung bisheriger Übertragungen und durch neue Schenkungen. Auch der Papst hatte nach der radikalen Bamberger Lösung erneut Privilegien zugunsten des Ordens ausgestellt. Die Vermutung liegt nahe, daß bei dieser wachsenden Sympathie beider Weltmächte für den Orden der im Amt noch junge Hochmeister schon eine fördernde Rolle gespielt hat. Immerhin traf Hermann von Salza möglicherweise im Jahr 1215 Friedrich II. in Aachen und im gleichen Jahr vermutlich auch den Papst auf dem 4. Laterankonzil in Rom; beide gewährten im Jahr darauf weitere bedeutende Privilegien.[5] Hermann von Salza war aber schon vorher in beiden Machtzentralen bestens bekannt. Man verfolgte dort sicher mit großem Interesse den Einsatz der Ritter im Burzenland.

Der Deutsche Orden in Ungarn

Wieso Burzenland? Bereits 1211[6] – zwei Jahre nach dem Amtsantritt des Hochmeisters – übertrug König Andreas II. von Ungarn dem Deutschen Orden das Burzenland um Kronstadt (rumänisch: Brasov, ungarisch: Brasso) im damals ungarischen, heute rumänischen Siebenbürgen «zu dauerndem freien Eigentum». Im Burzenland laufen die Straßen über einige Karpatenpässe zusammen, über die aber auch häufig genug Reitervölker aus Südrußland und Vorderasien nach Ungarn einbrachen. Der königliche Auftrag war eindeutig: Die Ritter sollten im

Namen des ungarischen Königs sowohl den Grenzschutz im Karpatenbogen übernehmen als auch die heidnischen Kumanen jenseits des Gebirges in Moldawien und der Walachei bekämpfen und missionieren helfen sowie neue Siedler anwerben, da das Land «wüst und leer» sei; die Ritter mußten allerdings keinen Lehnseid leisten, und es gab auch keine sonstigen Lehnsverpflichtungen. Der Orden holte sich für seinen Einsatz im Burzenland auch die Zustimmung des Papstes ein und widmete sich, neben seinem weiter andauernden Engagement im Heiligen Land, alsbald dem Heidenkampf, der Missionierung und der Landerschließung in diesem Teil von Südosteuropa.

Warum zog es den Deutschen Orden ins Burzenland? Hatte er denn im Heiligen Land (und in Spanien) nicht schon genug zu tun? Konnte er sich einen Einsatz in drei so weit voneinander entfernten Weltgegenden organisatorisch und finanziell leisten? Warum wurde er vom ungarischen König gerufen, obwohl doch schon die Johanniter seit Jahrzehnten und die Templer seit kurzem im Land waren? Welche Beziehungen gab es zwischen dem ungarischen König und dem Hochmeister persönlich oder dem Orden? Welche Interessen verfolgten beide Seiten? Diese Fragen können von Historikern nicht endgültig beantwortet werden.

Man kann allerdings Vermutungen anstellen. Die wichtigste ist die Unterstellung der Nachgeborenen, der Orden und sein Meister hätten schon hier versucht, sich ein von sonstigen weltlichen Mächten unabhängiges Territorium zu errichten – eine durchaus nachvollziehbare These. Aus heutiger Sicht ist das ungarische Engagement ein Experimentierfeld gewesen, auf dem die Strukturen erprobt werden konnten, die später in Preußen so nachhaltig, dauerhaft und erfolgreich wirkten, noch mehr aber haben die Ritter aus den Fehlern gelernt, die sie in Ungarn gemacht haben.

An die erste These schließt sich eine weitere Vermutung an: Bei der Vermittlung des Ordens nach dem damals ungarischen Burzenland könnte Landgraf Hermann von Thüringen eine fördernde, vielleicht sogar anregende Rolle gespielt haben, denn der Tradition seines Hauses folgend betrieb er selbst systematisch Erschließungs- und Besiedlungspolitik im Osten. Er war wie nur wenige Reichsfürsten mit der Aufgabe, ihren Problemen und ihren Lösungen vertraut. Zu dieser prinzipiellen

Öffnung seines geistigen Horizonts nach Osten und Südosten gehörte auch das Heiratsversprechen, das seinen Sohn und Nachfolger Ludwig (IV. der Heilige) schon in Kindesjahren mit Elisabeth, der Tochter des ungarischen Königs Andreas II. und Gertrud von Andechs-Meranien, verband.

Die nächste Vermutung: Vor allem diese Ehe soll Andreas II. in seiner Entscheidung beeinflußt haben, den Deutschen Orden zusätzlich zu den bereits im Land tätigen Johannitern und Templern zu berufen (Königin Gertrud hatte zahlreiche deutsche Berater an den ungarischen Hof geholt).[7] Ludwig und Elisabeth wurden auf der Wartburg seit 1211 – Elisabeth war gerade erst vier Jahre alt – gemeinsam erzogen. Heiratsversprechen im Kindesalter und gemeinsame Erziehung an einem Hof waren durchaus zeitüblich.

Die praktische Vernunft läßt uns die Vermutung als die wahrscheinlichere erscheinen, die Landgraf Hermann im Mittelpunkt sieht: Dem Umzug Elisabeths nach Thüringen waren selbstverständlich Verhandlungen zwischen beiden Höfen vorangegangen, bei denen außer Heirats- und Hochzeitsabreden auch andere Angelegenheiten besprochen wurden – beispielsweise die weitere Besiedlung des Burzenlandes oder der östlich und südlich der Karpaten liegenden unermeßlich weiten, vom Christentum oder vom ungarischen König noch nicht eroberten Gebiete; oder auch die Bedrohung des Burzenlandes durch die Kumanen und deren mögliche dauerhafte Abwehr. Und Landgraf Hermann war, wie bekannt, dem Deutschen Orden (der in Thüringen seine erste Niederlassung in Deutschland gegründet hatte) und seinen Rittern sehr wohl gewogen. Wenn nicht schon er selber die Idee eingebracht hat, die Ritter im Burzenland einzusetzen, dann wird er ganz gewiß mögliche entsprechende Überlegungen des ungarisches Königs oder dessen Berater unterstützt haben.

Der Orden errichtete hier fünf Burgen (wie die Schwarzburg bei Zeiden, rumänisch: Codlea, ungarisch: Feketehalom) und gründete auch einige Orte (wie Kronstadt, Rosenau, Tartlau). Nicht überliefert sind bemerkenswerterweise ein burzenländisches oder ein ordenseigenes Stadtrecht oder die Form der Mission und ihre Unterstützung durch den Orden (bekannt ist lediglich, daß Brun von Querfurt hier zwei Jahrhunderte zuvor erfolglos gewirkt hatte). Auch soll der Orden sogar im

Siedlungsgebiet der Kumanen selbst eine Burg (*castrum munitissimum*) errichtet haben, deren Standort bislang nicht bekannt ist; ob damit die Kreuzburg gemeint sein könnte, ist umstritten. Sein Hauptsitz und seine Ordensburg war die Marienburg (rumänisch: Feldioara, ungarisch: Földvar)[8] etwa zwanzig Kilometer nördlich von Kronstadt an einer alten römischen Poststraße gelegen; die Ruinenreste geben noch heute im Westturm Zeugnis vom Deutschen Orden. Der Komtur, der Oberbefehlshaber der Ordensritter, soll allerdings seinen Wohnsitz in der späteren deutschen evangelischen Kirche von Marienburg (13. Jahrhundert) genommen haben, der früheren Marienkirche, die in ihrem Langhaus einen ehemals dreigeschossigen Wohnbau mit angeschlossener Kapelle verbirgt. Der Ort Marienburg selbst, 1240 vom ungarischen König an den Zisterzienserorden übergeben, war nach dem Abzug der Ritter 1225 bis 1377 noch Vorort des Burzenlandes geblieben.

Abgesehen von den internen ungarischen Irritationen arbeitete der Orden hier höchst erfolgreich; nur so lassen sich die zahlreichen Privilegien erklären, die ihm in dieser Zeit zukamen: Der Papst belohnte die Ordensritter fünf Jahre nach ihrem ersten Auftritt (1216 und erneut 1220[9]) mit Privilegien, die ihn von allen Lehensverpflichtungen (was einen Teil des ungarischen Adels verärgerte) und 1222 von der bischöflichen Zentralgewalt (was wiederum den zuständigen Ortsbischof verärgerte) freistellten; 1224 nahm er auf Bitten der Ritter das Burzenland und das (noch zu erobernde) Land jenseits der Karpaten unter den Schutz des Stuhls Petri, allerdings gegen Zahlung von zwei Goldmark jährlichen Anerkennungszinses an die Kurie.[10]

Warum aber war dieser höchste Schutz der Christenheit nötig geworden? Mußten die Ordensleute trotz des großen königlich-ungarischen Privilegs von 1222 dennoch Sorge um ihre Stellung im Land haben? Mußten sie erneut (wie schon im Laufe des Jahres 1222) um ihren Auftrag fürchten? War es eine so große Sorge, daß man sogar den Schutz des obersten Herrn der Christenheit erbitten mußte? Oder war es lediglich ein raffinierter Schachzug des Ordenshochmeisters, der möglicherweise im Hinblick auf ein Engagement in Preußen und im Baltikum die rechtlichen Möglichkeiten seiner Zeit ausloten wollte?

Faktisch war es, wie sich zeigen sollte, mit dem päpstlichen Schutz allerdings nicht weit her. Ihren Besitzanspruch konnten die Ritter nämlich nicht dauerhaft durchsetzen. Denn es gab bald Streit mit dem ungarischen Hof und dem ungarischen Adel sowie dem Bischof des Burzenlandes (in ihm wiederum sieht man einen möglichen Urheber der 1225 erfolgten Vertreibung des Ordens), zum Schluß kam es sogar zu kriegerischen Maßnahmen. Die Formulierungen in der königlichen Urkunde von 1211 ließen nämlich einige – allerdings höchst gewichtige – Unklarheiten zwischen den Beteiligten aufkommen (König, Adel, Ortskirche, Papst und Deutscher Orden); dieser Streit um rechtliche Begriffe und politische Positionen bestimmt bis heute auch die Diskussion der Historiker.

Die Geschichte des Ordens im Burzenland wird überliefert ausschließlich in insgesamt knapp dreißig Urkunden der Päpste (Honorius III., Gregor IX., Innozenz IV.), des ungarischen Königs Andreas II. und des siebenbürgischen Bischofs Wilhelm, von denen die meisten nur in Abschriften erhalten sind, die Mehrzahl davon wiederum in päpstlichen Registern. Hinzu kommen mehrere päpstliche Mandate, die ebenfalls in diesen Registern erhalten sind; aus der Zeit nach dem Ungarnabenteuer sind mehrere Bestätigungsurkunden der Päpste und vier Kopialbücher des Ordens selbst überliefert. Kaum einer der Urkunden aber blieb es erspart, von der Forschung als Fälschung identifiziert und diskreditiert zu werden.

Verzichtet man aber auf wortgenaue Interpretationen und auf eine ausführlichere Darstellung der Kontroversen,[11] so kann man zusammenfassend nur sagen: Eigentlich, so die Meinung des ungarischen Königs, hätten die Deutschordensritter in seinem Namen und für ihn das Land erobern und erschließen, es nach außen verteidigen und dann von ihm zu Lehen nehmen sollen. Die Ordensritter stützten sich in ihrer abweichenden Haltung auf die Bestimmung in der königlichen Urkunde von 1211 (die ihnen das «öde» Land «zu dauerndem freien Eigentum» übertrug), die 1222 wörtlich wiederholt wurde, und auf spätere päpstliche Privilegien und glaubten sich daher frei von Lehensverpflichtungen gegenüber dem ungarischen König.

Der Papst war dann, anders als von ihm versprochen, in dem Streit in der aktuellen Lage 1225 keine sonderlich große Hilfe für den Orden, ließ sich später aber, als die Ritter längst vertrieben waren, doch zu einer, wenn im Ergebnis auch vergeblichen, positiven Haltung bewegen. Möglicherweise war an der Kurie die dem päpstlichen Handeln zugrundeliegende Übernahme des Burzenlandes in die *proprietas apostolice sedis* weder gedanklich noch rechtlich bis in die letzten Feinheiten geklärt noch in ihren praktischen Folgen bedacht; darum könnte sich andererseits aus dieser kurialen Unklarheit 1224/1225 die später für Preußen verwendete Formulierung als *patrimonium Petri* (1234) ergeben haben.

Hölzerne Burgen durften die Ritter seit 1211 bauen, in Grenzen das Münzrecht ausüben (was sie aber augenscheinlich nicht nutzten), die Hälfte der im Lande geförderten Edelmetalle behalten (die andere Hälfte mußte an den König abgeliefert werden), der Orden erhielt Marktrechte, das Recht zum Salinenbetrieb und die Erlaubnis, auf sechs Schiffen das Salz zollfrei nach Ungarn zu transportieren. Ausdrücklich untersagt wurde ihm die Abwerbung deutscher Siedler aus dem siebenbürgischen Königsland ins Burzenland.

Trotz deutschfeindlicher Umtriebe am ungarischen Hof, der auch Königin Gertrud 1213 zum Opfer fiel, privilegierte König Andreas 1222 den Orden erneut und gestattete jetzt sogar den Bau steinerner Burgen und die Wahl eigener Richter. Er erweiterte das Gebiet, das er dem Orden bisher anvertraut hatte, über die Gebirgsgrenzen im Süden und Osten hinaus bis zur Donau und zur südlichen Moldau noch einmal erheblich – das alles soll als Entschädigung dafür geschehen sein, daß sich der König im Zorn zu einer Vertreibung des Ordens veranlaßt gesehen habe. Der genaue Anlaß für den königlichen Unmut und auch, wie die schlechte Behandlung tatsächlich ausgesehen hat, sind nicht bekannt; man vermutet aber, daß er interne ungarische Streitigkeiten zur Voraussetzung hatte: Vorausgegangen war der fehlgeschlagene Kreuzzug 1217–1220 (siehe «Der Kreuzzug» nach Damiette, S. 76–79), an dem sich Andreas beteiligt und der so immense Kosten verursacht hatte, daß der König in Ungarn zusätzliche Steuern einführen mußte. Dagegen hatte im Jahr 1222 ein Teil des ungarischen Adels revoltiert und König Andreas II. eine *Magna charta* abgerungen, deren Privilegien noch lange galten. Hatten sich die Ordensritter in diesen Streit eingemischt, vielleicht sogar die Position des Königs gestützt? Und wurden deswegen mit diesem Privileg belohnt?

Die große Privilegierung von Ende 1222 war dann aber doch zu viel des Guten: Die Erfolge der Streiter für das Christentum schreckten den ungarischen Adel und einen Teil der Kirche auf. Jedenfalls ernteten die gottesfürchtigen (und in der Welt so erfolgreichen) Ritter nicht etwa königliches Lob, auch nicht, wie sonst im Mittelalter üblich, Rechte oder Eigentum, sondern der Orden wurde 1225 mit militärischen Mitteln schmählich des Landes verwiesen – schmählich, weil derselbe Landesherr, der ungarische König, noch im Jahr zuvor den deutschen Siedlern in Siebenbürgen den «großen Freiheitsbrief» ausgestellt hatte (vielleicht nur, um sie gegen mögliche Abwerbungsversuche der Ordensritter standfest zu machen), der bis ins 18. Jahrhundert als ihre Verfassungsurkunde galt. Dieses Dokument räumte ihnen ausdrücklich große Freiheiten ein – wofür sie allerdings die Grenzen verteidigen, das Land urbar machen, Wirtschaft und Verkehr in Aufschwung bringen mußten.

Daß der ungarische König dem Deutschen Orden eine vergleichbare Privilegierung nicht gewährte, deutet darauf hin, daß die Ritter weitergehende Forderungen erhoben haben müssen. Unter den Historikern herrscht daher ein beinahe allgemeiner Konsens darüber, daß die Ordensritter bereits hier in den Grenzgebieten des ungarischen Königreichs versucht haben, ein unabhängiges Territorium aufzubauen,[12] sich unabhängig vom eigentlichen Landesherrn zu machen. Das verstieß aber gegen die üblichen Gewohnheiten der Zeit. Also mußten sie sich den alten Gewohnheiten fügen oder weichen.

Zwar versuchte die Kurie auch Jahre später noch, die Vertreibung der Ordensleute rückgängig zu machen[13] – schließlich hatte sie das Burzenland ausdrücklich in ihren Schutz genommen und durch die Vertreibung ihrer Schützlinge selbst an Reputation verloren. Doch diese Bemühungen waren so vergeblich wie die des Hermann von Salza, der noch im Herbst 1234 bei einem Besuch in Ungarn versucht hatte, die Rechte des Ordens restituieren zu lassen. In einem im selben Jahr abgesandten Schreiben läßt Papst Gregor IX. mitteilen, daß die Söhne des Königs und die Barone jegliche Bemühungen um eine friedliche Regelung unterlaufen hätten. Er betont, daß insbesondere Sohn und Mitregent Bela, der spätere König Bela IV., die Vertreibung der Ritter veranlaßt habe.[14]

Wollte der Papst nun wirklich noch ernsthaft intervenieren? Hatte er denn nicht am 3. August 1234 in der Bulle von Rieti Preußen in das *pa-*

trimonium Petri aufgenommen? Und ob der Hochmeister wirklich ernsthaft in Ungarn intervenieren wollte, darf ebenso bezweifelt werden. Konnte er sich wirklich vornehmen, in vier weit auseinander liegenden Weltgegenden (Palästina, Spanien, Ungarn, Preußen) nachhaltig tätig zu bleiben? Ganz vergessen hat der Orden seine rechtlichen Ansprüche auf das Burzenland bis ins 18. Jahrhundert hinein nicht, allerdings ohne jeglichen Erfolg. Auch traten die Ritter noch einmal von 1429 bis 1437 in Ungarn auf, diesmal im Severiner Banat, zur Türkenabwehr herbeigerufen.[15]

Der Kreuzzug nach Damiette

In demselbem Jahr 1213, in dem sich der spätere Kaiser Friedrich II. auf deutschem Boden durchzusetzen begann, eröffnete Papst Innozenz III. eine erneute Kreuzzugskampagne. Diesmal wollte er die alleinige Führerschaft behalten. Ein günstiger Zeitpunkt für einen solchen Anspruch, da die europäischen Mächte sich gegenseitig blockierten – Frankreich und England befehdeten sich bis aufs Messer, Deutschland war infolge des Thronstreits noch immer gelähmt. 1215 berief der Papst dann jenes große Laterankonzil nach Rom ein, an dem neben den etwa 1300 kirchlichen Würdenträgern auch Hermann von Salza teilgenommen haben soll. Allerdings ist seine Teilnahme nicht ganz gesichert, denn er wird, anders als die Meister der Templer und Johanniter, in den Quellen nicht namentlich genannt.[16]

Die Abreise der Kreuzritter sollte im Juni 1217 in Brindisi und Messina erfolgen, der Papst wollte den Abreisenden selbst seinen Segen sprechen. Dazu kam es indes nicht, denn Innozenz III. starb 1216. Er hatte aber noch miterlebt, daß auch Friedrich II. das Kreuz nehmen wollte und damit wohl auch den militärischen Oberbefehl erhalten hätte. Aber der Kaiser fand dann doch gute Gründe für einen Aufschub seiner Palästinareise. Hermann von Salza hingegen nahm 1217–1220 an diesem Kreuzzug teil.[17]

Man traf sich im Oktober 1217 in Akko. Allerdings herrschte unter den Christen zunächst (wieder einmal) völliges Durcheinander: Drei Könige (von Ungarn, Jerusalem und Zypern), ein Herzog (von Österreich) und die Meister der drei großen europäischen Ritterorden waren in verschiedenen Zügen in Akko eingetroffen, nicht zu vergessen der päpstliche Legat Pelagius, Kardinalbischof von Albano. Als erstes konnten sich die weltlichen und geistlichen Herren nicht über die militärische Leitung einigen; dann gab es Streit um ihre Kriegsziele: Eigentlich sollte es ja gegen Nablus in Palästina gehen, doch dann beschloß man den Angriff auf Damiette, den Hafen an der Mündung des Nils, den zweitwichtigsten ägyptischen Hafen und Einfallstor nach Kairo. Würde man, so die einsatzortentscheidende Theorie, den Sultan in Ägypten besiegen, dann hätte man in Palästina und Jerusalem um so leichtere Hand.

Das wichtigste Bollwerk dieses Hafens, ein stark befestigter Turm, von dem aus eine mit der Stadtmauer verbundene Kette die Durchfahrt sperrte, fiel im dritten Anlauf der Kriegslist eines Kölner Domherrn zum Opfer: Auf zwei aneinander gebundenen «Koggen» (die es aber zu dieser Zeit im Mittelmeerraum noch nicht gab) hatte man einen Belagerungsturm gezimmert, von dem aus der Kettenturm von oben herab erobert und seine Besatzung hätte niedergemacht werden können – doch die gab nach zunächst erbittertem Widerstand rasch auf und flüchtete. Der ägyptische Sultan starb vor Kummer.

Dann war es mit dem Kriegsglück der Europäer aber auch schon vorbei. Man scharmützelte hin und her; der neue Sultan al-Kamil bot Friedensbedingungen, man verhandelte miteinander; dann scharmützelte man weiter. Der Sultan bot noch bessere Friedensbedingungen, die den von Kardinallegat Pelagius gezielt geförderten Riß (um seine eigene Vormachtstellung und damit die des Papstes abzusichern) im christlichen Lager jetzt deutlich machten: Jerusalem – selbst die Häuser und die Stadtmauern hätte der Sultan von seinen Truppen vor ihrem Abzug noch reparieren lassen – und das gesamte Land, das sie einst besessen hatten, wenn sie denn die Belagerung von Damiette aufgäben. Während der König von Jerusalem, Johann von Brienne, und seine palästinensischen Fürsten sowie ein Teil der Franzosen zustimmten und mit der Annahme des Friedensangebots, immerhin nahezu ganz Palästina, das Kreuzzugsziel erreicht zu haben glaubten, lehnten der päpstliche Legat Pelagius, die beiden anderen Ritterorden sowie die Italiener ab. Die Haltung des Deutschen Ordens zu dieser Frage ist nicht überliefert.

Pelagius war bestimmt ein großer Kirchenfürst und ein kluger Mann; er war zweifelsohne aber noch mehr ein treuer Gefolgsmann des Papstes. In dieser militärisch-strategischen Situation war er aber völlig überfordert – mit langfristig schwerwiegenden Konsequenzen für die Europäer.

Diejenigen, die den Frieden ablehnten, setzten sich also durch; darum wurde weiter Krieg geführt. Damiette fiel im Frühjahr 1219 in die Hände der Kreuzfahrer; ohne große Kämpfe – die Verteidiger waren einfach verschwunden! Angeblich wegen innerarabischer Differenzen, wer denn nun eigentlich Sultan sei. Ein überzeugendes Argument, denn so wenig die europäischen Kreuzfahrer – inzwischen traditionell – untereinander einig waren, so wenig waren es – ebenso traditionell – die Araber. König Johann und Hochmeister Hermann reisten im Frühjahr 1220 aus Ägypten ab, Herzog Leopold VI. von Österreich folgte ihnen wenig später; König Andreas II. von Ungarn kehrte mit einem so leeren Geldbeutel zurück, daß er den Papst aufforderte, ihm Ersatz für seine Auslagen zu leisten; der weigerte sich mit der Folge neuer Steuern für die Ungarn, inneren Unruhen und dem großen Adelsprivileg von 1222. Es ist aber am ehesten anzunehmen, daß der Fall von Damiette durch die Hungersnot der Bevölkerung verursacht worden sein dürfte.

Damiette wurde zu einem opferreichen, aber sinnlosen Zwischenspiel im Hinblick auf die Eroberung Palästinas. Denn schon im August des Jahres 1221 mußte der päpstliche Legat wegen eigener taktischer Fehler und überlegener Strategie des ägyptischen Sultans um den Frieden bitten, den er wenig zuvor selbst verweigert hatte: Die Christen hatten Damiette verlassen, um Jordanien zu erobern. Der Sultan sah eine vortreffliche Gelegenheit, sich der europäischen Ritter endgültig zu entledigen, und ließ die Deiche anstechen: Die Ritter versanken im herbstlichen Nilhochwasser und im Schlamm. Rost und Frust griffen rasch um sich. Die Europäer mußten Damiette endgültig aufgeben. Man schloß einen Waffenstillstand, man tauschte Kriegsgefangene aus und räumte Ägypten. Bis zur Beendigung dieser Aktionen stellten die Europäer Geiseln, unter anderen – auf Wunsch des Sultans – auch Hermann von Salza. Ein schmähliches Ende für einen Kreuzzug, der in den offiziellen Listen daher auch nicht als Kreuzzug geführt wird. Ein Kreuzzug unter alleiniger päpstlicher Führung, diese Botschaft wurde schon von den Zeitgenossen deutlich verstanden, war keine zukunftsweisende Lösung mehr: «Es ist sicher gegen das Gesetz, wenn die Kleriker Ritter anführen.» [18] Diese peinliche Niederlage in Ägypten hatte nun auch zur Folge, daß die allgemeine Kreuzzugsbegeisterung erst einmal verebbte.

Privilegien über Privilegien

Kaum wieder in Europa zurück erzielte Hermann von Salza zwischen November 1220 und März 1221 unvergleichliche Privilegien seitens des Kaisers und des Papstes. Von Dezember 1220 bis März 1221 erhielt der Orden vom Papst siebenundfünfzig Verfügungen[19] unterschiedlichsten Inhalts – eine für die damalige Zeit ganz ungewöhnliche Dichte (sowohl was die Zahl der Ausstellungen selbst als auch der Überlieferungen anbelangt). Sechzehn von ihnen privilegierten den Orden in einzelnen Punkten, zwei enthielten Bestätigungen bereits erteilter Privilegien, neununddreißig waren an die verschiedensten kirchlichen Würdenträger gerichtet mit dem Auftrag, den Orden zu schützen, seine Rechte zu achten und zu wahren.

Im Dezember 1220 erteilte der Papst die volle Exemtion aus Diözesangewalt und Lehenshierarchie, im Januar 1221 genehmigte er dem Orden den weißen Mantel mit dem schwarzen Kreuz (damit erloschen zugleich sämtliche Ansprüche des Johanniterordens gegen den Deutschen Orden) und die förmliche Gleichstellung des jungen Ritterordens mit den beiden älteren.

Kaiser Friedrich II. folgte mit einer ebenso dichten Urkundenserie, die allerdings lediglich bereits erteilte Rechte und Besitzungen bestätigte. Beide Aktionen können nur auf Betreiben des Hochmeisters entstanden sein. In einer für den Orden günstigen politischen Konstellation erschien es ihm und seinem Hochmeister opportun, sozusagen Zwischenbilanz zu ziehen, all das festzuhalten und sich bestätigen zu lassen, was man bisher erreicht hatte[20] – eine durchaus zeitübliche Form des Überlebens und der Rechtesicherung.

Orts- und Zeitwechsel: Zu einem Zeitpunkt, in dem die Quellen ein Interesse des Ordens an Gebieten an den östlichen Gestaden der Ostsee, an Preußen und Livland (das ist der zeitgenössische Name für das Baltikum), noch nicht überliefern, verhandelte Hermann von Salza – im gemeinsamen Auftrag des Kaisers und des Papstes – 1223 mit Vertretern des gefangenen Königs Waldemar II. von Dänemark über die Rückgabe Nordalbingiens an das Reich: Waldemar hatte in den fernen Gebieten der Ostsee Estland und Finnland unterworfen und – vom Papst kräftig unterstützt – begonnen, die Bevölkerung dieser Landstriche zu missionieren. Er hatte sich überdies die Zustimmung des mit den deutschen Verhältnissen vielleicht doch nicht ausreichend vertrauten jungen Königs Friedrich zur Übernahme weiter Teile Nord- und Nordostdeutschlands eingeholt (Holstein, Mecklenburg, Pommern). Gegen diese dänische Vorherrschaft wehrte sich eine regionale Koalition der betroffenen Landesfürsten und der Städte; im Verlauf dieser Streitigkeiten gerieten der dänische König und sein Sohn 1223 in die Gefangenschaft des dänischen Lehensmannes Heinrich von Schwerin.

Hermann erreichte die Freilassung des Häftlings gegen dessen Versprechen, sein Reich vom Kaiser zu Lehen zu nehmen, die von den Dänen – formal zu Recht – besetzten «deutschen» Länder herauszugeben und sich am Kreuzzug 1226 zu beteiligen. Der König gab sein Wort – und hielt es nicht. So kam es dann doch noch zu kriegerischen Auseinandersetzungen, erst 1225 in Mölln, dann 1227, als der Däne in der Schlacht von Bornhöved bei Kiel eine gewaltige Niederlage erlitt. Damit waren König Waldemars Oberherrschaftsbestrebungen an der südlichen und östlichen Ostseeküste fürs erste abgewehrt. Viel wichtiger aber: Die Ostsee war wieder ungehindert zu befahren – vor allem selbstverständlich von den Lübecker Kaufleuten, den seit der Gründung des Ordens engen Vertrauten der Ritter.

Möglicherweise auch für den Deutschen Orden. War der Griff des dänischen Königs nach Livland (seit 1219 auf einem Kreuzzug gegen die Esten) etwa geistig und politisch anregend für Hochmeister Hermann von Salza und hatte er bei ihm ähnliche Interessen geweckt? Zum Beispiel auch am Pruzzenland? In diesen doch überwiegend heidnischen Ländern lag das Einsatzinteresse (Heidenbekämpfung und Ermöglichung der christlichen Mission) des Ordens – ähnlich wie in Ungarn – auf der Hand.

Zu einer möglichen Antwort auf diese Frage ein kurzer Rückblick: Im Jahr 1222 hatte König Andreas II. von Ungarn in einer Goldbulle die bisherigen Privilegien des Ordens in seinem Land bekräftigt und ausgeweitet, und zwar ausdrücklich als Entschädigung dafür, daß er, der König, den Orden zuvor im Zorn behandelt habe. Der Orden und Hermann von Salza müssen sich ihrer dennoch weiter prekär bleibenden Situation in Ungarn bewußt gewesen sein und könnten darum vorausschauend nach neuen Tätigkeitsfeldern Ausschau gehalten haben. Und damit sind wir wieder im Ostseeraum mit seiner im Herbst des Jahres 1223 politisch völlig offenen Situation.

Selbstverständlich war der Hochmeister 1223 während seiner Verhandlungen mit den dänischen Abgesandten über die politische und christliche Gesamtlage an der Ostsee informiert und wußte von den bislang vergeblichen Christianisierungsbemühungen des Zisterziensermönches Christian von Oliva, der vom Papst 1215 zum Bischof von Oliva (und Preußen) ernannt worden war. Er wußte von den Anstrengungen des masowischen Herzogs Konrad und des schlesischen Herzogs Heinrich in gleicher Sache. Auch wußte er um die Kreuzzugsprivilegien, mit denen Papst Honorius III. die Preußenfahrer unter Christians Leitung schon 1217 ausgestattet hatte. Es steht außer Frage, daß Hermann von Salza wie kaum ein anderer Politiker über die Chancen und Probleme der Ostsiedlung informiert war, hatte er sie doch in schon jungen Jahren am Hof seines thüringischen Landesherrn miterleben können und sich und den Orden für die Missionierung in Ungarn und an seinen östlichen und südöstlichen Grenzen verpflichten lassen. Selbstverständlich erinnerte sich der Hochmeister 1223 auch an die Gründung seines Ordens, an der die Lübecker und Bremer Kaufleute so wesentlich beteiligt waren und zu denen noch immer enge Beziehungen bestanden. Es ist nicht zu bezweifeln, daß ihm die hervorragende strategische Lage Lübecks bekannt war, und ebenso gut wußte er, daß eine Hafenstadt wie Lübeck als ideale Flottenbasis für ein Heer genutzt werden könnte: Schließlich waren über See Truppentransporte wie Nachschublinien leichter zu organisieren, in größeren Mengen und schneller durchzuführen als zu Lande. Das hatte man im Laufe der Kreuzzüge nach Palästina zu Genüge erprobt.

Es ist daher anzunehmen, daß Hermann schon 1223 den Plan entwickelt hat, sich und seinen Orden an der Missionierung der Pruzzen und der Erschließung ihres Landes wie vielleicht auch Livlands zu beteiligen. Vergleichbar wie im Burzenland würde er an der Grenzlinie eines schon christianisierten Landes zu den Heiden seinen Einsatz finden können. Der Hochmeister wird zumindest die Chancen gesehen und die Möglichkeiten erwogen haben, die sich hier für seinen Orden ergeben könnten. Er, der – selten genug – sowohl von den Zeitgenossen als auch von den Historikern übereinstimmend als herausragender politischer Denker und Lenker eingeschätzt wird, er, der in den Lagern der beiden Weltmächte zu Hause war wie kein anderer Zeitgenosse, ausgerechnet er sollte blind gewesen sein gegenüber den möglichen Entwicklungen in Preußen?

Auffällig ist jedenfalls, daß Friedrich II. schon im März 1224 das Kaisermanifest von Catania erlassen hat, also zeitlich nur sieben Monate nach den Vermittlungsbemühungen durch Hermann Salza in Norddeutschland. Mit diesem Manifest stellte der Kaiser alle Einwohner Preußens, des Baltikums «und weiteren benachbarten Provinzen», die sich zum Christentum bekehren würden, unter den besonderen Schutz des Reichs und bestätigte ihnen ihre Besitzungen; auch sollten sie nach der Taufe von der Gerichtsbarkeit und der Dienstleistungspflicht für die einheimischen Großen befreit und nur dem Reich und der Kirche untertan sein.

Warum tat er das? Und warum gerade im Jahr 1224? Schon zwei Jahre vor dem Hilferuf des masowischen Herzogs Konrad war der Kaiser ganz augenscheinlich an den östlichen Gestaden der Ostsee interessiert. Und warum dann nicht Hermann von Salza? Diese Frage muß wahrscheinlich umgekehrt beantwortet werden: Weil Hermann hier Ordensinteressen zu verfolgen beabsichtigte, überzeugte er Friedrich II., dieses Manifest zu erlassen. Zwar war der Kaiser gegen Dänemark an der Erschließung des Baltikums interessiert – doch welcher Reichsfürst hätte ihm die notwendigen Heere gestellt? Und das zu einer Zeit, als alle Ritterwelt mit einem neuen Kreuzzug nach Palästina hatte rechnen müssen? Hier muß man ein gemeinsames Interesse von Friedrich

II. und Hermann von Salza annehmen. Wer am kaiserlichen Hof hätte denn zu diesem Zeitpunkt die preußischen, die östlichen politischen Verhältnisse besser gekannt als der Hochmeister?

Erst im Juli 1224 kam es dann zu dem Vertrag von Dannenberg, mit dem sich König Waldemar verpflichtete, sein Reich von Friedrich II. zu Lehen zu nehmen, Nordalbingien dem Reich zurückzugeben und sich an einem Kreuzzug zu beteiligen.[21] Indem Friedrich II. vertraglich die Macht des dänischen Königs einschränkte und ihn lehensrechtlich an sich band, entstand zugleich an jenem fernen Ende der Ostsee ein aus Sicht des Kaisers wenigstens zeitweiliges Machtvakuum, das zu füllen er sich möglicherweise vorbehielt.

Ein solcher Zugriff des Kaisers auf den Nordosten rief selbstverständlich wiederum den Widerspruch des machtpolitischen Rivalen, des Papstes, hervor, in dessen Auftrag und unter dessen Leitung in Preußen schon seit fast einem Jahrzehnt missioniert wurde (wenn bislang auch recht erfolglos). Der erklärte daher 1225 (also ebenfalls schon vor der Bitte des masowischen Herzogs um Unterstützung durch den Deutschen Orden) ausdrücklich, daß diese Völker nur Christus und der römischen Kirche gehorchen sollten.[22]

Auf allerhöchster politischer Ebene spielte sich da eine makabre diplomatische Auseinandersetzung ab – makaber, weil die Menschen, um die es ging, die Pruzzen und – in der strategischen Perspektive – auch die Liven, Esten und Litauer, gar nicht gefragt wurden, ob sie sich zum Christentum bekennen, ob sie sich dem römischen Papst oder dem römischen Kaiser unterwerfen wollten. Es war zwar nur eine diplomatische Debatte zwischen den beiden großen europäischen Mächten, aber doch eine mit der handfesten politischen Perspektive, daß sich in Preußen und Livland noch entscheidende Entwicklungen ergeben könnten.

Der Ruf ins Pruzzenland

Im Jahre 1225 stand der Deutsche Orden, nachdem er aus dem Burzenland vertrieben worden war, an einem Scheideweg. Sollte er sich wieder verstärkt in Palästina engagieren oder sollte er in einer anderen Weltgegend Heiden bekämpfen und sie missionieren helfen?

Palästina war noch immer überwiegend in muslimischer Hand. Die Siedlungen und die Macht der Christen blieben allerdings auf einen nur schmalen Küstenstreifen beschränkt. Dennoch waren die Ritter bestrebt, das Ordensland dort, seine innere Organisation weiter systematisch aus- und aufzubauen und sogar eine eigene Ordensburg (seit 1226) zu errichten. Aber die Geschicke der vorangegangenen Jahre hatten deutlich gezeigt, wie anfällig die europäischen Siedlungs- und Sicherungsbemühungen gegenüber einem einigen Islam sein würden. Auf das palästinensische Engagement konnte der Orden allerdings nicht verzichten, solange der oft beschworene Kreuzzug Friedrichs II. noch bevorstand. Und bei diesem Vorhaben durften der Orden und sein Hochmeister selbstverständlich nicht fehlen.

Andererseits: Preußen und Livland lockten. Da fehlte es an einer christlich orientierten staatlichen Ordnung; da harrten, wie schon an den Grenzen von Ungarn, unermeßliche Gebiete der Christianisierung; da bot sich die Chance, wie schon im Burzenland, eine Herrschaft aufzubauen, die weitgehend unabhängig von Kaiser und Papst war.

Hermann von Salza wandte sich, sicher auch aus pragmatischen Gründen, zunächst der ersten Aufgabe zu, unterstützte nach Kräften Friedrich II. bei der Vorbereitung des Kreuzzugs und war in diplomatischer Mission zwischen Papst und Kaiser ständig unterwegs. Aber möglicherweise waren auch schon Zweifel in ihm aufgestiegen, ob denn sein Orden zum Einsatz weiterhin in die Ferne schweifen oder sich nicht doch lieber in näherliegenderen und langfristig aussichtsreicheren Gebieten betätigen sollte.

Mitten in diese für den Orden nach vielen Seiten offene Situation «platzte» ein Hilferuf von Konrad, Herzog von Masowien, Herr eines polnischen Teilfürstentums. Wohlgemerkt: nicht der oberste polnische Landesherr bat den Orden um Hilfe. Spätestens zur Jahreswende 1225/1226 sollten die Ritter nach Nordosten aufbrechen, um die heidnischen Pruzzen missionieren zu helfen.

Um diese Bitte rankt sich, wie in allen Fragen der Frühzeit des Deutschen Ordens, eine vielschichtige, engagierte und sehr kontroverse Diskussion der Nachgeborenen, denn dieser Hilferuf ist an keiner Stelle unmittelbar überliefert. Es gibt keinen Brief, keine chronikalische Quelle, keinen Augenzeugenbericht. Es ist nicht einmal sicher, auf welchen Wegen diese Bitte den Orden erreichte.

Die Goldbulle von Rimini (1226; das Original ging verloren, zwei Ausfertigungen aus späterer Zeit sind erhalten), aus der wir diese Vorgänge entnehmen, teilt lediglich mit: Hermann von Salza habe den Kaiser darüber informiert, daß Herzog Konrad von Masowien versprochen habe, dem Orden das Kulmer Land und weitere noch zu erobernde Länder zu überlassen, wenn er mithelfe, die Pruzzen zu unterwerfen.

Kaiser Friedrich II. bestätigt diese Schenkung, stattet den Orden zugleich mit all den landesfürstlichen Rechten aus (Zoll-, Münz-, Marktrecht, Gerichtshoheit, weitere Rechte), wie sie auch anderen Landesfürsten zustehen; der Orden wird im noch zu erobernden Preußen Landesherr. Der Hochmeister selbst wird aber erst sehr viel später in den Reichsfürstenstand erhoben – mit schwarzem Adler auf weißem Grund (entsprechend den Ordensfarben). Aus seinem Wappen entwickelt sich das spätere Wappen des Staates Preußen.

Nun hatte Friedrich II. zwar – neben der römischen Kurie – die bestgeordnete Bürokratie weit und breit, was schon von den Zeitgenossen anerkannt wurde. Doch woher sollte die kaiserliche Verwaltung im fernen Sizilien (wo sich ihre Archive befanden) oder im italienischen Rimini (wo sich der Kaiser gerade abseits aller seiner Registraturen aufhielt) eigentlich wissen, daß jener Hilferuf aus einem ganz fernen Winkel der Erde ergangen war, einem Winkel sogar, der von Rechts wegen nicht zum Reich gehörte? Nur der Orden, und das kann doch nur heißen: der Ordenshochmeister selbst kann die Bitte des masowischen Herzogs der kaiserlichen Bürokratie, der kaiserlichen Kanzlei mitgeteilt haben. Denn nur so konnte er sicherstellen, daß sie auch im Urkundentext auftauchen würde. Der Informant war also zugleich der Begünstigte. Das war durchaus zeitüblich.

Hermann von Salza hatte das Feld für das Engagement seines Ordens in Preußen jedenfalls schon längst sorgfältig vorbereitet. Ob er diesen masowischen Hilferuf von 1225/1226 vielleicht ausdrücklich erbeten hat, bleibt eine reizvolle rhetorische Frage. Es ist nicht überliefert, daß sich Konrad von Masowien und Hermann von Salza überhaupt je getroffen und einander kennengelernt haben; Helmuth Kluger nennt als einen möglichen Mittelsmann zwischen ihnen den Deutschmeister

Hermann Otter.[23] Doch Hermann wußte sicher um die prekäre Lage des masowischen Herzogs und des Bischofs Christian: Sie hatten seit 1222 durch ihr Vorgehen einen pruzzischen Aufstand provoziert, in dem sie unterzugehen, zumindest schweren Schaden zu nehmen drohten. Das geschah zu der Zeit, als Hermann von Salza im Auftrag von Kaiser und Papst über die Freilassung des dänischen Königs verhandelte.

Einer der Gründe, weshalb Konrad von Masowien den Deutschen Orden überhaupt zu Hilfe rief, soll in seiner relativen Schwäche gelegen haben: Das Herzogtum Masowien war nämlich nur ein Teil des Fürstentums Kleinpolen.[24] Und gerade jetzt wurde es von den Pruzzen wieder erfolgreich bedrängt. Vielleicht aber, auch das wird von Historikern ernsthaft erwogen, brauchte der Herzog den Orden auch nur als Steigbügelhalter für seine Interessen innerhalb Polens. Sah er sich etwa als künftigen König des Landes? Wenn ihm die Ritter in Preußen den Rücken freihielten, hätte er um so nachdrücklicher gegen seine polnischen Mitkonkurrenten auftreten können.

Bei all diesen Überlegungen wird aber nirgendwo erkennbar, warum der masowische Herzog Konrad ausgerechnet um den Einsatz der Ritter des Deutschen Ordens (und nicht etwa der Johanniter, die hier bereits vertreten waren) in einem Land gebeten hat, daß ihm zudem nicht gehörte und das er erst erobern wollte. Viel plausibler erscheint die Vermutung, daß Hochmeister Hermann von Salza, der über die bedrängte Situation des Herzogs informiert war, die Hilfe seines Ordens angeboten hat.

Ein simpler Grenzkrieg allein konnte den Ordensrittern allerdings keineswegs genügen. Zudem im Auftrag des Herzogs nur eines polnischen Teilfürstentums, nicht etwa des Königs. Für diesen Zweck und diesen Mann standen Hermann von Salza und seine kampferprobten Ordensritter nach den ungarischen Erfahrungen nicht bedingungslos zur Verfügung. Da mußte Konrad von Masowien schon deutlich mehr bieten – was er auch tat: Das Kulmer Land sollte dem Orden künftig gehören *und* auch das Pruzzenland, das der Orden noch erobern würde. Nur war es mit des masowischen Herzogs «Rechtsanspruch» und seinen Besitzbehauptungen schon auf das Kulmer Land nicht sonderlich weit her, denn es war früher schon und derzeit wieder pruzzisch, Heidenland also. Zwar hatten polnische Truppen und polnische Priester Teile davon früher erobert, christianisiert und kolonisiert, waren aber erst 1216 in einem Aufstand der Preußen wieder vertrieben worden. Und irgendwelche (Rechts)Ansprüche auf das Pruzzenland hatte Konrad von Masowien schon gleich gar nicht.

Neben den dänischen Königen hatten auch Kreuzritter eine Generation zuvor bereits die östlichen Küstengebiete der Ostsee erreicht (wieder mit tatkräftiger Unterstützung der Lübecker Kaufleute, die Rüstungen und Schiffe stellten) und unter Anführung von Bischof Albert die Stadt Riga 1201 gegründet. Albert hatte sich zudem 1202 vom Papst die Gründung eines eigenen Ritterordens genehmigen lassen: den Schwertbrüderorden. Und seit etwa 1215 agierte im Pruzzenland, wie erwähnt, der Zisterziensermissionar Christian, vom Papst zum Bischof von Preußen ernannt.

Selbstverständlich hat es keine täglichen Frontmeldungen gegeben, aber man darf annehmen, daß der Orden Land, Leute, Aufgaben und Probleme kannte, weil heimkehrende Kreuzritter über ihre Abenteuer berichtet hatten oder weil über die kirchlichen Informationsstränge Nachrichten aus Preußen zur Kurie gelangten. Schon 1218 und 1221–1223 hatte es zwei – erfolglose – Kreuzzüge gegen die Pruzzen gegeben.

Schwer wog in der Entscheidungssituation des Deutschen Ordens im Jahr 1225/26 mit Sicherheit, daß die Aufgaben in Preußen in viel höherem Maße als die in Palästina und in etwa gleichem Maße wie in Ungarn so recht nach dem Geschmack der Ritter geraten könnten. Hier gab es außerdem keine Konkurrenz zu bedeutenden Gegnern oder anderen großen Ritterorden. Die Ordensritter, und an ihrer Spitze Hermann von Salza, sahen ein weites Betätigungsfeld vor sich. Denn, kein Zweifel: Dem «Hilferuf» des masowischen Herzogs konnte und wollte man sich nicht entziehen – schließlich hatten die Ritter Missionsaufgaben und Heidenbekämpfung auf ihr Banner geschrieben. Nur die Frage nach dem Zeitpunkt des Einsatzes mußte vorerst wegen des nun definitiv bevorstehenden Kreuzzugs Kaiser Friedrich II. offen bleiben. Seine Ansprüche an dieser Randzone des damaligen Europa ließ sich der Orden aber dennoch schon jetzt beglaubigen: in der Goldbulle von Rimini.

Zu den vielen Fragen über die Vorbereitungen auf die neue große Aufgabe tritt noch ein sehr wichtiger, bislang kaum berücksichtigter

Aspekt hinzu: die Frage, wann denn die Ritter mit der Ausarbeitung der Kulmer Handfeste, des preußischen Stadtrechtes, begonnen haben, und wer diese Entscheidung vorbereitet oder getroffen hat. Immerhin verliehen sie es, bereits fertig ausgearbeitet, schon 1233, zwei Jahre nach ihrem ersten Auftritt im Land, den Städten Kulm und Thorn – anders übrigens als noch wenige Jahre zuvor im Burzenland, von dem kein ordensgeprägtes Stadtrecht überliefert ist. Es ist also anzunehmen, daß die Entscheidung für die Ausarbeitung der Kulmer Handfeste auch eine Konsequenz aus den ungarischen Erfahrungen war.

Denn nur in der Zentrale, daran gibt es keine Zweifel, kann man von der Notwendigkeit überzeugt gewesen sein, daß man, wollte man in diesem fernen Land wirklich erfolgreich sein, auch Städte gründen müsse: Dafür spricht die eigene Gründungsgeschichte und die Herkunft eines Teils der Mitglieder des Ordens aus den Städten, aus dem Bürgertum. Dafür sprechen auch die Erfahrungen mit dem rechtlichen Modell «Stadt» und seinem wirtschaftlichen Erfolg im Rahmen der bisherigen Ostkolonisation. Dafür spricht wahrscheinlich auch die schlechte Erfahrung, die man in Ungarn gemacht hatte: daß es ohne Handel keinen Wandel geben werde.

Das für diese Zeit wichtigste Lockmittel für die Förderung der Wirtschaft und ihre Einbindung in überregionale Beziehungen war ein attraktives Stadtrecht. Also mußte ein Stadtrecht ausgearbeitet werden. Sicher konnten sich die Ritter bei dieser Aufgabe auf eingeführte und praktikable Vorlagen stützen (lübisches, magdeburgisches Stadtrecht). Aber sie entsprechen nicht in allen Punkten der eigenen Ausarbeitung. Diese Vorlagen mußten also schon vor 1233 genau durchgearbeitet und entsprechend den Absichten des Ordens (und selbstverständlich angepaßt an die Erfahrungen in den letzten Jahrzehnten andernorts) neu formuliert worden sein.

Offensichtlich wollte der Orden bewußt die Entwicklungschancen nutzen, die der Institution «Stadt» innewohnten, Neusiedler einladen und ihnen einen Anreiz bieten. Weder Kulm noch Thorn konnten in der kurzen Zeit seit dem Einmarsch der Ordenstruppen schon über eine nennenswerte, wirtschaftlich erfolgreiche und darum Ansprüche stellende Bevölkerung verfügt haben. Wir erinnern uns bei diesen Ereignissen in Preußen an die Gründung der Stadt Lübeck ein dreiviertel

Jahrhundert zuvor: Auch damals hatte eine Handvoll Kaufleute ihre Bereitschaft, in eine neue Stadt zu investieren (die alte war abgebrannt und lag verkehrstechnisch ungünstig), erst erklärt, als Herzog Heinrich der Löwe der Einführung von Freiheiten für ihre Bürger zugestimmt hatte, die später als lübisches Stadtrecht eines der erfolgreichsten «Ausfuhrartikel» der Stadt wurden.

Man muß – vor allem aus Gründen der praktischen Vernunft – jedenfalls ausschließen, daß die kämpfende Truppe selbst, die Ritter und ihre Begleiter oder ihr Gefolge während der Kämpfe an der Front und neben dem Burgenbau diese – unzweifelhaft großartige – geistige Leistung vollbracht haben. Darum bleibt nur die Ordenszentrale als Urheber, mit Hermann von Salza als möglichem Impulsgeber und Ideenfinder[25] – eine wahrscheinliche, allerdings nicht nachweisbare These.

Bemerkenswert erscheint insbesondere die Tatsache, daß der Orden eben keine der beiden möglichen Vorlagen unverändert nutzte, sondern ein *eigenes* Recht schuf, sein *eigenes* Stadtrecht, und zwar trotz der guten Beziehungen zum «Haupt der Hanse». Da hat doch die Ordensführung ganz gezielt Einwirkungsmöglichkeiten von Lübeck von vornherein ausschließen wollen, um in keine Abhängigkeiten zu geraten. Und diese geistige Leistung soll während der täglichen Anfordungen an die Ritter erbracht worden sein, die ihr Vormarsch in das Pruzzenland mit sich brachte? Diese Kulmer Handfeste ist also ein weiterer, gewichtiger Grund für die These, daß sich der Orden und Hermann von Salza schon frühzeitig, sorgfältig und umfassend auf einen möglichen Einsatz in dieser Weltgegend vorbereitet haben.

Augenscheinlich war diese Planung nach 1233 dann in nur wenigen Jahren schon zur Ordenstradition gewachsen: Sie spiegelt sich in dem zähen Ringen zwischen dem Orden und der Stadt Lübeck um das Stadtrecht der 1237 gemeinsam angelegten Siedlung Elbing wider: Erst 1246 konnte man sich auf ein eingeschränktes lübisches Recht verständigen (das dann ab 1343 doch uneingeschränkt galt).

Martin Armgart verweist darauf, daß Handfesten seit Beginn der Ordensherrschaft in Preußen ausgestellt wurden, und zwar *nur* durch den Landmeister selbst (die erste ist die Kulmer Handfeste aus dem Jahr 1233, die erste überlieferte Handfeste aus dem Oberland stammt aus dem Jahr 1244).[26] Auch diese beiden Tatsachen (Handfeste als rechtliches Instrument und zentral ausgefertigt) begründen die Vermutung, daß sich der Orden konsequent auf die Inbesitznahme des Landes vorbereitet hatte: Die kämpfenden Streiter können während ihres Vormarschs nicht in der Lage gewesen sein, ein solches rechtliches Instrument wie die Handfesten zu entwickeln und anzuwenden – es gab dafür keine Vorbilder.

Gleiches Recht für die Städte Kulm und Thorn – und doch so unterschiedliche Schicksale, die beinahe als geschichtliche Ironie zu bezeichnen sind: Die Stadt, die dieses Stadtrecht als erste verliehen bekam, die Stadt, nach der dieses Recht benannt wird, konnte sich nie so recht zu einer Stadt entwickeln: «Kulm führte seit seiner Gründung ein kümmerliches Dasein, seine wirtschaftliche Schwäche war so ausgeprägt, daß es seit der Mitte des 15. Jahrhunderts tatsächlich nicht mehr Mitglied der Hanse war. Thorn dagegen wurde im 15. Jahrhundert zu einem Ort mit intensiver Handelstätigkeit.»[27]

Warum sich der Deutsche Orden für das Engagement in Preußen entschieden hat, ist naturgemäß (selbstverständlich aufgrund der mangelhaften Quellenlage, aber auch wegen der unseligen nationalen Vorstellungen des 19. Jahrhunderts, von denen sich auch Historiker nicht frei machen konnten) umstritten. Die einen vermuten, Hermann von Salza und der Orden hätten lange und systematisch auf das preußische Engagement hingearbeitet; andere erklären, daß die Ritter zu diesem Zeitpunkt (1226) Preußen nur als eine Alternivaufgabe zu Palästina oder Zypern, als ein mögliches Eisen im Feuer einer ferneren Zukunft angesehen hätten.[28]

Nach den schlechten Erfahrungen im Burzenland bereitete sich der Orden jetzt sorgfältig auf das neue Engagement vor. Das begann mit dem Präludium «Kaisermanifest von Catania». Dann ließ er sich vom Kaiser durch die Goldbulle von Rimini mit dem noch zu erobernden Preußen belehnen. Damit war sein Anspruch, wenigstens auf dem Pergament, festgehalten. Außerdem verstanden sich der Orden und seine Ritter mit dem Schwarzen Kreuz gewiß nicht als Söldner, die man beliebig rufen – und (wie noch im Burzenland) wieder vertreiben – konnte.

Im März 1226 verleiht Kaiser Friedrich II. also dem Orden das Kulmer Land sowie das erst noch zu erobernde Preußen – eine wahrhaft imperiale Geste: Land zu übereignen, das einem überhaupt nicht gehört, auf das man nicht einmal einen Rechtsanspruch hat! Aber es ist ja Heidenland, und das gehörte nach allgemeiner Auffassung – der Christenheit – dem Kaiser. Verschämt behauptet der Kaiser in der Goldbulle, Preußen gehöre zur «Monarchie des Reichs». Was das denn sei, weiß keiner. Man kann diesen Begriff allenfalls mit «Weltherrschaftsanspruch des römischen Kaisers» erläutern, eine rhetorische Figur, eine Hilfskonstruktion, mit der die alle Gebiete der Erde umfassende Oberherrschaft des Kaisers behauptet werden konnte.

Die Pruzzen konnten sich gegen den Anspruch des fernen Imperiums kaum wehren, sie wußten nicht einmal etwas davon, denn diese Urkunde blieb in den Händen des Ordens und diente ihm nur im Zweifelsfall als Ausweis eines ihm vom Kaiser übertragenen Rechts – gegenüber den Angehörigen des Reichs.

Die Kurie hingegen zögerte noch etwas mit ihren Privilegien. Papst Gregor IX. nahm erst 1234 das Ordensland als *patrimonium sancti Petri* in seinen Schutz. Einen von den beiden wichtigsten politischen Kräften des Mittelalters anerkannten «Staat» errichtet zu haben, der zugleich von ihnen so weitgehend unabhängig war wie kein anderer – das war das unbestreitbare Verdienst von Hermann von Salza.

Auch daß sich der Orden nicht sogleich auf den Weg nach Preußen machte, wird von den Historikern problematisiert und vor allem mit dem ungeklärten Verhältnis zu dem sich bereits seit Jahren aufhaltenden Missionsbischof Christian und den langwierigen Verhandlungen des Ordens mit dem masowischen Herzog erklärt, der plötzlich Bedenken bekommen habe – diese Verhandlungen ziehen sich aus unbekannten Gründen von 1226 bis 1230 (Kruschwitzer Vertrag: eine Urkunde, die Herzogs Konrad dem Orden ausgestellt hat, die aber nicht original überliefert ist, sondern nur als Insert in der großen Papsturkunde von 1234) hin.[29]

Die zeitliche Verzögerung des ersten Vorstoßes der Ordensritter nach Preußen ist plausibel damit zu begründen, daß Kaiser Friedrich den lange versprochenen Kreuzzug endlich im Jahr 1227 begann. Wenn der Kaiser dazu aufrief, konnte der Deutsche Orden nicht fehlen. Und das beinhaltete vor allem die Konzentration aller Kräfte des Ordens auf diese eine Aufgabe, bedeutete umfänglichen Einsatz von Personal, Organisation, Geldbeschaffung, eine erhebliche Belastung aller Ressourcen. Eine zweite Front, eine Aufteilung seiner Kräfte wird sich der Orden daher nicht haben zumuten wollen und können. Im übrigen hatte er hatte ja auch keine Eile, konnte er doch auf das masowische Hilfeersuchen jederzeit wieder zurückkommen. Und so wollte er erst einmal die Entwicklung in Palästina abwarten.

Der Kreuzzug von 1227/1229

Friedrich II. hatte schon 1215 vor seiner Königskrönung von sich aus und sehr zum Unwillen des Papstes einen Kreuzzug geschworen. Doch dann fand er immer wieder Gründe, ihn hinauszuschieben. Darüber war der Papst selbstverständlich wiederum verärgert. Doch das Scheitern seines Legaten (und damit sein eigenes Scheitern) vor Damiette gab ihm nach 1221 zunächst wenig Verhandlungsspielraum und ebensowenig Möglichkeiten, Druck auf den Kaiser auszuüben und ihn zur Reise zu bewegen. Und so wurde nach mühseligen Verhandlungen ein neuer Abreisetermin für das Jahr 1225 vereinbart und endgültig auf 1227 festgelegt.

Friedrich II. war inzwischen auch noch «König von Jerusalem» geworden; den Titel hatte er 1225 durch seine Hochzeit mit Isabella, der Tochter des Jerusalemer Königs Johann von Brienne erreicht. Friedrich führte diesen Titel rechtmäßig, auch mit Zustimmung des Papstes, allerdings nur bis zur Geburt des Sohnes Konrad (IV.); danach war er nur noch Regent. (Den Titel «König von Jerusalem» führten übrigens dennoch seither alle deutschen Könige und römischen Kaiser bis 1806; und selbst die habsburgischen k.u.k. Monarchen trugen ihn von 1806 bis 1918.) Noch im Januar 1226, kurz nach der Hochzeit Friedrichs II., bestätigten der Kaiser und die junge vierzehn- oder fünfzehnjährige Isabella dem Orden in getrennten Urkunden dessen bisherigen Besitz in Palästina.

Wie die Kreuzzüge von 1190 und 1198 stand auch der dritte deutsche Kreuzzug von 1227, zumindest anfänglich, unter keinem guten Stern. Bereits im Sammellager bei Brindisi und auf der Schiffsreise starben viele Ritter an einer Seuche, darunter Landgraf Ludwig IV. von Thüringen. Auch der Kaiser erkrankte so stark, daß er seine Reise unterbrach, um in den Thermen von Pozzuoli bei Neapel zu genesen. Dieser Rückzug ließ den Papst vor Zorn erbeben; er unterstellte dem Kaiser Feigheit und Wortbrüchigkeit und belegte ihn umgehend mit dem Bann. Als dieser zu Ostern 1228 bekräftigt wurde, empörte sich das römische Volk, das längst um den Grund der Reiseunterbrechung des Kaisers wußte und sie selbstverständlich billigte. Auch die schärfste kirchliche Propaganda, die ihre Pamphlete seit Sommer 1227 gegen den Kaiser und über das Kirchenvolk ausschüttete, hatte die Verbreitung der Wahrheit nicht verhindern können. Die Mißbilligung der vatikanischen Politik nahm solche Ausmaße an, daß der Papst Rom zeitweilig verlassen mußte. Aber seinen Bannstrahl hielt er weiter aufrecht.

Als der Kaiser 1228 seinen Kreuzzug auf vierzig Galeeren dann doch begann, ergab sich die überaus delikate Frage: Kann einer, der aller kirchlichen Segnungen verlustig erklärt wurde, dennoch im Namen der Christenheit und der sie vertretenden Kurie das «Kreuz nehmen», die größte Aufgabe eines Christen übernehmen, Palästina und Jerusalem von den Muslimen zu befreien? Aus päpstlicher Sicht gewiß nicht – doch welche Legionen hatte er, um seinen Standpunkt durchzusetzen?

Der Kaiser machte sich, ungerührt von diesen päpstlich-kurialen-theologischen Fragestellungen, dennoch auf den Weg und traf im September in Akko ein. Er konnte den Kreuzzug – nach nur sechs Monaten – mit dem Friedensvertrag von Jaffa vom Februar 1229 so erfolgreich wie sonst kein Europäer vor ihm beenden. Und das ausschließlich mit den Mitteln der Diplomatie! Kein Toter, kein Verwundeter waren zu beklagen. Das hatten womöglich nicht einmal die muslimischen Chronisten dem Mann zugetraut, über dessen Glatzköpfigkeit und Kurzsichtigkeit sie sich mokierten.[30] Selbstverständlich hatte er zuvor schon mit dem Sultan verhandeln lassen und seine Mission sorgfältig vorbereitet.

Dieser Erfolg verwundert nicht, denn schließlich hatte Kaiser Friedrich II. seine Jugend auch in den Gassen des damals arabisch (sarazenisch) bestimmten Palermo verbracht; er beherrschte die Sprache der Fremden, kannte ihre Eigenheiten, wußte über ihre Sitten und Gebräuche Bescheid – ein einmaliger Platzvorteil. Und er kannte die internen politischen Schwierigkeiten der Araber wie kein anderer Europäer – beste Voraussetzungen also für Verhandlungen.

Klaus J. Heinisch kommentiert das Abkommen zwischen Sultan und Kaiser so knapp und treffend wie wohl kaum ein anderer: «Einzigartig ist es, zu sehen, wie hier der wohl einmalige Fall eintritt, daß die Vernunft, die Einsicht in die Sinnlosigkeit des Blutvergießens, die lächelnde Toleranz der überlegenen Führer über den blinden Fanatismus und die entfesselte Streitlust der Untergebenen siegten. Einzigartig ist schließlich auch der endliche Erfolg der ganzen Unternehmung.»[31]

Das Abkommen zwischen Sultan al-Kamil und Kaiser Friedrich II. fand in beiden gegnerischen Lagern selbstverständlich nicht nur Zustimmung[32] – aber welche friedliche Konfliktlösung fände denn unter interessierten Parteien je einhellige Zustimmung? Templer und Johanniter lehnten ab, weil der Papst vorab jegliche Lösung, die Kaiser Friedrich erreichen würde, untersagt hatte; die Templer hatten zudem den gewichtigen Grund, daß die Rückgabe ihres Ordenshauses in Jerusalem nicht vereinbart worden war. Patriarch Gerold verhängte über Jerusalem das Interdikt. Die Ranküne der christlichen Opponenten ging sogar so weit, dem Sultan zu verraten, daß der Kaiser an einem bestimmten Tag an die Stelle pilgern wolle, an der Johannes der Täufer einst Jesus getauft hatte – da gäbe es doch Gelegenheit, sich des Kaisers meuchlings zu entledigen. Doch der Sultan tat das nicht und informierte sogar seinen Kontrahenten über die geplante Schmach.

Die ganzen sechs Monate, die Friedrich in Palästina weilte und mit Sultan al-Kamil verhandelte, begleitete ihn der Bannstrahl des Papstes, der die christlichen Heere spaltete. Von den drei Ritterorden, denen Gregor IX. jegliche Unterstützung für den Kaiser untersagt hatte, hielt sich allein der Deutsche Orden nicht an diese Weisung: Hermann von Salza war an den Verhandlungen mit dem ägyptischen Sultan unmittelbar beteiligt.

Was hatte eigentlich der Sultan den Christen gegeben? Die zeitweilige Verfügung über einen Haufen trockenen Landes, den zu besitzen die Europäer schon immer Schwierigkeiten hatten und auch in Zukunft immer haben würden; die Stadt Jerusalem – allerdings unbefestigt, sie blieb es bis zum endgültigen Fall der Stadt 1244; und der freie Zugang zu den heiligen Stätten in Jerusalem wurde den Mohammedanern doch auch dauerhaft versprochen. Warum, so könnte sein rationales Kalkül gelautet haben, die Truppen gegen die Christen für ein Nasenwasser verschwenden, wenn sie denn in Syrien mit Damaskus entschieden lohnendere Ziele fänden? Der ägyptische Sultan hatte allerdings noch einen weiteren, wichtigen Grund für seine Verhandlungsbereitschaft: Er steckte in einer politischen und militärischen Auseinandersetzung mit seinem Neffen und konnte sich einen neuen Kampfschauplatz nicht leisten.

Keine Kämpfe, keine Kriegstoten, keine Verwüstungen – Friedrich II. erreichte auf dem Verhandlungsweg, was den anderen christlichen Fürsten in all den Jahrzehnten seit Saladins Zeiten weder mit friedlichen noch mit militärischen Mitteln gelungen war: Bethlehem und Jerusalem (ohne die heiligen Stätten der Mohammedaner), Nazareth und das ganze westliche Galiläa kamen wieder in die Hand der Christen, Gefangene wurden ausgetauscht.

Die Wut der christlichen kirchlichen und weltlichen Würdenträger in Palästina über den Erfolg des Gebannten war beinahe grenzenlos, insbesondere der katholische Patriarch Gerold zeichnete sich durch seine Haßtiraden aus: Als Feind des Papstes, als tückisch und trügerisch soll er den Kaiser bezeichnet haben. Gerold verstieg sich sogar dazu, ihm das Betreten der Stadt Jerusalem zu verbieten und all denen, die ihn begleiteten, die Exkommunikation anzudrohen. Der Papst ließ in Rom außerdem das Gerücht verbreiten, Friedrich II. sei verstorben.

Dem Patriarchen genügten keineswegs das erreichte friedliche Miteinander von drei Religionen in Jerusalem, die Rückgabe einst christlich besetzter Gebiete, das Befestigungsrecht für mehrere Städte und der Gefangenenaustausch. Er forderte weiterhin die totale Unterwerfung der muslimischen Gegner.

Der Grund für seinen Starrsinn war wohl darin zu suchen, daß er an den Verhandlungen nicht beteiligt gewesen war und man ihm den Vertrag nur zur Zustimmung vorgelegt hatte. Außerdem wurde er bei den Friedensabsprachen insofern nicht berücksichtigt, als ihm – im Gegensatz zu anderen kirchlichen Einrichtungen – keinerlei Besitzungen außerhalb Jerusalems zurückerstattet wurden. Hermann von Salza versuchte vergeblich noch im Frühjahr 1229, zwischen Patriarch und Kaiser zu vermitteln. Er geriet vielmehr zeitweilig selbst in ein schlechtes Licht.

Da er mit dem Bann belegt war, nahm Friedrich II. Ostern 1229 zwar nicht am Gottesdienst teil, krönte[33] sich aber selbst in der Grabeskirche zum König von Jerusalem, und zwar in unmittelbarem zeitlichen Zusammenhang mit der Messe: Krönungen hatten immer auch sakrale Elemente und Funktionen. Durch die eigenhändige Krönung wurde der kirchliche Aspekt des Aktes nicht berührt. Dieses Verfahren, das alle eventuell aufkommenden päpstlichen Bedenken berücksichtigte, hatte Hermann von Salza dem Kaiser nahegelegt. Die Selbstkrönung erregte am wenigsten den Zorn des Papstes, ja, er ließ sogar später diesen Vorwurf fallen. Hermann von Salza hatte dem Kaiser also einen guten Rat erteilt. Denn daß Friedrich II. auf legitime Weise König von Jerusalem geworden war, war schließlich unstrittig: Er hatte 1225 Isabella, die Tochter des jerusalemitanischen Königs geheiratet und diese Ehe hatte Hermann von Salza überhaupt erst mit ausdrücklicher Zustimmung des Papstes in Gang gebracht. Einen Vorwurf konnte man aus Friedrichs Selbstkrönung also nur schwer konstruieren.

Die enge Kooperation zwischen dem Kaiser und dem Hochmeister zeitigte jetzt über die Maßen auch materielle Früchte für den Deutschen Orden.[34] Das war sicher nicht nur eine angenehme Begleiterscheinung für die mehr als gewichtigen Dienste, die Hermann dem Kaiser leistete, sondern gewiß Absicht von beiden Seiten. Zwölf der einundzwanzig uns bekannten Urkunden, die Friedrich als König von Jerusalem ausstellte, haben den Orden zum Empfänger! Allein sieben davon kamen in Akko 1229 kurz vor der Rückreise des Kaisers zustande.

Eine Urkunde befreite den Orden hinsichtlich seines Besitzes im Heiligen Land von jeglichen Dienstverpflichtungen gegenüber dem Kaiser; sie ermöglichte also eine weitestgehende Verselbständigung des Ordens, seine weitgehende staatliche Unabhängigkeit auch im Vorderen Orient (das dürfte ebenfalls ein Vorbild für die vergleichbare Stellung des Ordens in Preußen sein). Eine zweite Urkunde brachte dem Orden endlich den förmlichen Rechtstitel auf das ehemalige deutsche Hospital in Jerusalem, das von Deutschen gegründet worden war und das der Papst 1143 den Johannitern unterstellt hatte – auf jenes Hospital, das 1187 mit dem Fall Jerusalems verlorengegangen war und auf das der Deutsche Orden sich seit seiner Gründung bei seiner Namensgebung bezog. Dieser Rechtstitel schloß den Anspruch auf die Besitzungen und Rechte dieses Hospitals ein und wehrte zugleich berechtigte

Forderungen der Johanniter ab.[35] Weiterhin erhielt der Deutsche Orden in dieser kurzen Zeit das «königliche Haus» in Jerusalem, einen größeren Gebäudekomplex, der Friedrich II. als König von Jerusalem gehörte, als Schenkung. Er sollte zum Ordenszentrum im Heiligen Land ausgebaut werden. Bis zum Fall von Jerusalem 1244 besaß der Orden in dem einen Zentrum der Christenheit eigenen Grund und Boden; fünfzehn Jahre lang nannte er sich nicht nur nach dem Hospital in Jerusalem, sondern residierte auch dort. Während also der Deutsche Orden reich beschenkt und belehnt wurde, gingen die beiden anderen Ritterorden leer aus.

Der Herrschaftsanspruch des Staufers in Palästina wurde indes nicht nur von der Kurie stets in Frage gestellt. Überlebenswichtiger noch war der Kampf der fränkischen Barone gegen den Kaiser. Marodeure und Soldtruppen beider Parteien zogen im «Longobardenkrieg» durch Palästina. Es kam auch zu regelrechten Kämpfen zwischen den kaiserlichen Truppen, den Deutschordensrittern und ein paar weiteren Bundesgenossen auf der einen Seite, dem König von Zypern und dreiundvierzig fränkischen Baronen auf der anderen Seite. Wort- und Kriegsführer der Palästinenser war Jean d'Ibelin, wie überhaupt die ganze Familie d'Ibelin die Seele des Widerstands gegen den Kaiser war.

Als 1239 dessen Vertrag mit dem ägyptischen Sultan al-Kamil auslief, besetzten muslimische Truppen Jerusalem (al-Kamil war im Jahr zuvor gestorben), wurden aber rasch wieder vertrieben – wenn auch nur für wenige Jahre. Inzwischen gefielen sich die Europäer in weiterer Selbstzerfleischung. Schließlich gelang den Baronen dann doch die Vertreibung der letzten staufischen Heeresteile. Aber um welchen Preis! Denn 1244 fiel Jerusalem endgültig an die Muslime. Die Europäer sahen sich wieder auf einen schmalen Küstenstreifen zurückgeworfen.

Eine Ausnahmepersönlichkeit

Wir haben den Ereignissen allerdings etwas vorgegriffen: In der Zeit, in der sich Friedrich II. um die Rückgewinnung Palästinas für die Christenheit kümmerte, hatte Papst Gregor IX. mit Tücke die Abwesenheit des Kaisers genutzt, um Süditalien für den Kirchenstaat zu erobern: «In jenen Tagen verzweifelte der Papst Gregor, der sich allzusehr darüber ärgerte, daß der gebannte und widerspenstige Römische Kaiser ins Heilige Land hinübergefahren war (...) Er beschloß daher, ihn, weil er ihn trotzig und verstockt sah, von der Höhe des Kaisertums herabzustürzen und irgendeinen anderen Sohn des Friedens und des Gehorsams an seine Stelle zu setzen.»[36]

Der Kaiser suchte diesem Übergriff in Verhandlungen mit dem Papst sowie auf militärische Weise zu begegnen. Seine erste Delegation – zwei Bischöfe und Hermann von Salza – wurde vom Papst brüsk und ohne Verhandlungen zurückgewiesen.

Indes verfügte Friedrich über die erfolgreicheren Bataillone und die besseren Kriegskenntnisse. Er eroberte das verlorene Terrain rasch wieder zurück. Da kam es endlich zu Friedensgesprächen. An führender Stelle beteiligt: wieder einmal Hermann von Salza, der erneut zwischen Papst und Kaiser vermittelte. Mühselig, aber mit Erfolg. Ein ganzes Jahr dauerten die Verhandlungen, in denen sich Hermann von Salza als treuer Gefolgsmann des Kaisers ebenso bewährte wie als Beschwichtiger kaiserlicher Selbstüberhebung. Im Vertrag von San Germano kam es 1230 endlich zu einer friedlichen Einigung der beiden Weltmächte. Der Papst hob den Bann über den Kaiser auf; an dem auf die Bannlösung folgenden gemeinsamen Mahl von Papst und Kaiser sowie an einer vertraulichen Unterredung beider war als dritter nur Hermann von Salza noch beteiligt. «Es scheint geradezu ein Charakteristikum seiner Tätigkeit gewesen zu sein, daß es ihm immer wieder gelang, gleichsam mit leichter Hand das eine mit dem anderen zu verbinden.»[37]

Hermann von Salza hatte 1230 auch erreicht, daß der Papst das Kreuz erneut gegen die Pruzzen predigte. Wieder genossen die Kreuzfahrer in Preußen die gleichen Privilegien wie die Ritter im Heiligen Land. Hermann und sein Orden standen also, trotz ihres Engagements für den Kaiser, bei der Kurie immer noch in hohem Ansehen. Erstmals überhaupt öffnete sich jetzt der Papst den Plänen des Ordens hinsichtlich Preußens: Er sollte die Pruzzen bekämpfen und ihr Land erobern.

Daß der Papst mit seiner Zustimmung so lange gezögert hatte, lag an Bischof Christian von Preußen. Den hätte er mit einem zu einem früheren Zeitpunkt erteilten förmlichen Auftrag an den Orden nur desavouiert. Schließlich erlangte Hermann von Salza im Januar 1234 sogar die Zustimmung des Papstes zur Verleihung des Kulmer Landes (und weiterer noch zu erobernde Gebiete) an den Orden, die Herzog Konrad von Masowien schon 1230 versprochen hatte (Bulle von Rieti).[38]

Was allerdings das Oberhaupt der Christen nun, im Jahre 1234, veranlaßte, seine bisherigen Bedenken endgültig zurückzustellen, ist nicht ganz klar. Immerhin: Bischof Christian war im Jahr 1233 von den Pruzzen gefangengenommen worden und konnte sich wohl kaum wehren. Es wurde auch vermutet, daß der Bischof selbst den Weg für den Orden geöffnet hätte, doch erscheint diese Überlegung im Hinblick auf sein späteres Verhalten höchst unwahrscheinlich. Außerdem hatte er aus Sicht der Kurie nur wenig Pluspunkte auf seinem Erfolgskonto. Seit 1215 hatte er hier schon missioniert, sich aber nie richtig durchsetzen können und immer wieder neue Rückschläge erlitten.

Objektiv dürfte sich seine strategische Lage wohl folgendermaßen dargestellt haben: Mit seinen Möglichkeiten allein würde er die Pruzzen auch weiterhin nicht erfolgreich missionieren können. Auch nicht mit Hilfe des von Herzog Konrad von Masowien und des Bischofs von Plock 1228 gemeinsam gegründeten Dobriner Orden (der ohnehin keine große Zustimmung in den Kreisen fand, aus denen sich die Ordensritter rekrutierten); auch nicht mit Hilfe des schon 1202 gegründeten Schwertbrüderordens des Bischofs von Riga. Vermutlich hat der päpstliche Legat Wilhelm von Modena, der als Missionsbischof in dieser Zeit verschiedentlich Preußen und Livland besuchte, den Papst zu seiner Umorientierung bewegen können.

Aus der preußischen Gefangenschaft heraus konnte Bischof Christian seine Ansprüche in Rom nicht geltend machen. Als er 1238 wieder freikam, hatte sich die politische Situation im Land längst zu seinen Ungunsten verändert. In der Zwischenzeit hatte der Papst sogar die Inkorporation des Dobriner Ordens (1235) und des Schwertbrüderordens (1237) in den Deutschen Orden gestattet oder – wahrscheinlicher – sogar angeordnet. Schließlich war der Deutsche Orden 1234, als die Bulle von Rieti ausgestellt wurde, in Preußen längst auf dem Vormarsch. Der Papst mußte schon deswegen den Aktivitäten des Deutschen Ordens zustimmen, weil er nicht jegliche Kontrolle über die weitere Entwicklung verlieren durfte.

Und Kontrollmöglichkeiten hatte er in seine Urkunde von 1234 nun wirklich eingebaut: Er nahm Preußen und die Gebiete, die der Orden

Papst Innozenz IV. regelt die kirchlichen Verhältnisse in Peußen. Urkunde aus dem Jahre 1243.

erobern würde, in sein Eigentum, so wie seine Vorgänger Palästina oder auch das Burzenland unter die Oberhoheit der römischen Kirche gestellt hatten. Der Orden durfte das Land ohne die Oberherrschaft eines anderen Landesherrn besitzen. Der Papst behielt sich die Einrichtung der kirchlichen Organisation und deren Ausstattung vor. Wenn sich der Orden also in Preußen durchsetzte, was 1234 noch nicht abzusehen war, mußte er mit Gebiets- und Herrschaftsansprüchen seitens der Kirche zur Ausstattung der Bistümer rechnen. Dazu kam es dann auch 1243. Außerdem wolle er, der Papst, dafür sorgen, daß der Orden alle Verträge mit den Pruzzen einhalte. Dieses (berechtigte?) Mißtrauen der Kurie endete 1249 im Vertrag von Christburg, der die Rechte der –

Das Siegel von Elbing 1242.

christianisierten – Pruzzen festlegte und sie rechtlich den Neusiedlern gleichstellte.

Gewiß nicht zufällig erklärte Kaiser Friedrich II. in dem gleichen Jahr 1226, in dem er dem Orden Preußen förmlich übertrug, die Stadt Lübeck für reichsfrei und bestätigte ihr altes (wenn auch aus diesem Anlaß teilweise gefälschtes) Stadtrecht – nur drei Monate nach der Goldbulle von Rimini. Die Stadt Lübeck hatte um die Bestätigung der Privilegien gebeten, die ihr Kaiser Friedrich I. Barbarossa 1188 erteilt hatte. Lübeck blieb lange die einzige Reichsstadt östlich der Elbe. Wahrscheinlich hatte Hermann von Salza da auch mitgemischt. Wenn er denn nicht selbst den Vorschlag unterbreitet hat, Lübecks

Freiheiten zu bestätigen, so dürfte er ihn wenigstens nachdrücklich befürwortet haben; jedenfalls tritt er als Zeuge in beiden Urkunden auf. Schließlich konnte er für seine nun doch absehbaren Truppenunternehmungen in Richtung Preußen einen sicheren Heimathafen gebrauchen. Gegen diese These spricht nicht, daß die ersten ordensritterlichen Unternehmungen gegen die Preußen seit 1231 zunächst von Land her erfolgten.

Jedenfalls bewährte sich wieder die bereits erprobte Zusammenarbeit mit den Lübecker Kaufleuten. Gemeinsam gründeten Ritter und Kaufleute schon 1237 die Stadt Elbing (ihr Siegel von 1242 zeigt die erste bildliche Darstellung die Kogge – *das* Hanseschiff – mit einem Heckruder); das Stadtrecht war zwischen Lübeck und dem Orden zunächst umstritten, seine Verleihung erfolgte erst 1246 in Anlehnung an das lübische Recht.

Der Deutsche Orden erhielt als einziger Landesherr die Privilegien, die den *universi mercatores Imperii*, der erst später so genannten Hanse also, in England, Flandern und Norwegen erteilt worden waren. Fast dreihundert Jahre lang betrieben bürgerliche Kaufleute und die Ritter gemeinsam Geschäfte; sie waren dabei durchaus nicht immer handelseinig, zumal einige Städte im Ordensstaat ebenfalls der Hanse angehörten. Im übrigen war dieser Orden die einzige mittelalterliche Korporation, die in wesentlichem Umfang selbst überregionalen Handel betrieb, vom Papst dazu 1257 ausdrücklich privilegiert.

Die heilige Elisabeth und der Deutsche Orden

In die Amtszeit von Hermann von Salza fällt auch die Heiligsprechung von Elisabeth, der Ehefrau des auf dem Kreuzzug an einer Seuche verstorbenen Landgrafen Ludwig IV. von Thüringen. Man hatte ihr – nach einigen Erbstreitigkeiten mit der landgräflichen Familie – dann doch um Marburg herum größeren Besitz zur Nutzung übertragen. Den brachte sie – möglicherweise widerrechtlich, da sie ihn nicht zum persönlichen Eigentum hatte – in eine fromme Stiftung ein und gründete ein dem heiligen Franz von Assisi geweihtes Hospital; sie selbst trat als Hospitalschwester in den geistlichen Stand. Als sie 1231 im Alter von vierundzwanzig Jahren starb, wurde ihr Marburger Grab rasch zu ei-

Statue der heiligen Elisabeth von Tilman Riemenschneider.

nem vielbesuchten Wallfahrtsort. Schon drei Jahre später erreichte ihr Schwager Konrad (der noch im selben Jahr dem Deutschen Orden beitrat und 1239–1240 als Hochmeister tätig war) beim Papst, daß das Spital mitsamt Grab und Besitztümern dem Deutschen Orden übertragen wurde. Gegen diesen Eigentumsübergang konnte die landgräfliche Familie jetzt keine Bedenken mehr erheben, also stimmte sie zu. Und nur wenige Monate später schon wurde – am Pfingstsonntag 1235 – Elisabeth in einer aufwendigen Zeremonie heiliggesprochen. Die Kosten für diese Veranstaltung trug übrigens der Orden.

Die Wallfahrt zum Grab der heiligen Elisabeth brachte dem Orden aber nicht nur Geld ein, sondern erhöhte auch das Ansehen der Institution und trug auf diesem Weg zu seiner Förderung bei. Keine Frage, daß in späterer Zeit zahlreiche Kapellen in den Ordensburgen und -häusern Elisabeth als Namenspatronin geweiht wurden.

Doch damit noch nicht genug. Im Jahr darauf fand ihr zu Ehren die nächste großartige Feier statt: Der Kaiser selbst, nach vielen Jahren der Abwesenheit wieder einmal in Deutschland eingetroffen, hob ihre Gebeine auf und ließ sie in einen Schrein betten, beschenkte sie reichlich und krönte sie sogar mit einer seiner Kronen. Über ihrem Grab ließ der Orden kurz darauf die Elisabethkirche errichten, und zwar nicht nur mit eigenen Mitteln: Umgehend gab es Ablässe zugunsten dieses Kirchenbaus und damit gute Einnahmen. Das von der heiligen Elisabeth in Marburg begründete Hospital wurde allerdings schon nach zwei Generationen nicht mehr erwähnt. Lag es an gewandelten Interessen des Ordens?

In Marburg, so jedenfalls wird berichtet, kam es auf dem Generalkapitel 1236 zu ersten ernsthaften Differenzen zwischen den Ordensrittern und dem Hochmeister. Es wurde ihm vorgeworfen, zu häufig in Reichsdiensten unterwegs zu sein und sich zu wenig um den Einsatz des Ordens in Preußen zu kümmern.[39] In Marburg beschloß der Orden die Übernahme des Schwertbrüderordens und ernannte Hermann Balk zum Landmeister von Livland.

Hermann von Salza führte seit etwa 1215 ein höchst aufreibendes Leben. Vierundzwanzig Jahre lang war er nahezu ständig unterwegs; meist, um die Gespräche zwischen Kaiser und Papst nicht abreißen zu lassen; gelegentlich auch als Teilnehmer an Kreuzzügen oder als Diplomat beim ägyptischen Sultan, seltener in Angelegenheiten des Ordens, in Ungarn war er erst lange nach der Vertreibung der Ordensritter, in Preußen vermutlich überhaupt nicht. Das Verzeichnis seiner Reisen und der von ihm besuchten Orte in chronologischer Folge weist einen unvergleichlichen Umfang auf. Am Ende seines Lebens mußte er die wohl größte Niederlage hinnehmen: Der Friede von San Germano 1230 hatte die lombardische Frage (der Papst unterstützte die lombardischen Städte in ihrem Kampf um ihre Unabhängigkeit von Kaiser und Reich) überhaupt nicht berührt, also eine der wichtigsten politischen Fragen nicht gelöst. In Oberitalien kam es seit 1237 wieder zu Streitigkeiten, in deren Verlauf der Papst 1239 über den Kaiser erneut den Kirchenbann aussprach: Am gleichen Tag – am Palmsonntag – starb Hermann von Salza.

Exkurs: Ungesicherte Quellenlage

Die Rekonstruktion der Autobiographie des im frühen 13. Jahrhundert überaus einflußreichen Politiker Hermann von Salza ist das Ergebnis von bald zweihundert Jahre währenden Forschens, Interpretierens, Wägens, Urteilens vieler Forscher – und auch eigener Einschätzung. Vieles ist in den Quellen selbst nicht unmittelbar überliefert, sondern aus Indizien erschlossen und zwar wahrscheinlich, aber nicht immer wahr. Die Autoren mittelalterlicher Quellen – die Verfasser von Urkunden, Chroniken, Hagiographien – geben in der Regel weniger den Sachverhalt selbst als die persönliche Meinung des Schreibers wieder, die zudem durch die religiöse Sicht bestimmt wird. Sachinformation und Meinungsäußerung fließen ineinander und bedürfen also der Interpretation durch den Forscher. Aus diesem Gewebe aus Wahrem, Wahrscheinlichem und Möglichem werden in der Forschung Persönlichkeiten, Entscheidungsgründe, Handlungsumstände, Mentalitäten, Überzeugungen, Motivationen erschlossen.

An der Goldbulle von Rimini vom März 1226 kann man diese Quellenkritik ein wenig skizzieren: Die Urkunde überliefert, daß Hermann von Salza den Kaiser informiert habe, Herzog Konrad von Masowien sei an den Deutschen Orden herangetreten mit der Bitte, ihm bei der Missionierung der Pruzzen und der Eroberung ihres Landes behilflich zu sein. Dafür wolle er den Rittern gern das Kulmer Land und einiges andere schenken. So steht es in der «Erzählung» (*narratio*), die zu jeder mittelalterlichen Urkunde gehört. Kaiser Friedrich II. bestätigt diese Bitte, begründet die Berechtigung seiner Handlung (diese Schenkung fremden Landes zu bestätigen) mit dem Hinweis auf die *monarchia Imperii* und beurkundet den Eigentumsübergang in einer besonders eindrucksvollen und feierlichen, dennoch nicht seltenen Form: Statt des üblichen Wachssiegels läßt er zur Bekräftigung des Wahrheitsgehalts der Urkunde ein Goldsiegel anhängen. Soweit der Sachverhalt, der für sich selbst nur wenig aussagekräftig ist.

Dennoch füllen allein die wissenschaftlichen und populären Abhandlungen über diese Urkunde inzwischen doch schon einige Regale.

Eine kleine Auswahl der Probleme wurde in diesem Kapitel referiert: Warum etwa bat der kleinpolnische Herzog und nicht der polnische König den Deutschen Orden um Hilfe? Warum gerade den Deutschen Orden? Warum nicht Johanniter oder Templer? Hat er ihn denn überhaupt gebeten? Auf welchem Wege sind der Herzog und der Orden zusammengekommen? Haben beide dabei noch mehr vereinbart? Warum nahm der Orden diesen «Auftrag» an? War er denn nicht in Palästina, Spanien und auf Zypern genug engagiert? Warum wird die Bitte ausgerechnet 1226 ausgesprochen, obwohl doch der Herzog schon seit Jahren Krieg gegen die Pruzzen führte, zu diesem Zeitpunkt zwar einige Schwierigkeiten hatte, ihm aber keine Niederlage drohte? Und obwohl doch der kaiserliche Kreuzzug nach Palästina unmittelbar bevorstand? Was ist die *monarchia Imperii*? Warum wählt Friedrich II. die Form der Goldbulle? Warum bestätigt der Papst den Auftrag und den prospektiven Besitzübergang erst acht Jahre später? Warum läßt der Orden trotz kaiserlicher Bestätigung vier Jahre verstreichen, bis er sich nach Preußen begibt?

Schon die Frage, ob der Kaiser mit dieser Goldbulle von Rimini ausgreifende imperiale Ansprüche geltend gemacht habe, entzweit die Fachleute. Den national orientierten Historikern, Polen wie Deutschen, des 19. Jahrhunderts bereitete ihre Bejahung kein Problem, sie hielten das für selbstverständlich und fanden dann dafür auch gute Gründe. Nur in der Bewertung unterschieden sie sich. Ebenso gute Gründe moderner Wissenschaftler lassen Friedrich II. für Preußen und den Orden als jemanden handeln, der lediglich eine Chance zur Erweiterung seines Machtbereichs erkennt und wahrnimmt, aber auch nicht mehr, also keine imperialen Ansprüche in der Lesart des 19. Jahrhunderts. Würde der Deutsche Orden den Auftrag annehmen und sich durchsetzen, diente er damit zugleich den Interessen des Kaisers; würde er sich nicht durchsetzen können, entstünde dem Kaiser und dem Reich auch kein großer Schaden, nur dem Orden selbst. Der hätte – nach der Erfahrung im Burzenland – wieder einmal versagt.

Auch die Machthaber des 13. Jahrhunderts begriffen die Politik als die Kunst des Möglichen, auch sie waren planende, entscheidungswillige und machtbewußte Menschen, und nicht nur fremd- bzw. kirchenbestimmt.

Die Quellen, auf die sich die unterschiedlichen Forschungsmeinungen stützen, geben keine zwingende Hinweise darauf, ob die eine Interpretation richtiger ist als die andere. Mehrere Jahrzehnte lang haben sich gegensätzlich national orientierte Wissenschaftler – Deutsche und Polen – mit der Goldbulle von Rimini und der Frühzeit des Deutschen Ordens in Preußen intensiv beschäftigt: Dabei war dem einen zunächst eindeutig, was dem anderen zweifelhaft erschien. Auch heute gibt es noch keine «herrschende Meinung», aber doch eine Annäherung zwischen früher unvereinbaren (nationalen) Standpunkten.

Und so wie diese Urkunde aus dem März 1226 voller Rätsel steckt, so gibt auch das Leben des Hermann von Salza jede Menge Rätsel auf. Aufgrund der ungenauen Quellenlage können selbst kühne Interpretationen mittelalterlicher Überlieferung die Persönlichkeit dieses überragenden weitsichtigen Hochmeisters nicht vollends erschließen.

Der Deutsche Orden in Preußen, Livland und Litauen

Die Eroberung Preußens

Etwa sechzig Jahre lang agiert der Deutsche Orden gleichzeitig in Spanien, Preußen, Livland und Palästina – eine gewaltige organisatorische und materielle Herausforderung, die von den Rittern aber anscheinend mühelos bewältigt wurde. Wie konnten sie über Tausende von Kilometern hinweg kommunizieren, ihre Interessen wahren und gemeinschaftlich handeln?

Im Frühjahr 1231 betraten die Deutschordensritter erstmals pruzzischen Boden. So wenig wie über die persönlichen Motive der ersten Ordensritter im Pruzzenland bekannt ist, sowenig wissen wir über ihren ersten Anführer Hermann Balk. Sicher ist, daß er wie der gleichaltrige Hochmeister Hermann von Salza aus Thüringen stammte und im Jahre 1239 starb.

Ursprünglich sollte der Deutsche Orden in dieser reichsfernen Gegend zunächst nur die Pruzzen unterwerfen und ihre Missionierung durch die Kirche ermöglichen. Zu den theologischen Grundpositionen der Zeit gehörte, daß nicht mit dem Schwert missioniert werden durfte, die Taufe durfte nicht unter Zwang erfolgen. Doch wo ein solcher Zwang begann, begründete subtile theologische Debatten. In Preußen gab es jedenfalls von Beginn an eine klare Arbeitsteilung: Die weltliche Macht, vertreten durch den Orden und die Kreuzritter, unterwirft die Pruzzen, die Kirche missioniert sie.

Die erste Aufgabe der kleinen Ordensrittertruppe in Begleitung von acht Kreuzrittern und – angeblich – tausend Gefolgsleuten[1] war es, einen Stützpunkt für die Eroberung des Landes der Pruzzen zu schaffen. Dieses Land der Pruzzen, Prußen, Prussen oder Preußen (im Folgenden wird der Begriff «Pruzzen» für das einheimische Volk und sein Siedlungsgebiet bis zur Unterwerfung durch den Orden verwendet), erstreckte sich zwischen der unteren Weichsel und der Memel, zwischen der Ostsee und den unwegsamen Sümpfen im nördlichen Quellgebiet des Narew an der heutigen ostpolnischen Grenze zu Weißrußland und zu Litauen.

Es ging zunächst darum, von Kujawien, vom südlichen Ufer der Weichsel aus, einen Brückenkopf am nördlichen Ufer zu bilden und eine Burg zu bauen, die man später Alt-Thorn nannte. Ob der palästinensische Berg Toron bei Akko, auf dem eine Ordensburg lag, bei diesem Namen als Pate gestanden hat, ist nicht belegt, aber zumindest vorstellbar.[2] Wenn diese These stimmt, wäre damit ein weiteres Indiz dafür gegeben, daß sich der Orden auf seine neue Aufgabe in Preußen sorgfältig vorbereitet hatte: Namensgebungen von Orten hatten damals immer auch Symbolcharakter (fünfzig Jahre später wird bei der Benennung der Marienburg das gleiche gelten). Auf dem rechten Weichselufer richteten sich die acht Ordensritter und ihre Gefolgsleute, so will es jedenfalls die Legende, zunächst in einer riesigen Eiche eine Art Burg ein, die von einem Wassergraben und Verhauen umgeben war.[3]

Die weitere Eroberung des Landes liest sich wie eine ununterbrochene militärische Erfolgsgeschichte. Nur zunächst allerdings, denn der Kampf dauerte dann doch insgesamt zweiundfünfzig Jahre. Zusammen mit anderen – auch nichtdeutschen – Kreuzrittern nahm der Deutsche Orden das eroberte Gebiet systematisch in Besitz, zunächst militärisch, dann auch rechtlich. Bereits 1232 wurde eine zweite Burg nahe Thorn und eine in Kulm errichtet (anstelle einer zerstörten pruzzischen Burg). Der Orden gründete die Stadt Kulm; verlieh ihr 1233 mit der Kulmer Handfeste eine Stadtverfassung, die für die meisten Stadtgründungen des Ordens maßgeblich wurde; noch im selben Jahr erfolgte die Stadtrechtsverleihung auch an Thorn.

Diese frühen Ordensburgen waren zunächst – wie auch die der Pruzzen – lediglich umwallte Wehrbauten aus Holz. Ihre markanten Formen, die uns bis heute so beeindruckend und zugleich bedrückend (wenn auch selten im Originalzustand) entgegentreten, erhielten sie

Die Baumburg von Thorn aus dem Jahre 1231. Gemälde um 1600.

erst seit dem ausgehenden 13. Jahrhundert, als die Eroberung des Pruzzenlandes abgeschlossen war und man bautechnisch beginnen konnte, Ziegel zu verwenden: Um in dieser Region dauerhaft Burgen und Häuser bauen zu können, mußten es Ziegel sein, da es hier keine Hausteinvorkommen gab.

Schon 1233 drangen die christlichen Streiter gemeinsam mit polnischen Fürsten weichselabwärts vor und gründeten auf einer Insel Marienwerder. 1234 kam das westliche Pomesanien in Ordenshand. Die generelle Zielrichtung der militärisch-ritterlichen Bemühungen war zunächst die Besetzung des Küstengebiets (auf der Linie Thorn, Kulm, Marienwerder, Elbing, Balga, Königsberg, Neuhaus, Labiau, Ragnit); erst später stieß man in das schwer zu durchdringende, weil unwegsame Landesinnere vor. Im Jahr 1237 gründete der Orden gemeinsam mit Lübeck die Stadt Elbing, den ersten Seehafen in Preußen. Aufgrund der Interessen der Lübecker Kaufleute wurde ihr – wie nur wenigen anderen preußischen Städten – 1246 das (eingeschränkte) lübische Stadtrecht verliehen und nicht das kulmische. 1239 errichteten die Ritter die Burg Balga gegenüber der Einfahrt in das Frische Haff auf den Resten der pruzzischen Burg Honeda. Herzog Otto von Braunschweig schlug hier noch im gleichen Jahr ein Heer der Pruzzen und öffnete damit den weiteren Weg des Ordens in die östlichen Landschaften Natangen und Barten. 1252 folgte die Gründung von Memel (litauisch: Klaipeda).

Bemerkenswert ist, daß keiner der Reichsfürsten, die sich in diesen Jahrzehnten an der Eroberung des Pruzzenlandes beteiligten, keiner der Kreuzfahrer aus anderen Ländern, keiner der polnischen Könige aus persönlichen Interessen an den Kämpfen teilnahm. Sie stellten sich alle in den Dienst der großen Aufgabe, der Missionierung der Heiden, und überließen all ihre Erwerbungen dem Deutschen Orden. Nur die masowischen Teilherzöge wichen von diesem Grundmuster ab.

Auch auf andere Weise vergrößerte der Orden seinen Einfluß. Die vom Papst genehmigte Inkorporation des Dobriner Ordens (1235) erwies sich personell und besitzmäßig als völlig belanglos; diesem Orden sollen lediglich fünfzehn Ritter angehört haben. Herzog Konrad von Masowien zog seine sieben Jahre zuvor erfolgte Schenkungserklärung denn auch sofort zurück, als sich der Orden auflöste. Schwerer wog die Inkorporation des Schwertbrüderordens (1237): Damit vergrößerte sich einerseits die reguläre Truppenbasis des Deutschen Ordens, zog andererseits die Besitzergreifung Livlands (des heutigen Baltikums ohne Litauen) nach sich.

Als Folge dieses Zusammenschlusses kam es zu neuen Konflikten und nicht enden wollenden Kämpfen mit den heidnischen Litauern, deren Siedlungsgebiet die beiden Interessensgebiete des Ordens trennte. Fast hundertfünfzig Jahre – die halbe Zeit seiner Anwesenheit und seines Wirkens im Lande – führte der Orden Krieg gegen die Litauer. Am

Ende dieser Epoche stand die Personalunion der Fürstenhäuser Litauens und Polens im Jahr 1386. Die Heirat des litauischen Großfürsten Jagiello (nach der Taufe nannte er sich Wladislaw II.) mit der polnischen Thronerbin Hedwig/Jadwiga 1386 und der dieser Eheschließung vorausgehende Vertrag von Krewo (1385) machten alle Litauer – zumindest auf dem Papier – zu Christen.

Dieses Dokument beraubte den Deutschen Orden der wichtigsten ideologischen Grundlage seiner Arbeit in dieser Region: Unterwerfung der Heiden, um sie missionieren lassen zu können. Mit einem Federstrich war der Auftrag obsolet geworden. Doch der Orden vermochte seinen machtpolitischen Rückzug noch hundertfünfzig Jahre hinauszuzögern.

Die Missionierung der Pruzzen

Die Missionierung der Pruzzen begann übrigens nicht erst mit dem Auftreten des Deutschen Ordens, sie hatte eine schon über zweihundertjährige Vorgeschichte: Adalbert, Bischof von Prag, wurde 997 bei einem ersten Versuch erschlagen; zum Dank ließen ihn seine Auftraggeber in Gnesen beisetzen. Schon 999 sprach die Kirche ihn heilig und machte den Ort seiner letzten Ruhestätte im Jahr 1000 zum polnischen Erzbistum. Den zweiten Missionierungsversuch unternahm Brun von Querfurt 1009, der «Erzbischof für die östlichen Heiden» (so sein formeller Titel), der vorher schon in Siebenbürgen, Ungarn und Südrußland aktiv gewesen war. Doch ihm ging es bei den Pruzzen ebenso schlecht wie seinem Vorgänger: Auch er wurde erschlagen und heiliggesprochen; seine angeblich ebenfalls getöteten achtzehn Gefährten allerdings nicht. Danach herrschte an der Front der Pruzzenmissionierung erst einmal Ruhe.

Einen erneuten Anlauf unternahm 1141 Bischof Heinrich von Olmütz, über dessen Erfolg nichts weiter bekannt ist. 1206 zogen Zisterzienser vom Kloster Lekno bei Gnesen nach Osten, vermutlich unterstützt durch die Herzöge von Polen und Pommerellen. Diese hatten aber eindeutig weltliche Absichten, nämlich die Unterwerfung der Pruzzen und deren Eingliederung in ihre Herrschaftsgebiete. Daher wurden sie vom Papst aufgefordert, den soeben getauften Christen keine Dienste aufzuerlegen. Möglicherweise um die Missionierung einem

Tötung des Missionars Adalbert durch heidnische Pruzzen. Dom von Gnesen, 12. Jahrhundert.

Einzelnen zu überantworten, ernannte der Papst dann den Zisterziensermissionar Christian, den Abt des Klosters Lekno, 1215 zum ersten Pruzzenbischof.

Christian förderte und behinderte in den nächsten dreißig Jahren die Eroberungs- und Missionsbemühungen der jeweiligen polnischen Könige und Herzöge wie auch fünfzehn Jahre lang die des Deutschen Ordens so, wie es seinen jeweiligen Interessen entsprach, allerdings ohne großen Erfolg.

Der päpstliche Legat Wilhelm von Modena, der die Missionierung der Pruzzen von kirchlicher Seite aus verantwortete, schuf dann 1243 die endgültige Kirchenorganisation. Im Kulmer Land, Pomesanien, Ermland und Samland errichtete er jeweils ein Bistum. Eines davon hätte sich der inzwischen aus der pruzzischen Gefangenschaft (seit 1233) freigelassene Bischof Christian aussuchen dürfen. Doch er verzichtete darauf, wohl weil er noch immer seinen Anspruch auf das eine ungeteilte Bistum für ganz Preußen aufrechterhalten wollte, das ihm der Papst 1215 übertragen hatte. Da er 1245 starb, erledigte sich diese Angelegenheit allerdings von selbst.

Finanziert wurde das Bistum in Kulm durch die Zuteilung von Land und die Zuweisung des gesamten Zehnten in der Diözese, in den drei anderen wurde jeweils ein Drittel des Landes dem Bistum als weltliches Eigentum zugesprochen, von dem wiederum ein Drittel dem Domkapitel zukommen sollte. Zwei Drittel Preußens gehörten dem Orden, in das restliche, das kirchliche Drittel teilten sich die Bischöfe zu zwei Drittel und die Domkapitel zu einem Drittel. Das hätte zu erheblichen Differenzen mit dem Deutschen Orden führen können. Doch die Kapitelmitglieder der Bistümer Kulmer Land, Pomesanien und Samland waren durchweg Priesterbrüder des Ordens. Erzbischof und Metropolit wurde 1246 der Bischof von Riga. Das Kapitel des Bistums Ermland blieb weitgehend ordensunabhängig mit der Folge, daß nach dem Übertritt Preußens 1525 zum Protestantismus dieses Land weitgehend katholisch orientiert blieb.

An der Eroberung Preußens waren neben den Ordensangehörigen auch nicht ordensgebundene Kreuzritter beteiligt. Sie stammten überwiegend aus den mittleren und östlichen Gegenden des Reichs. Die Angehörigen des Dobriner Ordens kamen nahezu ausschließlich aus Norddeutschland, vorwiegend aus Mecklenburg und Pommern. Ihre bedeutenderen Heerführer waren die Markgrafen von Brandenburg und von Meißen. Sie beteiligten sich ebenso wie die Könige von Böhmen, die Herzöge von Masowien und andere polnische Herzöge und Könige an den Pruzzenkämpfen.

Indirekter Glaubenszwang

Man schätzt heute die Zahl der pruzzischen Ureinwohner bei der Ankunft der Ordensritter auf etwa 220 000 Menschen; nach Beendigung der militärischen Auseinandersetzungen im Jahre 1283 sollen es etwa 90 000 gewesen sein; im Laufe des folgenden Jahrhunderts stieg die Einwohnerzahl wieder auf 140 000 an.[4] Ihre Sprache war den Sprachen der Kuren, Letten und Litauer verwandt und gehört zur baltischen Sprachgruppe; dagegen gehört die Sprache der Liven und Esten zur finno-ugrischen Sprachgruppe. Die pruzzische Sprache ist in zahlreichen Personen- und Ortsnamen erhalten geblieben, im *Elbinger Vokabular*, das 800 pruzzische Wörter und ihre deutsche Übersetzung enthält sowie in einer 1561 vom Pobethaner Pfarrer Abel Will angefertigten Übersetzung des lutherischen Katechismus.

Die Schwerpunkte ihrer Siedlungen lagen im mittleren und westlichen Preußen sowie im Samland. Der Ordenschronist Peter von Duisburg zählte elf Gaue mit weitgehend voneinander unabhängigen Häuptlingen an der Spitze: Pomesanien, Warmien (Ermland), Pogesanien, Sassen, Samland, Natangen, Barten, Galinden, Schalauen, Nadrauen und Sudauen. Die Pruzzen werden als groß, blond und blauäugig, sehr gastfreundlich und geprägt von einem unbändigen Unabhängigkeitsdrang geschildert. Darin begründet liegt einerseits ihr langer Abwehrkampf gegen die Christianisierung, andererseits ihre Unfähigkeit, sich politisch oder militärisch zusammenzuschließen. Sie verbrannten ihre Toten und beerdigten ihre Vornehmen mit Grabbeigaben. Sie gehörten angeblich einer Naturreligion an mit einer Jenseitsvorstellung, worauf die Pferdebeigaben in den Gräbern schließen lassen. Polygamie, Brautkauf und Verwandtenehe waren durchaus üblich.

Anders als später in Litauen standen im Pruzzenland dem Orden nur einzelne Stammesverbände gegenüber. So gesehen haben die Ordensritter in diesem Land wahrlich keine militärischen Glanzleistungen vollbracht, schließlich brauchten sie ein halbes Jahrhundert, um die Pruzzen zu unterwerfen. Allerdings waren es keine großen Heerscharen von Ordens- und Kreuzrittern, die sich ihres Seelenheils wegen in diese fernen, in weiten Teilen unbesiedelten oder sumpfigen Gebiete begaben.

Da die den Pruzzen von Kaiser Friedrich II. und Papst Gregor IX. erteilten Privilegien von den Angreifern und Besatzern nicht immer respektiert wurden, wurde ein Prozeß vor dem Papst angestrengt, dessen Ergebnis der Christburger Vertrag von 1249 war. Er bestätigte den zum Christentum bekehrten Pruzzen die persönliche Freiheit und vor allem das Besitz- und Erbrecht, entsprechend dem Recht der vom Orden angeworbenen Neusiedler. Sogar Priester durften sie werden; da zum Priesteramt nach Auffassung der Kirche ausdrücklich nur freie Menschen zugelassen werden konnten, muß man die Zulassung der Pruzzen zum Priesteramt als Indiz für ihre persönliche Freiheit werten. Im Gegenzug mußten die Pruzzen ihre Kinder taufen lassen und eine Anzahl Kirchen errichten, ihren heidnischen Bräuchen (z.B. der

Polygamie) abschwören sowie dem Deutschen Orden Heerfolge leisten.

Diese vertraglich garantierten Freiheiten galten aber nur, wenn die Pruzzen nicht vom Christentum abfielen oder sich gegen den Orden erhoben. Die Einheimischen hatten also nur formal die freie Wahl, zum Christentum zu konvertieren oder Heiden zu bleiben. Denn wer sich nicht taufen ließ, mußte auswandern (was viele auch taten) oder wurde sogar unter Verlust seines Eigentums vertrieben. Viele Pruzzen wanderten nach Litauen aus, verstärkten dort den Widerstand gegen den Orden und die christlichen Ritter. Nach dem großen Pruzzenaufstand von 1260–1283 wären im Prinzip diese Rechte der Einheimischen verlorengegangen: Sie waren vom Christentum abgefallen und hatten auch dem Orden die Gefolgschaft verweigert; sie hatten also die Bedingungen des Christburger Vertrags nicht eingehalten. Allerdings ist nicht erkennbar, daß sich der Orden diese neue rechtliche Situation wirklich durchgreifend zunutze gemacht hätte.

Auch die nicht bekehrten Pruzzen wurden nicht alle vertrieben oder getötet. Sie überlebten als «Hakenbauern» in eigenen Siedlungen, auf kleineren Gütern, wo ihnen mindere Rechte zustanden. Der Begriff «Hakenbauer» leitet sich vom altmodischeren Hakenpflug[5] ab, den die Pruzzen damals noch benutzten: Mit einem Holzhaken wurde der Boden aufgerissen, die Scholle aber nicht umgelegt. Entsprechend der Bildung des Flächenbegriffs «Morgen» (ein Bauer kann diese Fläche an einem Morgen pflügen) galt der «Haken» später auch als Flächenmaß; er soll etwa zehn Hektar umfaßt haben. Die Hakenbauern hatten in der Regel um ein Drittel kleinere Höfe als die Neusiedler.

Vergleicht man die persönliche, rechtliche und soziale Stellung der weiterhin in Preußen lebenden Pruzzen nicht nur im Verhältnis zu den Neusiedlern in Preußen, sondern auch zu den Bauern im Altsiedelland im Reich, beispielsweise in Württemberg oder Bayern, dann hatten, was meist übersehen wird, die eingeborenen Pruzzen im Deutsch-Ordensgebiet eine deutlich freiere und unabhängigere Stellung als die Bauern im Westen.

Vieles deutet darauf hin, daß die Missionierung der Pruzzen letztlich erst in nachreformatorischer Zeit erfolgte. Jedenfalls werden im 16. Jahrhundert noch Katechismen in pruzzischer Sprache gedruckt. Dieses Idiom verschwindet, bis auf Orts- und Familiennamen sowie wenigen Resten im Ostpreußischen, im 17. Jahrhundert völlig. Die Pruzzen haben sich jetzt vollständig in den neuen Staat und in das zugewanderte Volk integrieren lassen, das aber ihren Stammesnamen zum Staatsnamen machte: Nur selten haben in der Weltgeschichte die Eroberer den Namen der Eroberten übernommen!

Der Deutsche Orden in Livland

In Livland hatte sich 1236 in völliger Selbstüberschätzung seiner Kräfte der 1202 gegründete Schwertbrüderorden mit den Litauern militärisch eingelassen und für seinen Hochmut bei Saule eine vernichtende Niederlage hinnehmen müssen. Landmeister Hermann Balk vom Deutschen Orden folgte mit einigen Rittern dem sogleich erhobenen Hilferuf und brachte auch einen Stillstand der Kämpfe zuwege. Im folgenden Jahr wurde der Schwertbrüderorden mit päpstlicher Genehmigung in den Deutschen Orden eingegliedert. Das wiederum hatte nicht nur, wie bereits geschildert, zur Folge, daß ihm in Livland erhebliche Besitzungen und ein mörderischer Kampf mit den Litauern zufielen, sondern auch einen ständigen Streit mit dem Erzbischof von Riga um Eigentum und Rechte. Ein Drittel des von den Schwertbrüdern eroberten Landes gehörte, so die Verabredung, dem Bischof. Anders als in Preußen mußte sich der Deutsche Orden sein Herrschaftsgebiet in Livland daher mit den Erzbischöfen von Riga und den Bischöfen von Dorpat und Ösel-Wiek teilen; das Bistum Kurland war ihm inkorporiert.

Die Ostexpansion des Ordens

Ob der Orden in diesen Jahren auch ernsthaft vorhatte, über die livischen Besitzungen hinaus weiter nord- und nordostwärts vorzudringen wollte, ist fraglich. Einige Angehörige des mit dem Deutschen Orden 1237 vereinigten Schwertbrüderordens hatten Nowgorod ins Visier ihrer Begehrlichkeit genommen. Und auch der Papst drängte auf die Missionierung dieser Region. Die Handelsstadt Nowgorod war der nördlichste Punkt des Fürstentums Wladimir sowie ein geographischer

Endpunkt des hansischen Wirtschaftsraums und eine der bedeutendsten Stationen hansischen Handels.

Papst Gregor IX. hatte 1240 Schweden und Finnen zu einem Kreuzzug gegen die Hansestadt aufgerufen, die sich freiwillig den Tataren unterworfen hatte. Die wiederum rief Alexander, den Sohn des Großfürsten von Susdal, zu Hilfe: Seinem Sieg über die vereinten Nordländer im Juli 1240 an der Newa verdankt er seinen Beinamen Newskij. Im selben Jahr 1240 eroberte der Orden die Grenzfestung Isborsk und die Stadt Pleskau/Pskow. Ein Teil der Bürger hier und in Nowgorod wäre einer engeren Verbindung mit dem Westen nicht abgeneigt gewesen. Die Handelsbeziehungen mit den Kaufleuten der Hanse versprachen sicher bessere Gewinne als die Abhängigkeit von den Tataren: Nowgorod war nämlich von dem Großfürstentum Wladimir/Susdal abhängig, das unter Tatarenherrschaft stand.

Einem weiteren Ausholen des Ordens in diese Richtung wurde aber von dem späteren Großfürsten von Wladimir (1252–1263), dem erst

Schlacht am Peipussee, 5. April 1242. Alexander Newskij siegt über den Deutschen Orden auf dem gefrorenen Peipus. Federzeichnung 1839 von Ludwig von Maydell.

23-jährigen Alexander Newskij, mit der für ihn siegreichen Schlacht auf dem zugefrorenen Peipussee 1242 ein Ende gesetzt. Er eroberte die an den Orden verlorenen Gebiete 1242 sofort wieder zurück und konnte ihm 1243 einen Frieden abringen, in dem dieser auf jede weitere Ostexpansionen verzichtete – ein Vertrag von so herausragender Bedeutung wie nur wenige in der europäischen Geschichte. Der aber von den Beteiligten keineswegs als welthistorisch angesehen wurde: ein schwebender Zustand eben.

Aus einer zeitbedingten Lage heraus verfestigte sich aber rasch eine für Jahrhunderte, eine bis heute währende feste Grenze, an der sich die katholische und die russisch-orthodoxe Kirche dauerhaft schieden – eine Grenze, an der sich, von heute aus betrachtet, westeuropäische Kultur und osteuropäische Kultur zu scheiden begannen. Diese weitreichenden Wirkungen waren damals selbstverständlich weder erkennbar noch beabsichtigt. Die Bürger von Nowgorod gerieten, wie sie befürchtet hatten, wieder unter tatarische Herrschaft und mußten Steuern an sie abführen. Durchzusetzen hatte diesen Auftrag eben jener Alexander Newskij, dem sie noch kurz zuvor ihre relative Selbständigkeit gegenüber den Nordländern zu verdanken hatten.

Sein Sieg über den Deutschen Orden machte Alexander Newskij dennoch zum Helden der Rus: Er wurde von der russisch-orthodoxen Kirche 1546 zum Heiligen erhoben. Sein Sohn Daniil wurde 1261 Großfürst von Moskau, die von ihm begründete Linie des Rurikiden-Hauses endete erst 1598.

Erweiterung des Einflußbereichs in Preußen

Erst Jahre später erweiterte der Orden seinen Einflußbereich im Pruzzenland. 1252 wurden die Burg und die Stadt Memel errichtet und wie Elbing mit lübischem Recht ausgestattet. Seit 1255 folgten die Eroberung des Samlandes unter kräftiger Mitwirkung des böhmischen Königs Ottokar II. sowie der Gaue Barten und Galinden. Auf des Königs Rat hin wurde 1255 am Pregel eine Burg errichtet, die ihm zu Ehren Königsberg genannt wurde; erst 1286 wurden die drei Städte Löbenicht, Kneiphof und Altstadt gegründet, denen allen kulmisches Stadtrecht verliehen wurde; die Zusammenlegung zur Stadt Königsberg erfolgte erst 1724.

An der Grenze zu Litauen wurden die Burgen Labiau und Tapiau gebaut, zur Ostsee hin die Burgen Brandenburg, Braunsberg, Lochstädt und Fischhausen. Zwischen 1260 und 1283 mußten sich die westeuropäischen Besatzungskräfte erneut einer pruzzischen Freiheitsbewegung erwehren. Hierbei mußte der Orden fast alle seine Siedlungen aufgeben. Nur Thorn, Elbing, Christburg und Königsberg konnten gehalten werden. Mühselig ging die Rückeroberung voran. Doch nach 1273 kamen auch die östlichen Preußengaue Nadrauen, Schalauen und Sudauen (1283) unter Deutschordensherrschaft.

Diese letzten schweren Kämpfe zwischen christlichen Rittern und heidnischen Pruzzen sind wohl auf beiden Seiten mit ungewöhnlicher Heftigkeit geführt worden. So berichtet es jedenfalls der Ordenschronist Peter von Duisburg. Er ist der einzige zeitgenössische Geschichtsscheiber, der uns über den Pruzzenkampf informiert. Hat er aber ausdrücklich übertrieben, um die besondere Schwierigkeit der Aufgabe und die folglich noch herausragenderen Leistungen der Gottesstreiter hervorzuheben? Mittelalterliche Geschichtsschreibung ist immer auch Gottes Lob ebenso wie das Treiben der Ritter im fremden Land für den mittelalterlichen Menschen immer auch Gottesdienst ist. Im Jahr 1283 konnte der Ordenschronist Peter von Duisburg trocken notieren: «Es endet der preußische Krieg, und es beginnt der Litauerkrieg.»[6]

Die über sechzig Jahre dauernde Eroberung Preußens begleitete der Orden mit einem systematischen Burgenbau: Etwa hundertzwanzig Burgen (siehe Anhang, S. 262–266) entstanden damals und später – zunächst in der Holz-/Erdwall-Bauweise, später in der charakteristischen ziegelbetonten Burgenbauweise des Ordens.

Die Einnahme Pommerellens

Eine entscheidende, die Ordensgeschichte in mehrfacher Hinsicht prägende Abrundung des Territoriums nach Westen brachte die – zwischen national denkenden deutschen und polnischen Historikern in ihrer Bewertung lange Zeit heftig umstrittene – Eroberung Pommerellens, des Gebiets um Danzig. Die Bezeichnung Pommerellen kam erst im 15. Jahrhundert auf. Da der Orden dazu einen polnischen christlichen Herzog, den späteren polnischen König, vertreiben mußte, hat diese Ausweitung des *Staats*gebiets eine völlig andere Qualität als die Eroberung des Pruzzenlandes (die gemeinsam mit den Polen erfolgte). Ging es in dem zuletzt genannten Fall um den Kampf gegen die Heiden, so ging es nun um die Bekämpfung eines christlichen Machthabers.

Über diese Aktion des Ordens gegen die Stadt Danzig, die Burg Danzig und das Land Pommerellen gibt es, wie bei anderen Ereignissen in der Geschichte des Ordens, heftige historisch-literarische Fehden (die jedoch häufig ein Vehikel jeweils gegenwärtiger politischer Auseinandersetzungen sind und mit der Sache selbst wenig zu tun haben).

Im Jahr 1276 wechselte der Orden durch eine Schenkung von Herzog Sambor (die Samboriden führten seit 1226 den Titel Herzog) erstmals auch auf das linke Weichselufer über, in das christliche Herrschaftsgebiet des polnischen Königs. Dabei handelte es sich um eine durchaus übliche zeitgemäße Besitzübertragung. Auf diesem Gebiet errichteten die Ritter das Konventshaus Mewe. Als dann 1294 das pommerellsche Herrscherhaus der Samboriden ausstarb und da es keinen legitimen polnischen König gab, der regelnd hätte eingreifen können, kam es zum Streit. Daran beteiligt waren die Markgrafen von Brandenburg (die westlichen Nachbarn von Pommerellen), der großpolnische Herzog Przemysl II. (der südliche Nachbar), der König von Böhmen (beide, Herzog wie König, wollten König von Polen werden) und der Deutsche Orden.

Die Samboriden waren unbezweifelbar eine in sich zerstrittene Familie. Doch das war auch nicht zeitunüblich. Als Herzog Swantopolk II. 1266 starb, stritten sich um sein Erbe: dessen Brüder Sambor II. und Ratibor sowie dessen Söhne Mestwin II. und Wratislaw II. Schon 1269 wandelte Mestwin seinen Anteil in ein brandenburgisches Lehen um. Einen vergleichbaren Schritt hatte Herzog Bogislaw I. 1181 getan, als er sein Land Pommern, ein bis dahin unbestritten polnisches Land, von Kaiser Friedrich I. Barbarossa zu Lehen nahm. Die Rechtmäßigkeit dieses Lehens wurde nie ernsthaft angezweifelt, auch nicht von den polnischen Königen.[7] Sie wurde, den Historikern zufolge, allerdings auch dadurch erleichtert, daß Pommern einen eigenen Bischof hatte, also unabhängig war vom polnischen Bistum Gnesen.

Mestwin rief nun seinen neuen westlichen Lehnsherrn, den brandenburgischen Markgrafen Waldemar, gegen seinen Bruder Wratislaw, dem Danzig gehörte, zu Hilfe. Der starb während der Fehde. Doch den Brandenburgern gefiel es in Danzig so gut, daß sie einfach dort blieben – was Mestwin nicht passte, weil er allein herrschen wollte. Also suchte er sich einen neuen Bundesgenossen und fand ihn in Herzog Boleslaw von Großpolen, seinem mächtigeren Vetter. Gemeinsam eroberten sie Danzig und vertrieben die Brandenburger. Dennoch «kündigte» Mestwin sein Lehnsverhältnis zu den Brandenburgern nicht, sondern blieb formell brandenburgischer Lehnsmann. Auch das war keineswegs zeitunüblich. Sambor II. nun, der Onkel Mestwins, dem das Dirschauer Gebiet gehörte, verbündete sich, wie schon früher Ratibor, mit dem Deutschen Orden und trat, wie jener, seine Besitzungen an die Ritter ab.

Mestwin, der kinderlos blieb, hatte verfügt, daß sein Anteil an Pommerellen nach seinem Tod (1282) an Herzog Przemysl II. von Großpolen fallen sollte. Damit schloß er den Lehnsheimfall an Brandenburg ausdrücklich aus: Er umging seinen Lehnsherrn. Dazu war er lehnsrechtlich sicherlich nicht befugt, und man hatte einen neuen Streitpunkt. Przemysl wiederum bemühte sich um eine erneute Einigung Polens und ließ sich 1295 sogar zum polnischen König krönen. Da er schon im Jahr darauf ermordet wurde, vermochte er sein großes Ziel, die polnischen Einheit, aber nicht zu verwirklichen – und, was für die weitere Entwicklung noch wichtiger war, er hinterließ keinen direkten Erben, so daß der königlich-polnische Streit wieder von vorne losging.

Dieses Ringen um die Macht dauerte mehrere Jahrzehnte und es beteiligten sich daran nicht nur die einheimischen Fürstenfamilien, sondern beispielsweise auch König Wenzel II. von Böhmen, der eine Tochter des Przemyslaw geheiratet hatte und Anspruch auf die polnische Krone zu haben meinte. Wenzel konnte auch seit etwa 1300 militärische Erfolge vorweisen, ernannte – im Einvernehmen mit dem Deutschen Orden – in Danzig sogar einen Statthalter und übertrug 1301 den Schutz Pommerellens dem Deutschen Orden. Sein Sohn und Nachfolger, Wenzel III., verzichtete zugunsten der Ritter dann 1305 völlig auf Pommerellen. Da er bereits 1306 ermordet wurde, hinterließ er in der polnischen Geschichte keine weiteren Spuren. Doch mit ihm waren die Przemysliden ausgestorben, so daß ihre Nachfolge im Königreich Böhmen zunächst einmal geklärt werden mußte. Für ein zusätzliches polnisches Betätigungsfeld blieb da kein Platz mehr. Es reichte nur zu einem Protest seines Nachfolgers in Böhmen, König Johann aus dem Hause Luxemburg.

In Polen hingegen wußte ein einheimischer Teilfürst diese Chance zu nutzen und die Oberherrschaft zu erreichen. Herzog Wladislaw I. Lokietek (das bedeutet: Ellenlang) von Großpolen und Kujawien, ein Enkel des Konrad von Masowien, ließ sich 1320 in Krakau, in Kleinpolen also, zum polnischen König krönen – gegen den Willen des böhmischen Königs, aber mit päpstlicher Zustimmung. Seither ist Krakau in Polen so unbestritten Krönungsstadt wie Aachen in Deutschland.

Doch die Familie des Statthalters in Danzig vermochte er nicht zur Vernunft und unter seine Botmäßigkeit zu bringen. Darum zog er 1306 in die Burg Danzig ein. Im Gegenzug besetzte Markgraf Waldemar von Brandenburg 1308 die Stadt Danzig. In dieser Pattsituation rief Lokietek den Deutschen Orden zu Hilfe. Die Ritter brachten die Brandenburger auf ausschließlich friedlichem Weg zum Abzug aus der Stadt, vertrieben gleich danach noch den polnischen Herzog aus der Burg, und nachdem alles fremde Militär aus der Stadt war, machten sie, so wird berichtet, Danzig beinahe dem Erdboden gleich.

Später behauptete der polnische König, sie hätten zehntausend Menschen umgebracht. Das kann nicht stimmen, denn so viele Einwohner zählte Danzig damals noch nicht. Lokietek wußte jedenfalls das Propagandainstrument der Zeit, maßlose Übertreibung, sehr wohl zu nutzen. Und dieses für das Mittelalter typische Mittel erreichte sein Ziel sogar noch bei so manchem Historiker des 19. und 20. Jahrhunderts. In neueren polnische Untersuchungen ist übrigens nurmehr von etwa hundert Toten in Danzig die Rede, für die der Orden 1309 die Verantwortung trägt.[8]

Markgraf Waldemar von Brandenburg hatte für seinen Verzicht auf Pommerellen und Danzig zehntausend gute Gründe: Diesen Betrag in Mark Silber zahlte ihm nämlich der Orden für die endgültige Abtretung aller Rechte im Vertrag von Soldin – eine gewaltige Summe. Kaiser Heinrich VII. bestätigte 1313 den Übergang des Gebiets an den Deutschen Orden. Dieser versuchte noch 1309, den Herzog von Großpolen und späteren polnischen König Wladislaw I. Lokietek gegen Barzahlung ebenfalls zum Verzicht zu bewegen, doch damit hatte er keinen Erfolg – mit langfristig bitteren Konsequenzen für den Orden.

Die Einnahme Danzigs und Pommerellens hatte auch zur Folge, daß die Weichselstädte ihr bislang lübisches Stadtrecht verloren; so erhielt Danzig 1343 beispielsweise das ordensstaatsübliche kulmische Recht (nachdem es um 1240 vom pommerellischen Herzog Swantopolk das lübische Stadtrecht verliehen bekommen hatte). Da dieses kulmische Recht über das magdeburgische Recht eng mit dem lübischen Recht verwandt war, traten in den Freiheiten und Rechten der Bürger und Städte selbst keine wesentlichen Veränderungen ein. Nur der Rechtszug nach Lübeck wurde abgebrochen; der Rat der Stadt Lübeck war zugleich die Instanz, die bei Streit über die Auslegung des lübischen Rechts entschied (so wie Magdeburg für die Städte magdeburgischen Rechts und Kulm für die Städte kulmischen Rechts). Und das war aus Ordenssicht wohl der wichtigste Grund für die Verleihung eines anderen Stadtrechts. Nun mußten die Danziger rechtliche Grundsatzfragen nicht mehr vor dem lübischen Oberhof klären. Danzig und die Weichselstädte wurden rechtlich unabhängiger von Lübeck und in eine einheitliche Stadtrechtskultur des Ordensstaats eingebunden. Dafür wurden sie aber auch abhängiger vom Orden.

Die Kirche hat die Übernahme Pommerellens durch den Orden in ihrer Kirchenorganisation nie mit- und nachvollzogen. Das für dieses Land zuständige Erzbistum blieb weiterhin Gnesen, ein polnisches Erzbistum. Hätte die Kirche anders gehandelt, hätte sie in Polen sofort ihre Schiedsrichterrolle verloren. Andererseits gab es zu dieser Zeit keinen polnischen Staat, auch keinen Staat in dem eingeschränkten Verständnis des Mittelalters. Nur die katholische Kirche einte, wie später noch so häufig, das Volk und den «Staat».

Polen jedenfalls war noch immer in eine Mehrzahl voneinander sehr unabhängiger Teilherzogtümer zerfallen. Es gab die Herzogtümer Kleinpolen, Großpolen, Kujawien, Masowien, Glogau, Breslau, Liegnitz und Ratibor. Sie waren aber alle von Angehörigen aus der einen Fürstenfamilie der Piasten besetzt und nominell durch das Seniorat miteinander verbunden: Der jeweils Älteste sollte den Gesamtstaat vertreten und repräsentieren. Diese Konstruktion funktionierte selbstverständlich nicht: Diese Aufteilung bot zusätzliche Gelegenheiten, um die Vormachtstellung im Lande zu kämpfen, also gegeneinander Krieg zu führen.

Im Jahr 1309 war der Übergang Pommerellens an den Orden ein geschichtliches Ereignis von eher beiläufiger Bedeutung, machtpolitisch war diese Besitznahme zudem jederzeit revidierbar. Eines der tiefgreifendsten Strukturmerkmale mittelalterlichen Lebens und mittelalterlicher Politik war, wie bereits erwähnt, der Schwebezustand der meisten Macht- und Rechtsverhältnisse. Was heute sicher schien, konnte morgen schon in sein Gegenteil verkehrt werden – ein jahrhundertelang wirksames Herrschaftsprinzip, da es noch keine «Staaten» mit ausgefeilter Innenorganisation gab. In den geographischen Randzonen der mittelalterlichen Reiche geschah ununterbrochen etwas, das dem «freien Spiel der Kräfte» in der heutigen Marktwirtschaft nicht unähnlich war.

In Pommerellen hatten Brandenburg, Polen (Großpolen) und der Orden zu einer bestimmten Zeit auf irgendwelchen Wegen Rechtstitel erworben. Welche der drei Parteien beim Gegeneinander-Abwägen, mehr «Recht» hatte, konnte damals schon nicht entschieden werden, darum können auch heutige Historiker nicht nachträglich entscheiden, allenfalls bewerten. Aber ein solches Abwägen ist eigentlich obsolet, weil sich die politischen Kräfte so durchgesetzt haben, wie es uns bekannt ist. «Geschichte» spielt sich nicht nach unseren Vorstellungen und Maßstäben ab, sie hat sich ereignet. Wir können allenfalls versuchen, die Ereignisse nachzuvollziehen und die Menschen anderer Zeiten zu verstehen.

Ob der «Erwerb» Pommerellens rechtens erfolgte, war aus Sicht der Polen, der einen Partei in diesem zunächst Dreier-, später Zweierstreit, schon damals strittig. Einen solchen Streit konnten die Machthaber zeitgemäß austragen durch Krieg und Zerstörung. Dazu war Polen damals zu schwach. Sie konnten auch prozessieren. Doch vor wem konnte Polen klagen? Der Deutsche Orden war exemt, da er dem Papst unmittelbar unterstellt war. Darum strengte der König von Polen beim Papst gleich zwei Prozesse gegen den Orden an, deren einer 1320/21 auch für damalige Verhältnisse nicht ganz rechtmäßig verlief: Drei polnische Prälaten wurden als Richter eingesetzt! Folglich widerrief der Papst zwei Jahre später deren Urteil. Die Ritter hätten sonst Pommerellen herausgeben und König Wladislaw I. Lokietek eine beträchtliche Entschädigung für entgangene Einnahmen zahlen müssen. Das zweite Verfahren führte 1339 dazu, daß der Orden alle ehemals polnischen Gebiete zurückzugeben habe. Welche das aber waren, entschied das Gericht wohlweislich nicht.

Doch 1343, nur vier Jahre später, einigten sich der polnische König und der Orden im Frieden von Kalisch. Der Orden gab einige Gebiete heraus (er hatte Kujawien und das Dobriner Land widerrechtlich besetzt), König Kasimir III. der Große verzichtete ausdrücklich auf Pommerellen und auf das Kulmer Land und ließ seine Verzichtserklärung auch noch von den polnischen Ständen, vom Adel und von den wichtigsten Städten, bestätigen. Beide – Polen und Orden – hatten Rechtsansprüche an Pommerellen; beide – Polen und Orden – einigten sich schließlich friedlich – eine damals erstaunlich häufige Art der Konfliktlösung. In diesem Vertrag wurde auch die bis 1919 geltende Grenze zwischen Ostpreußen und Polen festgelegt.

Zuvor schon hatte Kasimir III. der Große auf dem Verhandlungsweg die Verträge von Trentschin und Visegrad mit dem böhmischen König Johann ausgehandelt: Darin verzichtete Kasimir auf weite Teile Schlesiens (1353 auch auf den Rest) zugunsten Böhmens, dagegen verzichtete Johann auf seinen Anspruch auf die polnische Krone und zahlte überdies 20 000 Schock böhmischer Groschen. Diese momentane Friedensbereitschaft des polnischen Königs im Norden und Süden beruhte auf seinen Expansionsbestrebungen nach Osten und Südosten in die Ukraine; da konnte er sich in der Heimat keine zweite Front leisten. Für ihn war der Frieden von Kalisch aber nur ein Zwischenspiel: So nannte er sich beispielsweise weiterhin – vertragswidrig – Herzog von Pommerellen.

Denn er begehrte – trotz des Friedensvertrags – weiterhin Pommerellen. Dies taten auch seine Nachfolger als polnische Könige: Nach hundertfünfzig Jahren mußte ihnen der Orden das Land Pommerellen im Zweiten Thorner Frieden (1466) überlassen. So wie der Orden 1309 die Schwäche des polnischen «Staates» für die Erweiterung seines Herrschaftsgebiets genutzt hatte, so nutzte jetzt der polnische König die evidente Schwäche des Ordens für seine Interessen.

Im Baltikum

Außer in Palästina und dem Pruzzenland kämpften die Ritter des Deutschen Ordens im 13. Jahrhundert seit 1236 im Baltikum, das damals Livland genannt wurde.

Als erste hatten deutsche Kaufleute und Missionare Interesse am Baltikum bekundet. 1180 begleitete Abt Meinhard aus Segeberg lübische Kaufleute dahin, die Zugang zum russischen Markt suchten. Er versuchte, die Einheimischen zu missionieren, war allerdings erfolglos, erreichte aber 1186 beim Papst wenigstens die Errichtung des Bistums Livland (unter der Oberhoheit des Erzbistums Bremen) und seine Ernennung zum ersten Bischof. Seinen Sitz hatte er in Üxküll.

Auch der Versuch des Zisterzienserabtes Berthold aus Loccum bei Hannover brachte nicht den erwünschten Erfolg. Schon bei seinem ersten Missionierungsversuch der Liven, die auf einem breiten Streifen an der Küste siedelten, sollen sie ihn in Stücke gerissen haben.

Auf Albert, vorher Dompropst in Bremen und dritter Bischof von Livland, geht die Gründung (gemeinsam mit hansischen Kaufleuten) von Riga 1201 zurück; mit ihm beginnt die systematische Missionierung der Liven und Litauer. Riga wird Bischofssitz. Bischof Albert erhält vom Papst das Kreuzzugsprivileg. Er läßt sich von ihm auch die Errichtung eines eigenen Ordens genehmigen (1202), des Schwertbrüderordens. Für ihn galt die Regel des Templerordens, von dem er auch den weißen Mantel mit dem roten Kreuz übernahm, ergänzt um ein rotes gesenktes Schwert. Auf die Schwertbrüder geht die Gründung der Burg Wenden, der größten Burg in diesem Gebiet, zurück, die etwa sechzig Kilometer nordöstlich von Riga an einem Seitenfluß der Düna liegt. Sie blieb während der Herrschaft des Deutschen Ordens in Livland dessen Hauptsitz (bis 1562).

Bischof Albert erreichte auch, daß König Philipp von Schwaben ihn mit Livland belehnte und zum Reichsfürsten erhob. Entgegen seinen Vorstellungen richtete Papst Innozenz III. die Bistümer Kurland, Estland, Ösel und Semgallen ein. Die Erhebung von Riga zum Erzbistum erlebte der ehemalige Bremer Domherr und fleißige Eroberer des Baltikums allerdings nicht mehr; sie erfolgte erst 1245, nach seinem Tod. Noch vor Riga war Reval von den Dänen auf den Resten einer estni-

Ruine der ehemaligen Ordensburg Wenden, heute Cesis.

schen Burg gegründet worden. In Dorpat, dem einstigen russischen Jurjew, das wiederum auf eine von Nowgorodern eroberte estnische Burg zurückgeht, richtete sich der Bischof von Estland ein. Da Missionierung immer auch Verteilung von Landbesitz bedeutete, galt seit 1210 die Anordnung des Papstes, daß dem rigaischen Bischof in Livland zwei Drittel des eroberten Landes gehörten und dem Schwertritterorden ein Drittel als bischöfliches Lehen. Estland fiel 1219 für wenige Jahre in die Hände der Dänen. Ein estnischer Aufstand trieb sie 1223 wieder aus dem Land, doch die Schwertbrüder und Bischof Albert besetzten Livland sogleich wieder.

1236 eroberten die Litauer zunächst einen Teil Livlands, wurden aber vom Orden bald wieder zurückgejagt. Bei der Verfolgung auf litauischem Gebiet blieben die Ritter mit ihren schweren Rüstungen im Sumpfgebiet stecken und mußten bei Saule (das mit Schaulen gleichgesetzt wird) eine vernichtende Niederlage hinnehmen. Auch der oberste Ordensritter, Volquin Schenk von Winterstein, büßte seinen Leichtsinn mit dem Leben. Also drangen die Litauer wieder vor. Die Schwertbrüder, die nur noch Riga halten konnten, riefen alsbald die südlich kämpfenden Glaubensbrüder vom Deutschen Orden zu Hilfe. Die hatten zwar selbst gerade einige Not, doch Landmeister Hermann Balk stellte eine kleine Entsatztruppe zur Verfügung. Es gelang ihr, die Litauer weitgehend zu vertreiben.

Die Niederlage führte zum Zusammenschluß von Schwertbrüderorden und Deutschem Orden in der «Union von Viterbo» 1237. Da diese Entscheidung so rasch erfolgte, muß man annehmen, daß an der Kurie bereits zuvor entsprechende Überlegungen angestellt worden waren; vielleicht war die Niederlage nur noch das letzte auslösende Moment. Der Deutsche Orden integrierte den Schwertbrüderorden und übernahm dessen Eigentum.

Der Deutsche Orden hatte indes mit dem neuen Auftrag und dem neuen Besitz neue, zusätzliche Mühen. Hermann von Salza hatte gegen die Übernahme eines weiteren Kampfplatzes in Livland protestiert. Schließlich hatte man in Preußen gerade erst einmal angefangen, zu erobern und zu missionieren und war auf unerwartet heftigen Widerstand gestoßen. Doch die höhere Weisheit der Kurie siegte. Sie trägt ein gehörig Maß Mitverantwortung für das letztendliche Scheitern der Deutschordensritter im Baltikum. Aber bis dahin mußte noch viel Blut im Namen der Kirche fließen.

Papst und Kaiser bestätigten also umgehend die «Union von Viterbo». Für die Schwertbrüder änderte sich außer der Montur nicht viel: Nun war es ein weißer Mantel mit schwarzem Kreuz. An die Spitze des livländischen Zweigs des Deutschen Ordens trat nunmehr in Livland der Landmeister. Papst und Kaiser hatten auch geboten, Estland wieder an Dänemark zurückzugeben, was wiederum den alten Schwertbrüdern nicht behagte, die von hier aus sogar nach Nowgorod vordringen wollten. Aber sie mußten sich fügen. Wenigstens vorläufig. Dänemark hatte übrigens erhebliche Schwierigkeiten, Estland und seine Bewohner wieder unter seine Fittiche zu nehmen.

Als dann der Bischof von Dorpat, der Bischof Estlands also, nicht etwa die Dänen, die Landesherren, sondern den Deutschen Orden zu Hilfe gegen die aus dem Osten eindringenden russischen Heerscharen rief, sahen die Schwertbrüder die Gelegenheit, ihre alten Ziele wieder zu beleben. Rasch eroberten sie Isbork am Peipussee sowie Pleskau/Pskov. Danach drangen sie noch weiter in Richtung Nowgorod vor, möglicherweise sogar gegen den Willen des livischen Landmeisters Dietrich von Grüningen. Doch im April 1242 gebot ihnen Alexander

Newskij Einhalt: In dem schon erwähnten Vertrag von 1243 einigten sich beide Parteien auf eine feste Grenze entlang Peipussee und Narwa.

Das Herrschaftsgebiet des Deutschen Ordens war mit dem Erwerb von Livland nun erheblich erweitert worden, aber auch nahezu zweigeteilt: Preußen im Süden sowie Kurland, Livland und Estland im Norden blieben der dazwischen wohnenden Litauer wegen auf dem Landweg räumlich nahezu vollständig getrennt. Lediglich der schmale Landstreifen Samaiten (auch Samogitien genannt) verband die beiden Teile. Trotz aller Bemühungen wird es dem Orden nie gelingen, eine breitere Landbrücke zwischen beiden Staatsteilen aufzubauen.

Wichtiger als diese schmale Landverbindung war für die Geschicke des Ordens die völlig andersartige Herrschaftsstruktur in Livland. Dort gab es eben nicht nur einen Landesherrn, galt nicht nur das eine Stadtrecht, das Kulmer Recht. Dort gab es unterschiedliche Völker sowie Untertanen minderen und höheren Rechts. Und daran änderte sich auch unter der Ordensherrschaft nichts. Warum sich der Orden mit einer Umstrukturierung dieser Gebiete und ihrer Herrschaftsorganisation so zurückhielt, ist nicht erkennbar. Er unternahm nicht einmal eine systematische Besiedlung mit Ordensuntertanen – das erstaunt insofern, als das neue Gebiet siedlungsmäßig gewiß längst noch nicht voll erschlossen war.

Nur wenig später schon drohte dem Deutschen Orden der Verlust Livlands, bevor er sich dort so recht hatte etablieren können. Mindaugas (Mindowe), der einzige litauische König, ließ sich 1253 aus politisch-taktischen Gründen und daher nur zum Schein römisch-katholisch taufen und überließ Samaiten den Rittern. Wäre diese Entscheidung wirklich vollzogen worden, wäre also Mindaugas wirklich getauft worden, dann wäre der Missionsauftrag des Ordens beendet gewesen, kaum daß er begonnen hatte: Wo es Christen gab, bedurfte es weder einer Missionierung noch ordensritterlicher Einsätze und Kämpfe mehr.

Die Ironie der Geschichte: Mindaugas verpflichtete sich in einem Vertrag mit dem Deutschen Orden, sich taufen zu lassen und zugleich die Oberherrschaft über Litauen an den Orden abzutreten; der Orden wiederum erklärte Mindaugas für den rechtmäßigen Herrscher über die

Litauer. Dieser war aber ein Schwindler: Die zum Schein vorgenommene Taufe widerrief er später, und die Abtretung Samaitens konnte er gegenüber seinen Landsleuten ohnehin nicht durchsetzen. Also blieb der Vertrag unerfüllt und unerfüllbar.

Litauer und Kuren machten dann 1260 den Rittern bei Durbe, nördlich von Libau, militärisch eindeutig klar, daß sie sich ihrer Oberherrschaft nicht fügen würden. Die Folge dieser vernichtenden Niederlage war der zweite große Preußenaufstand. Mindaugas profitierte nicht lange von seiner List. Denn ein Meuchelmörder aus den eigenen Reihen bereitete ihm ein plötzliches Ende. Danach gingen die Litauer wieder getrennte Wege, allerdings nur noch für den Zeitraum 1260–1386 ein Dutzend Jahrzehnte. Dann ging auch den Litauern die wohltuende Saat des Christentums auf.

1309, in dem Jahr, als der Orden den brandenburgischen Markgrafen im Vertrag von Soldin die Rechte an Pommerellen abkaufte, fiel eine aus Sicht der Ritter und ihrer Zeitgenossen sehr viel grundlegendere Entscheidung. Der sonst wortreiche Ordenschronist Peter von Duisburg begnügt sich bei dieser Gelegenheit mit einem knappen Satz: «Im Jahre des Herrn 1309 kam Bruder Siegfried von Feuchtwangen, der elfte Hochmeister und der achtzehnte preußische Landmeister, nach Preußen und verlegte das Haupthaus, das seit der Zeit der Zerstörung der Stadt Akko in Venedig gewesen war, in die Burg Marienburg in Preußen.»[9] (Nach der Auflistung der Hochmeister des Deutschen Ordens (Seite 259) ist Siegfried von Feuchtwangen der fünfzehnte Hochmeister.)

Die letzten Jahre in Palästina

Der Deutsche Orden führte seit 1231 an drei Fronten, seit 1237 an vier Fronten zugleich Krieg: in Spanien, Preußen, Livland und Palästina.

Nach dem Tod von Sultan al-Kamil im Jahr 1238 stritten seine Söhne so heftig miteinander, daß ein türkisches Heer von Norden her ohne jede Schwierigkeiten das Heilige Land erobern und Jerusalem 1244 plündern konnte. Aber nicht nur die Araber leisteten keinen Widerstand, sondern auch die Christen nicht – die hatten nämlich noch immer nicht den glanzvollen Sieg des römisch-deutschen Kaisers verwunden. Wo wären denn auch die Europäer, zumal die unabhängigen fränkischen Barone, hingekommen, wenn sie die Erfolge des Staufers verteidigt hätten? Zumal der Kaiser ja wieder einmal mit der Kurie in heftigem Streit lag, erneut gebannt war und seine palästinensischen Pläne auf absehbare Zeit nicht weiter verfolgen konnte. Zu einem gemeinsamen Handeln konnten sich die Christen auch in der Stunde einer schweren Bedrohung wieder einmal nicht durchringen. Jerusalem fiel und zwar für immer. Die Europäer waren auf die Gebiete zurückgeworfen, die sie vor dem 5. Kreuzzug besetzt hatten.

Da sich der englische König innenpolitisch mit seinen Großen auseinandersetzen mußte, der römische Kaiser durch die Kurie blockiert, nämlich 1245 seines Amtes enthoben war und der Papst sogar zu einem Kreuzzug gegen ihn aufgerufen hatte, bemühte sich nun der französische König um das Heilige Land: Ludwig IX. mit dem ehrenden Beinamen der Heilige. Er segelte 1248 vom eigens angelegten Hafen Aigues-Mortes im Rhone-Delta ab (den er 1270 noch einmal benutzte): Der Hafen Marseille gehörte als Teil des Königreichs Burgund formell zum deutschen Reich und stand darum einer französischen Flotte nicht zur Verfügung. Allerdings ließ Ludwig den Bug seiner Schiffe zunächst nicht nach Südosten, ins Heilige Land, sondern nach Süden, nach Ägypten, nach Damiette richten. Aus der gleichen Überlegung heraus wie schon die Kreuzfahrer im Jahre 1217: Das Heilige Land müßte um so leichter zurückzuerobern sein, wenn man vorher den ägyptischen Sultan besiegt hätte.

Doch der stach die Europäer taktisch wieder einmal aus. Die Franzosen erlitten eine schwere Niederlage, und König Ludwig konnte seine Gefangennahme 1249 ein Jahr später nur durch die Zahlung eines erheblichen Lösegelds beenden. 1250 segelte auch er nach Akko, wo er insgesamt vier Jahre blieb. Von hier aus kümmerte er sich intensiv um die Befestigung der christlichen Städte und sorgte für eine gewisse Ruhe innerhalb der zerstrittenen Christenheit. Doch 1254 mußte er sich wieder um sein eigenes Land kümmern und nach Frankreich zurückkehren. Seine Kreuzzugskosten sollen übrigens so hoch gewesen sein wie die französischen Staatsbudgets von elf bis zwölf Jahren.

Aber die zeitweilige Ruhe, die Ludwig IX. in Palästina hinterließ, war trügerisch. Kreuzzüge fanden nicht mehr statt, weil die Kirche nicht mehr die Kraft dazu hatte. Die Fahrt ins Heilige Land zum Heidenkampf kam aus der Mode, die Christen hatten Rekrutierungschwierigkeiten.

Nur die Ritterorden hielten – mühselig genug – noch pro forma am Kampf um Palästina und die heiligen Stätten fest. In Wirklichkeit rissen sie immer mehr Macht an sich. Sie beherrschten in Palästina das Land, während die Italiener, Venezianer und Genuesen in den Städten den Ton angaben und die Mittelmeer-Schiffahrt beherrschten.[10] Ihre immensen Besitzungen in Europa hatten zur Folge, daß die Ritterorden auch in die Rolle von Bankiers gerieten: Sie verliehen Geld und transferierten Geld von einem Land in das andere. Untereinander waren sie sich keineswegs so freundschaftlich verbunden, wie man das von Streitern für das – doch so friedwillige – Christentum erwarten sollte. Es kam immer wieder zu kriegerischen Auseinandersetzungen zwischen ihnen.

Während sich also die Europäer im Vorderen Orient einander wie gewohnt systematisch lähmten und bekriegten, erwuchs ihnen in der Person des Mamelucken-Sultans Baibars ein höchst gefährlicher Gegner heran. Als Sklave von der Krim in die Mameluckengarde eingereiht, wurde Baibars zu dem Feldherrn, der die Mongolen in Palästina 1260 vernichtend schlug und damit den Mongolensturm endgültig abwehrte. Systematisch eroberte er sodann eine christliche Bastion nach der anderen: Es fielen Caesarea, Haifa, Toron, Jaffa und Antiochia. Zwar nahm Ludwig IX. 1270 noch einmal das Kreuz, doch richtete sich seine Fahrt von Aigue-Mortes jetzt wieder nicht nach Palästina, sondern nach Tunis in der Hoffnung, den tunesischen Emir zum Kampf gegen Baibars ermuntern zu können. Ludwigs Bruder Karl von Anjou hatte zu diesem Unternehmen geraten. Als der König noch im selben Jahr in Tunis starb, brach Karl das Unternehmen sofort ab. Nun hatte Baibars wieder freie Hand. Bei seinem Tod (1277), gehörten den Christen nur noch Akko, Tyros, Sidon und Tripolis.

Karl von Anjou, 1265 vom Papst mit Sizilien belehnt, hatte den letzten Staufer Konradin bei dessen Versuch, sich sein angestammtes Königreich zurückzuholen, gefangennehmen und 1268 in Neapel enthaupten lassen. Nun erhob Karl 1277 auch noch Anspruch auf das Königreich Jerusalem, nachdem er entsprechende Rechte von einer möglichen Erbin, von Maria von Antiochia, gekauft hatte. Doch nach der Sizilianischen Vesper 1282, in deren Folge Karl Sizilien verlor, mußte er auch seinen Anspruch auf Palästina aufgeben.

Doch der spielte realpolitisch jetzt ohnehin keine Rolle mehr: Infolge der militärischen Überlegenheit der Mamelucken war eine christliche Siedlung nach der anderen in die Hände des Sultans gefallen; die Stadt Akko, die letzte europäische Bastion, eroberte schließlich sein Nachfolger Baraka Khan am 18. Mai 1291. Zwar hatte der Deutsche Orden in letzter Minute noch eine beträchtliche Streitmacht aufgeboten, doch der Übermacht der Gegner war auch er nicht gewachsen. 240 000 Mann soll Baraka befehligt haben. Und er führte zudem völlig neues Kriegsgerät mit sich: Steinschleudern, die Breschen in die Stadtmauern zu schlagen vermochten, und Brandschleudern, die im Inneren der Stadt schwere Feuerschäden anrichteten. Nur wenige Christen überlebten die Straßenkämpfe des 18. Mai, unter ihnen auch der künftige Hochmeister des Deutschen Ordens, Konrad von Feuchtwangen (1291–1296).

Daß der Fall von Akko endgültig war, konnten die Zeitgenossen nicht wissen. Daher gab es immer wieder Bemühungen der verschiedensten Seiten, die Kreuzzugsbewegung erneut anzustoßen. Allerdings vergeblich. Die europäischen Ritter und Christen hatten das Land 1291 für immer verlassen.

Eine vernichtende Bilanz

Es sei noch auf einen Umstand hingewiesen, dem in der Fachliteratur nicht Rechnung getragen wird, dessen Bedeutung dennoch hoch anzusiedeln ist: Bei der zweihundertjährigen Belagerung christlicher und muslimischer Truppen in Palästina, bei all dem Erobern und Rückerobern, bei all der Zerstörung und dem Wiederaufbau ging immer auch ein Stück Natur verloren. Krieg und Belagerung – das bedeutete nicht nur den Kampf von Mann zu Mann oder das Aufbrechen der Verteidigung oder die Belagerung von Festungen. Viel wichtiger war es den Kriegsherren, die landwirtschaftlichen Grundlagen und mit ihnen die Lebensgrundlagen der Gegner zu zerstören. Bereits in der Antike hatte man die Taktik der «verbrannten Erde» entwickelt und angewandt.

Bei Jesaja 33,9 lesen wir (in der Lutherschen Übersetzung): «Der Libanon steht schändlich zerhauen, und Saron ist wie eine Wüste, und Basan und Karmel ist öde.» Doch diese Schäden waren bei Ankunft der Europäer wahrscheinlich weitgehend behoben. Jedenfalls waren die Eindringlinge über den Reichtum dieser Gegend und ihre Fruchtbarkeit mehr als überrascht. Selbstverständlich kannten die wenigsten Orangenbäume oder die anderen Früchte dieses Landes, wie Melonen, Feigen oder Granatäpfel, die dank einer ausgefeilten Wassertechnik überall gediehen.[11] All das wurde dann während der Kreuzzüge von beiden Seiten rücksichtslos zerstört.

Allein der unglaubliche Holzbedarf der Heere riß tiefe Wunden in die Waldbestände, denn so mancher Feldzug, so manche Eroberung wurden erst möglich, als man auf dem Seeweg Holz herbeigeschafft hatte. Holz brauchte man für die Nahrungszubereitung; für das wärmende Feuer zur Nacht; für die teilweise riesigen Belagerungstürme und -maschinen, um Stadtmauern überwinden zu können, für allfällige Schmiedearbeiten, für die Waffenherstellung und -handhabung. Im regenreichen Mitteleuropa konnten die Krieger Weinberge, Äcker, Wälder plündern – hier wuchs meist rasch nach, was der Mensch für sein Leben brauchte. Im Orient war das grundlegend anders: Da wurde die dünne Humusschicht sogleich unwiederbringlich verweht.

Mit dem Fall von Akko 1291 war zwar die Kreuzzugsbewegung noch nicht beendet, hatte aber unzweifelhaft eine bedeutende Zäsur erreicht. Nach dem Fall von Akko verlegte der Deutsche Orden seinen Hauptsitz nach Venedig. Diese Entscheidung wird von den Rittern nicht näher begründet. Tatsache ist jedoch, daß das Reichslehen Zypern, das er von Friedrich II. verliehen bekommen hatte, bereits 1229 verlorengegangen war und daher als Asyl nicht in Frage kam.

Überdies gehörte dem Deutschen Orden in Venedig bereits ein größeres Haus, das sich als Zentrale eignete. Vor allem hielt man sich von der Lagunenstadt aus noch ein Türchen zum Vorderen Orient hin offen. Auch die deutschen Ritter hatten noch nicht ganz die Hoffnung aufgegeben, eines Tages in Palästina wieder Fuß zu fassen. Andererseits kam es innerhalb des Ordens zu erheblichen Spannungen zwischen den «preußischen» und den «italienischen/orientalischen» Rittern über den weiteren Weg und die weiteren Ziele des Ordens.[12]

Venedig war daher vermutlich eine höchst willkommene Zwischenstation, Gelegenheit zu einer Denkpause. Ehe man Abschied vom alten Auftrag im Heiligen Land nahm, mußten zudem die preußischen Ritter, an ihrer Spitze der Landmeister, der um seine herausragende Stellung zu fürchten hatte, erst davon überzeugt werden, daß der Umzug der Ordenszentrale auch ihnen nutzen würde. Schließlich muß – jedenfalls aus der Rückschau – bedacht werden, daß der französische König seit 1307 den Templerorden systematisch zu vernichten begann (also eine ähnliche Drohung auch auf dem Deutschen Orden ruhen könnte) und der Papst 1308 zu einem Kreuzzug gegen Venedig aufgerufen hatte.[13] Das venezianische «Asyl» dauerte nur knapp zwanzig Jahre.

So wenig die Gründe für den zeitweilige Aufenthalt des Hochmeisters in Venedig erkennbar sind, so wenig nachvollziehbar ist im Grunde auch die Tatsache und der Zeitpunkt für seinen Umzug auf die Marienburg. In Preußen soll seine Sicherheit in höherem Maße gewährleistet gewesen sein als in Frankreich oder Italien. Vielleicht hatten aber die Ordensbrüder in der Heimat erkannt, daß sich der Aufwand einer Residenz in Venedig nun nicht mehr lohnte.

Der Bau der Marienburg

An der Marienburg baute der Orden schon seit 1279.[14] 1309 war sie noch nicht fertiggestellt, doch bauliche «Provisorien» hatten schon in Akko (bis zum Bau von Montfort, der Burg Starkenberg) bei der Unterbringung der Ordenszentrale keine Bedeutung gehabt; auch das große Haus in Venedig war ja nicht als Ordens- und Verwaltungszentrale konzipiert gewesen.

Die Marienburg ist eine der größten Burgen ihrer Zeit. Sie kann sich leicht mit dem Alcazar in Granada oder dem Papstpalast in Avignon messen. Sie ist die größte erhaltene Backsteinburg. Schon in der ersten Bauphase war sie die größte Burg des Ordens (etwa ein Drittel der heutigen Fläche, also sechs bis sieben Hektar); keine Burg im deutschen Reich oder im Vorderen Orient konnte sich mit ihr vergleichen.

1279 stand also schon mit der ersten Ausbaustufe der Marienburg eine riesige Bauaufgabe an, architektonisch wie organisatorisch: Da sie in das sumpfige Land der Nogat hineingebaut wurde, mußten ihretwegen etwa 6 000 mächtige Pfähle in den Boden gerammt werden. Vor Ort gab es nur Kies, Sand, Lehm und Holz. Kalk wurde von Öland beschafft, der Naturstein kam von Gotland; Werkzeuge, Eisen und Glas wurden importiert, aus oder über Lübeck. Zum Brennen der Ziegelsteine baute man eigene Öfen; man hat ausgerechnet, daß etwa 4,5 Millionen Ziegel in der Marienburg verbaut wurden. Nach Fertigstellung des ersten Bauabschnitts verwendete man auch die Ziegel der alten Burg Zantir, was den Fortschritt des Baus beschleunigte. Wege und Dämme mußten angelegt werden; schließlich waren Bauarbeiter zu gewinnen, unterzubringen und zu versorgen – und das alles zu einer Zeit, in der die Pruzzenkriege zwar dem Ende entgegengingen, aber noch nicht beendet waren.

Zantir war ehemals eine pruzzische Burg gewesen und lag etwa achtzehn Kilometer nogataufwärts an der Spitze des Werders bei Montau. Sie war 1233 an Bischof Christian von Preußen und 1250, nach mehrfachem Besitzwechsel, auf Schiedsspruch des päpstlichen Legaten und mit Zustimmung Sambors II. endgültig an den Orden gekommen. Seine Ritter scheinen indes mit der Lage oder der baulichen Gestalt der Burg nicht so recht zufrieden gewesen zu sein.

Angeblich soll die Marienburg ursprünglich nur als Komturssitz geplant gewesen sein, als Sitz einer durchschnittlichen Niederlassung also, um den bisherigen Verwaltungssitz auf der Burg Zantir zu ersetzen.[15] Diese These erscheint nicht zwingend glaubwürdig. Der Name der neu zu bauenden Burg lautete von Beginn an Marienburg: Als Referenz an die Patronin des Ordens. Zudem war «Marienburg» auch der Name der Hauptburg des Deutschen Ordens im Burzenland. Darum muß man den Namen als Programm ansehen und als Hinweis darauf, daß von Baubeginn (1279) an weitergehende Pläne mit dieser Burg verbunden waren. Gestützt wird diese These auch dadurch, daß der Stadt Marienburg, die zu diesem Zeitpunkt noch keine bedeutende Siedlung gewesen sein konnte (so wenig wie seinerzeit die Gründungen Kulm oder Thorn), dennoch schon 1286 Stadtrechte verliehen wurden – auch hier kann ein planmäßiges Vorgehen des Ordens angenommen werden.

Noch heute beeindruckt der riesige Burgkomplex an der Nogat, dem einen Mündungsarm der Weichsel, der in das Frische Haff führt, den Besucher. Eine Schleife der breiten Nogat bot Sicherheit von der Wasserseite, die Landseite war durch Sümpfe geschützt. Nirgendwo sonst präsentiert sich der Orden, präsentiert sich seine Geschichte so machtvoll – und so bedrückend – wie hier.

Die Bedeutung der geographischen Lage der Marienburg im Zentrum des Ordenslandes Preußen ist vielfach betont worden.[16] Doch das dürfte wieder einmal nur eine Überlegung aus der Rückschau sein, denn diese zentrale Lage entstand schließlich erst nach dem Rückzug aus Palästina und dem Erwerb Pommerellens, also endgültig 1309. Da war aber die Ortswahl für die Marienburg nicht nur schon längst getroffen, sondern der Gebäudekomplex bereits errichtet und zumindest als größere Komtursburg weitgehend vollendet. Beide Entscheidungen konnten bei Baubeginn 1279 noch nicht vorhergesehen und daher auch nicht vorausgeplant worden sein.

Auch muß man sich fragen, inwieweit die Menschen des ausgehenden 13. Jahrhunderts überhaupt in der Kategorie «geographisches Zentrum» und an die etwa gleich gute Erreichbarkeit aller Grenzen des eigenen Herrschaftsbereichs dachten. Mag für Preußen eine solche Überlegung noch begründet sein, so doch nicht für den Gesamtbesitz des Ordens, der zu dieser Zeit über Besitzungen von Spanien bis Preußen, von Flandern bis Palästina verfügte. Da hätte doch eher Venedig im Zentrum gelegen und nicht etwa Preußen. Die Vertreter dieser «Zentrums»-These haben den Deutschordens*staat* der späteren Zeit vor Augen.

Die Marienburg war von vornherein erheblich größer angelegt als die bisher von Ordensleuten im Pruzzenland errichteten Burgen. Ihr Areal betrug etwa ein Drittel des heutigen Baubestands. Schon von Beginn an planten die Architekten der Marienburg das Hochschloß in seiner jetzigen Größe (allerdings noch ohne ausgebauten Ostflügel); sie konzipierten die Marienburg in einer Größe und funktionalen Differenzierung, die sie bei vergleichbaren späteren Bauaufgaben nicht einmal in Preußen (schon gar nicht im Reich) realisierten. Das prunkvolle Eingangsportal zur Kapelle im nördlichen Flügel, die Goldene Pforte, war schon vor 1300 vollendet. Kann man sich ein solches Kleinod in einer einfachen Komtursburg vorstellen?

Dieses immense Bauvorhaben wurde 1279 begonnen – zu dieser Zeit war der Pruzzenaufstand noch nicht beendet und sein Ende noch nicht absehbar (erst 1283).

Kein Autor erklärt schließlich, warum denn der Orden diese von Anfang an für einen Komturssitz doch wirklich überdimensional große Burg überhaupt plante und gerade hier baute. Für diese Ortswahl muß es (da die geographisch bestimmte «Zentrums»-These nicht in Frage kommt) andere, uns nicht bekannte Gründe gegeben haben. Ob Komtur Heinrich und der Orden schon 1279 gewußt oder geahnt haben, daß hier einmal ein Zentrum für Preußen entstehen könnte?

Ein Vierteljahrhundert nach Baubeginn und zu einem Zeitpunkt, als die erste Bauphase im wesentlichen abgeschlossen war, entschloß sich der Hochmeister Siegfried von Feuchtwangen, die Zentrale des Ordens auf die Marienburg zu verlegen. Für diese Entscheidung gab es viele Gründe. Auf einen dieser Gründe wurde aber bisher noch nicht hingewiesen: Die Marienburg war europaweit mit Abstand die größte Burg des Ordens. Und die mit Abstand bequemste und luxuriöseste (schon während des ersten Bauabschnitts). Was also hätte den Hochmeister bewegen sollen, sich statt für die Marienburg für eines der Häuser des Ordens (beispielsweise in Koblenz oder Frankfurt oder für eine der Burgen des Ordens (wie Gundelsheim oder Mergentheim) zu entscheiden?

1275 zerstörte Sultan Baibars die Burg Starkenberg in Palästina, das bisherige Ordenszentrum. Die Ritter traten den Rückzug nach Akko an, von wo sie zwei Generationen zuvor ausgezogen waren. Doch diese Stellung und ihre langfristige Sicherung waren längst fragwürdig geworden und gaben sicher Anlaß zu Überlegungen innerhalb des Ordens, wie lange man sich hier noch halten könnte und was im Notfall zu geschehen habe. All das blieb auch den Ordensbrüdern im fernen Preußen nicht verborgen.

Siegfried von Feuchtwangen (1303–1311) hat die Verlegung der Ordenszentrale von Venedig auf die Marienburg nicht lange überlebt. Sein Nachfolger wurde 1311 Karl von Trier, der erste in Preußen gewählte Hochmeister, doch regierte er nicht immer von der Marienburg aus. Seine zunächst auf Ausgleich bedachte Regierungszeit wurde jüngst untersucht.[17] Nach nur sechs Jahren setzten ihn ordensinterne Opponenten

1317 wegen «innerpreußischer Querelen»[18] ab. Er zog sich in seine Heimat an die Mosel zurück, widerrief, da ihn die Ordensbrüder im Reich weiterhin unterstützten, seine Demission und regierte von dort offenbar unangefochten bis zu seinem Tod 1324; die Wiedereinsetzung in sein Amt 1319 erlebte er nicht mehr in Preußen. Noch eine für die Ordensgeschichte außerordentlich wichtige Entwicklung leitete Karl von Trier ein: «Wie das Hochmeistertum nach Karl ganz im preußischen Ordensstaat aufging, so entwickelte im Reich der Deutschmeister eine eigenständige Souveränität durch enge Anlehnung an das Königtum.»[19]

In diesen dreizehn frühen Jahren war die Marienburg die meiste Zeit faktisch also nicht Sitz der Ordenszentrale. Dennoch begann man mit erheblichen baulichen Veränderungen und Erweiterungen. Das Hochschloß war schon fertiggestellt und bot dem Hochmeistervertreter, dem Großkomtur, den anwesenden Rittern wie den Gästen einen höchst würdigen und zugleich auch ungewöhnlich komfortablen Aufenthalt mit seinem Kapitelsaal, dem Konventsremter und dem Dormitorium, aber auch der Schloßkirche und dem «Dansker», der über der Nogat errichteten und über einen gedeckten Gang erreichbaren Toilette.

Karl von Trier nahm an einer anderen, nicht minder wichtigen Stelle Einfluß auf die künftigen Geschicke des Ordens. Im Schicksalsjahr 1309, in dem sich der Deutsche Orden für die Marienburg als künftigem Zentrum entschied, zog auch der päpstliche Hof nach Avignon um. Die Kurie begab sich damit faktisch unter die Kontrolle des französischen Königs. Und der hatte zwei Jahre zuvor seinen Blick auf die immensen Besitzungen des Templerordens gelenkt. Einigen Historikern zufolge hätte ein ähnliches Schicksal nun auch dem Deutschen Orden drohen können.[20] Demnach war es gut, in dieser kritischen Situation am päpstlichen Hof antichambrieren zu können. Und eben dies tat Hochmeister Karl von Trier (der vor seiner Wahl viele Jahre in Frankreich verbracht hatte), der «wohl noch im Jahr 1318»[21] nach Avignon reiste.

Es war auch die Zeit, in der wegen der Übernahme Pommerellens Gerichtsverfahren bei der Kurie angestrengt waren (seit 1310); schließlich gab es bei der Kurie auch noch einen Rechtsstreit mit Erzbischof Friedrich von Riga. Ein guter Kontakt zur päpstlichen Bürokratie und die Möglichkeit zur Einflußnahme auf die päpstlichen Entscheidungen waren da gewiß nicht zu unterschätzen. 1317 hatten die Johanniter ihren Großmeister Fulk von Villaret gestürzt; Papst Johannes XXII. hatte ihn gegen den Willen seiner Brüder bis zum Schluß gestützt; diese Haltung beeindruckte auch die Deutschordensritter in Preußen mit der Folge, daß Karl von Trier 1319 wieder in sein Amt als Hochmeister eingesetzt wurde. Ulrich Niess legt überzeugend dar, daß der schwerkranke Karl von Trier nicht ein zweites Mal nach Avignon reiste, also auch die Revision des Gerichtsverfahrens um Pommerellen nicht selbst erreichte.

Exkurs: Das Schicksal der Templer

Auch wenn das Schicksal der Templer den Deutschen Orden nicht unmittelbar berührt hat, soll es im Folgenden in aller Kürze skizziert werden: Während die Johanniter sich auf Rhodos bis 1523 und seit 1530 auf Malta noch des wachsenden Drucks durch das Osmanische Reich zu erwehren suchten, wurden die Templer in einer konzertierten Aktion von König Philipp IV. von Frankreich und Papst Clemens V. ausgeschaltet. Zwischen August 1307 (päpstliche Anordnung einer Untersuchung), September 1307 (Anordnung zur Verhaftung der Templer durch den französischen König), Dezember 1307 (Verhaftungen der Templer in England, Irland, auf der Iberischen Halbinsel und in anderen europäischen Regionen, lediglich in Italien konnten sich die Templer entziehen) bis 1312 (Verbot des Ordens durch den Papst) wurden die Ritter der Häresie, der Ketzerei, des Götzenkults, der Sodomie und Homosexualität angeklagt, für schuldig befunden, verurteilt, enthauptet, verbrannt, enteignet. Daß es bei diesem Prozeß nicht mit rechten Dingen zuging, daß es zu keinem ordentlichen Gerichtsverfahren kam, Recht verdreht wurde und Geständnisse erpreßt wurden, liegt auf der Hand.

Niemand stand den Templern bei. Aber wer hätte das tun können? Jedenfalls keine weltliche Macht im schon damals zentral regierten französischen Königreich. Auch der Papst befand sich faktisch unter der Kuratel des Königs. So nahmen denn die Dinge ihren vorhersehbaren und vorgegebenen Lauf: Der Orden wurde aufgelöst und verboten, seine Besitztümer wurden beschlagnahmt, die führenden Ordensritter verurteilt und hingerichtet. Maßlos und in jeder Hinsicht rücksichtslos hatte sich der französische König durchgesetzt.

Der Besitz des Templerordens fiel in Spanien zum Teil an die Krone oder den Landesadel, in Portugal übernahm ihn der soeben gegründete Christusorden; in England wandelte der König die zunächst vereinbarte Treuhänderschaft alsbald um in materielle Wohltaten für treue und erprobte Anhänger; in Frankreich ging der Ordensbesitz in wesentlichen Teilen an die Johanniter. Die königlichen Beamten verzögerten allerdings die Übergabe nach Kräften. Und für die treuhänderische Verwaltung erhob der König noch eine Gebühr von 200 000 Pfund.

Drei Gründe sollen den französischen König Philipp den Schönen bewogen haben, derart massiv gegen die Templer vorzugehen: 1. der materielle Besitz des Ordens, den die jahrzehntelange Propaganda allerdings als wesentlich höher behauptet hatte, als sich aus den minutiösen Aufzeichnungen der französischen Bürokratie ergibt. 2. Dem König wird unterstellt, geplant zu haben, Großmeister des Johanniterordens werden zu wollen, und so hätte die Konkurrenz verschwinden müssen. Johanniter und Templer hatten beide die Tür zu solchen Überlegungen aufgestoßen, als sie – teilweise in Abwehr – dem Papst gegenüber laut über eine (schon auf dem 2. Konzil von Lyon 1274 angestoßene) Zusammenlegung der drei großen Ritterorden nachgedacht hatten. 3. Die international agierenden Ritterorden paßten nicht in die Lebenswelt eines sich zu einem modernen Staat wandelnden Gemeinwesens wie den französischen Staat.

Die Brüder des Templerordens hatten schon im vergangenen Jahrhundert gar nicht so viele Kreuzritter ausrüsten können, wie ihnen Besitztümer und Geld zugewandt wurden. Sie horteten Vermögen und wurden immer reicher – ein Umstand, der die Ritter zu einem weniger der Ordensregel gerechten Leben verleitet haben soll. Überdies gab es nach dem Fall Palästinas für die Erfüllung des vierten Gebots der Ordensritter, den Kampf für das Christentum, kein rechtes Einsatzfeld mehr. In Spanien waren eigene Orden gegründet worden, in Preußen kam der Deutsche Orden zum Zuge, und an der Südostfront, auf Rhodos, hatten sich die Johanniter niedergelassen. Wo also hätte man sie einsetzen können?

Die Hochblüte des Deutschen Ordens

Der Entwicklungsstand

Das 14. Jahrhundert zeigt den Deutschen Orden auf der Höhe seiner wirtschaftlichen und politischen Macht, begleitet von einer kulturellen Blüte ohnegleichen. Zwar herrscht er auch jetzt keineswegs unangefochten, aber es gelingt ihm, sich seiner Gegner zu erwehren, sie auf Abstand zu halten, obwohl er die Litauer nicht in die Knie zwingen kann. Zu keiner Zeit waren seine persönlichen Verbindungen mit Westeuropa und damit der kulturelle Austausch mit dem Westen so intensiv wie in diesem Jahrhundert.

Der Orden wurde im 14. Jahrhundert reich, weil die meisten Kreuzritter die Kosten für ihren Kriegszug selbst trugen und mit dem Geld, das sie mitbrachten oder sich in Preußen geliehen hatten, den Reichtum des Landes mehrten. Das kolonisierte Land brachte dem fast einzigen Grundherrn beträchtliche Einkünfte – Steuern mußten die Untertanen erst ab dem 15. Jahrhundert zahlen. Zudem beteiligte sich der Orden erfolgreich am hansischen überregionalen Handel, hatte sich seit 1308, seit dem Fall Danzigs, das Monopol auf den Bernsteinhandel vorbehalten und übte auch eine «intensive industrielle Tätigkeit» aus (Mühlen, Schmieden, Walkereien, Sägewerke, Hütten, Schleifereien, Mälzereien).[1]

Damit konnte sich der Orden den inneren Landesausbau in Preußen und Livland, eine kulturelle Hochblüte und kriegerische Kämpfe zugleich leisten. Schon die Kriegs- und Logistikkosten in und nach Palästina dürften erheblich niedriger gewesen sein als die Einnahmen in Europa. In Preußen, Livland und Litauen lagen die Kriegskosten gewiß noch niedriger als im Vorderen Orient; also wird die Differenz zwischen den Ausgaben und den Einnahmen gegenüber früher noch einmal gestiegen sein. Die Einnahmen im Reich blieben überdies bis zur Mitte des 14. Jahrhunderts, bis zur Agrarkrise und zu den Pestzügen, wohl gleich hoch, während die Kosten für Palästina wegfielen.

Der Ordensstaat in Preußen war sehr gut organisiert. Er trug daher reiche Früchte und dürfte, trotz des Aufwands für die endlosen Scharmützel, trotz des teuren Burgenbaus im Land und an der Grenze zu Litauen sowie des gewaltigen Umbaus der Marienburg erhebliche Gewinne abgeworfen haben. Dieser Reichtum ergibt sich allein schon aus der Tatsache, daß der Orden, der seinen Untertanen gegenüber eine Schutzpflicht eingegangen war, die Schäden, die ihnen durch die immer wiederkehrenden litauischen Verwüstungen entstanden, stets rasch und reichlich vergütete. Nur so konnte er den Abzug seiner Bauern und Bürger verhindern. Wie reich er war, ergibt sich aus der Tatsache, daß er nach der Schlacht von Tannenberg/Grunwald 1410 beträchtliche Geldentschädigungen an seine Gegner zu leisten vermochte.

Die Litauen-«Reisen» des europäischen Adels

Die Kriegskosten des Ordens wurden auch dadurch gesenkt, daß «ganz Europa», zumindest soweit es auf eine Hochachtung in Ritterkreisen Wert legte, nach Preußen kam, um gegen die Heiden zu kämpfen.[2] Eine Zeitlang war es in europäischen Adelskreisen Mode, den Orden auf seinen «Reisen» kämpfend zu unterstützen (im Mittelhochdeutschen hatte «reisen» noch die Nebenbedeutung: «Heerfahrt»; auch im heute nur noch selten gebrauchten Wort «Reisige» für Söldner ist diese Wurzel noch erkennbar). Ihnen galt es als besonders erstrebenswert, den Ritterschlag anläßlich des Kampfs gegen die Heiden zu erhalten. Noch höher schätzten sie allerdings die Einladung an den «Ehrentisch», den der Hochmeister seit 1374 für besonders verdiente Streiter – vor allem aber für die, die ihre Reisekosten selber trugen – ausrichtete. Der Ehrentisch fand in des «Meisters Großem Remter» statt.[3] Eine Einladung dorthin war in Ritterkreisen die höchste Auszeichnung.

Großer Remter des Hochmeisters. Marienburg, um 1330/50. Aquatintablatt 1799.

Oberster Leiter der militärischen Aktionen gegen die Litauer war selbstverständlich der Hochmeister selbst, er organisierte und verantwortete den Feldzug in allen Einzelheiten; doch meist nur nominell. Entlastet wurde er vom Obersten Marschall, gelegentlich sogar von den örtlichen Komturen.

Die Kreuzzüge gegen Litauen waren militärische Maßnahmen; sie gehörten zur mittelalterlichen Ritterkultur und waren zugleich ihr Ausdruck. Getragen wurden sie von den christlichen Idealen der westeuropäischen Ritter, die mit Sicherheit auch von Abenteuerlust bestimmt waren. Nicht ohne Grund wird auch auf den «sportlichen» Charakter solcher Reisen verwiesen, daß also «rittergemäße Unterhaltung» den Teilnehmern wichtiger gewesen sei als Kampf für das Christentum. Früher wurde den Helden noch ein anderes Motiv unterstellt: Das Abendland hätten sie verteidigen wollen, schrieben unter anderen Leopold von Ranke und Erich Maschke.[4]

Aber bei aller Hochachtung vor diesen Historikern: Das hieße denn doch, den Rittern Motive zu unterstellen, die sie sehr wahrscheinlich gar nicht kennen konnten: Zwar gab es das «Abendland» bereits als verschwommene politische Idee –, aber daß mittelalterliche Ritter dieser Idee folgten und ihretwegen nach Preußen und Litauen reisten, ist höchst unglaubwürdig.

Zu den mittelalterlichen Vergnügungen auf den Litauer-Reisen gehörte auch die vom Orden geförderte Falkendressur. Falken waren höchst wertvolle Geschenke; darum dienten sie wie auch andere Beizvögel der Erhaltung der Freundschaft.

In das Umfeld «rittergemäße Unterhaltung» gehört auch die Meldung, daß die Kreuzritter in den Zeiten, in denen sie gerade nicht die Litauer bekämpften – und das war, entgegen allen Vermutungen, sehr häufig – aus Langeweile Würfel spielten – das von der Kirche am meisten verdammte Glücksspiel. Dagegen hätte die Kirche eigentlich massiv vorgehen müssen. Doch die Androhungen von irdischer und himmlischer Strafe scheinen die Ritter nicht weiter gestört zu haben. Der eine Fall, der aktenkundig wurde (der spätere Kaiser Karl IV. notierte ihn), spielte sich in allerhöchsten Kreisen ab: Graf Wilhelm von Holland schröpfte 1344/45 den jungen ungarischen König Ludwig beim Würfelspiel um 600 Gulden, eine gewaltige Summe. Doch in diesen Kreisen gestattete die Kirche bezeichnenderweise Ausnahmen. So besaß der Hochmeister ausdrücklich die Genehmigung, um Geld spielen zu lassen. In der Ordensburg Wenden in Livland wurde bei Ausgrabungen ein Würfel aus dem 16. Jahrhundert gefunden: Zu diesem Zeitpunkt war das Würfelspiel dann wohl endgültig hoffähig geworden.

Die Teilnehmer der litauischen Kreuzzüge kamen aus allen Gegenden Europas und aus allen Adelshäusern: Könige, Herzöge, Grafen. Die Anreise war durchaus nicht immer ungefährlich – es wird von Überfällen berichtet, bei denen Kreuzritter von westfälischen, thüringischen, mecklenburgischen oder pommerschen Adligen aufgebracht und nur gegen Lösegeld freigelassen wurden. Das sprach sich bei den Kreuzrittern herum, so daß sie über Land meist wenig Geld mitnahmen oder den Seeweg bevorzugten. Offensichtlich bestand damals schon die Möglichkeit, wenigstens in den größeren preußischen Städten, Kredite aufzunehmen, oder man hatte geldwerte Papiere in den Satteltaschen, die bei den großen Kaufleuten oder beim Orden eingelöst werden konnten. In der Regel reiste man in größeren Gruppen und führte nicht nur Hausrat und Essensvorräte mit, sondern einen ganzen Troß von Hofbediensteten, vom Herold bis hin zum Quartiermacher.

Kredite benötigten die Ritter aber nicht nur für ihre «Reise»: In diesem Zusammenhang muß auf das reiche Kaufangebot von Ritterbedarfsgütern hingewiesen werden, das aus dem Preußen dieser Zeit überliefert ist und für die es in diesem Umfang gewiß keinen landeseigenen Bedarf gab. Es wurden Kleidung, Schmuck, Luxusartikel bis hin zu Schildmalerei und Bildern angeboten. Die umfangreichste Sammlung von Kreuzritterbildnissen – es waren Fresken – soll es im Königsberger Dom gegeben haben. So entstand «eine Ruhmeshalle des europäischen Adels».[5]

Wenn die Ritter dann gegen den Gegner zogen, waren die Gefahren unberechenbar; im Sommer versanken die Kämpfer im Sumpf (außerhalb des Ordensgebiets gab es keine Straßen), im Winter hatten sie sich mit Schnee und Eis herumzuschlagen. Die «Reisenden» waren in der Regel mehrere Monate unterwegs, wobei sie allein für die An- und die Abreise jeweils bis zu sechs Wochen benötigten.

Selbstverständlich konnte sich nur die Spitze der europäischen ritterlichen Gesellschaft diese «Reisen» leisten. Der Durchschnittsritter im Westen verfügte im 14. Jahrhundert schon längst nicht mehr über genügend Einkünfte oder Eigentum, aus dem er einen solchen «Kreuzzug» hätte finanzieren können. Denn die einfachen Ritter auf der untersten Stufe der Lehenshierarchie litten als erste unter den wirtschaftlichen Krisen dieses Jahrhunderts: Die Klimaverschlechterung seit den zwanziger Jahren wirkte sich auf die Ernten und damit auf die direkten Einkünfte aus; die Pestwellen der vierziger Jahre reduzierten die Bevölkerung teilweise dramatisch und damit die Zahl der Menschen, die den Rittern zins- oder leistungspflichtig waren.

Die Zahl der «Reisenden» war nicht bemerkenswert groß; man darf nicht mit Hunderttausenden, nicht einmal mit Zehntausenden in einem Jahrhundert rechnen, wie (angeblich) einst noch in Palästina: Es waren vielmehr immer nur höchstens ein paar Hundertschaften auf den etwa dreihundert nachgewiesenen «Reisen» zwischen 1305 und 1409.

Über die Litauer-Kriege des Deutschen Ordens im14. Jahrhundert läßt sich nicht viel Spektakuläres berichten. Feldschlachten nach antikem Muster gab es nicht; es waren Scharmützel. In den Sommermonaten beteiligten sich die Ritter gerne am Burgenbau des Ordens. Ansonsten aber waren es Raub- und Verwüstungszüge der Art, wie sie für die Militärtechnik dieser Zeit charakteristisch waren, nach dem Motto: Zerstöre die Nahrungsgrundlagen der Gegner, wenn du siegen willst. Totschlag der Zivilbevölkerung war ebenso erlaubt wie Vergewaltigung, Raub- und Verwüstungszüge – auf beiden Seiten, denn auch die Litauer ließen den Orden und seine Untertanen nicht in Frieden leben. Das große Vorbild für diese Art der «Kriegsführung» war König Eduard III. von England (1312/1327–1377), der auf französischem Boden seit 1341 «Reiterzüge» durchführte, die nichts anderes waren als erbarmungslose Brandschatzungen mit reicher Beute und bedeutenden Lösegeldern für den englischen Adel. Der Unterschied bestand aber darin, daß bei den Litauern kaum Beute zu erhoffen war.

Litauen zählte wohl in dieser Zeit nur wenige hunderttausend Einwohner. Woher die Litauer die Kraft nahmen, nach all den Zerstörungen immer wieder aufzubauen und gegen einen wirtschaftlich und militärisch überlegenen Gegner weiterzukämpfen, wird nirgends erläutert, auch nicht von den einheimischen oder den polnischen Autoren.

Bei diesem fast ein Jahrhundert währenden Kleinkrieg waren die Litauer ganz auf sich allein gestellt. Zwar gab es Partnerschaftsverträge mit den Nachbarn, aber das half dem einzelnen Dorf kaum, wenn es plötzlich abgebrannt wurde oder einzelne Familien totgeschlagen wurden. Obwohl sie nicht so reich wie der Orden waren, der außer den eifrig herbeieilenden westeuropäischen Kreuzrittern ein gewaltiges wirtschaftliches Potential in die Auseinandersetzungen einbringen konnte, hielten die Litauer durch und behielten letzten Endes sogar die Oberhand.

Es ist daher anzunehmen, daß das Ausmaß der Litauer-Kriege nicht so überwältigend groß und die Zerstörungen nicht so gravierend waren, wie es die zeitgenössischen Berichte – in mittelalterlicher Übertreibung – überliefert haben. Jedenfalls sind im 14. Jahrhundert in Litauen nicht Millionenheere aufeinander geprallt.

Der Umbau der Marienburg

Der Entscheidung von 1309, die Ordenszentrale von Venedig auf die Marienburg zu verlegen, folgte ein Um- und Neubauprogramm ohnegleichen, obwohl die Burg den Zeitgenossen ohnehin schon prächtig und großartig erschien. Die Ritter wollten in Preußen noch größere Akzente setzen, sowohl baulich als auch im übertragenen Sinne.

Erleichtert wurde die Umsetzung der Baumaßnahmen durch die langjährige Abwesenheit des Hochmeisters Karl von Trier, die von den Rittern und Baumeistern, den Maurern und Hilfsarbeitern konsequent und geschickt genutzt wurde. Am Umfang gemessen wurden die Erweiterungs- und Neubauten zügig, gemessen an den Notwendigkeiten einer Verteidigung optimal (die Marienburg wurde militärisch nie erobert) und nach kunsthistorischen Maßstäben zudem in überaus prächtiger Weise durchgeführt. Zunächst wurden seit 1309 das Mittelschloß (auf der bisherigen Vorburg) und die neue Vorburg in Angriff genommen. Dann wurde das bisherige Hochschloß 1334–1344 nahezu völlig neu geplant und gebaut, nur die Keller und die Erdgeschosse von Nord- und Westflügel blieben erhalten, der Ostflügel, bislang nur Wehrmauer,

Das Schloß des Hochmeisters in der Marienburg. Gemälde von Domenico Quaglio, 1837.

wurde zusätzlich ausgebaut. Alles andere wurde abgerissen und neu aufgeführt.[6]

Das Hochschloß nahm nach seiner Fertigstellung die Ritterbrüder auf. Ihnen standen neben Schlafräumen auch Speiseraum, Refektorium und Herrenstube zur Verfügung. In letzterer gab es einen großen Kamin sowie eine Wandloge, aus der heraus Sänger und Spielleute ihre Lieder vorgetragen haben sollen. Den musikalischen Freuden von Hochmeistern, Rittern und Gästen diente auf der Marienburg eine eigene Hofkapelle. In den Ordensrechnungen des ausgehenden 14. Jahrhunderts sind sogar Ausgaben für Unterhaltungskünstler verbucht. Zu einer Bibliothek reichte es selbstverständlich nicht, aber nach den Inventaren verschiedener Ordensburgen gab es zumindest auch einige Bücher, nicht nur auf der Marienburg. Da aber die Ritter noch nicht alle lesen und schreiben konnten, wurden die Texte, meist erbaulichen, juristischen oder medizinischen Inhalts vor allem bei der Mahlzeit vorgelesen. Als Zeitvertreib war den Rittern das Schachspiel erlaubt.[7]

Der bisher hölzerne Kreuzgang wurde in Stein völlig neu errichtet. Im Westflügel, also flußseitig, wurden die repräsentativen Wohn- und Arbeitsräume des Hauskomturs und des Treßlers eingebaut. Der Nordflügel nahm den Kapitelsaal, d.h. die Tagungs- und Sitzungsstätte der Ritter, und die Marienkirche auf, die 1344 in der uns heute bekannten Form samt Unterkapelle (seither als Grabkapelle der Hochmeister bis 1449 genutzt) fertiggestellt wurde. Die mittlere Fensteröffnung an der Ostseite blieb geschlossen und beherbergte symbolträchtig eine etwa acht Meter große Statue der Muttergottes, der Namenspatronin der Kirche, der Burg und der Patronin des Ordens. Sie konnte und sollte von weitem gesehen werden. Darum war ihre Gestaltung auf Wirkung bedacht: Nische wie Statue waren reich bemalt und mit gläsernen Mosaiksteinen verziert, blaue Laibung mit goldenen Sternen, Nischenhintergrund goldglänzend, die Gewänder rot und blau mit goldenen Pflanzen- und Tiermustern. Diese Mosaiksteine, Schmalten genannt (in Glas eingeschmolzenes Kobaltoxyd), sollen aus Venedig stammen.

An die Stelle der bisherigen Vorburg trat das Mittelschloß, das Quartier des Hochmeisters und des Großkomturs. Diese prächtige «Dienstwohnung» des Hochmeisters, gelegentlich auch als Hochmeisterpalast bezeichnet, wurde allerdings erst zwischen 1383 und 1393 von Niklaus Fellenstein errichtet und gilt als das «vielleicht reifste Werk mittelalterlicher Backsteingotik».[8] Sie war der krönende Abschluß all dieser umfassenden Baumaßnahmen am Gesamtkomplex Marienburg.

Jahrzehnte zuvor schon waren der Remter und die Küche gebaut worden, in deren unmittelbarem räumlichen Anschluß dann der Hochmeisterpalast entstand. Des «Meisters Großer Remter» ist dreißig Meter lang und fünfzehn Meter breit, er ist der größte Saal in einer Ordensburg überhaupt; die facettenreiche Decke des zweischiffigen Raums wird von drei schlanken roten Granitsäulen getragen, kunstgeschichtlich wohl ohnegleichen. Die Marienburg und der prächtige Remter spiegeln den außerordentlichen Reichtum des Bauherrn wider.

Im Nordflügel schloß sich an diesen Remter die Firmarie an, das Spital. Sie bestand aus zwei quadratischen Räumen und einer Badestube mit Kammern. Einige Fachleute nehmen an, daß sich hier bis zur Fertigstellung seines eigenen Wohntraktes im Hochmeisterpalast die Hochmeisterwohnung befand. Zwischen dem Spital und dem anschließenden Arbeits- und Wohntrakt des Großkomturs lag das Torhaus in Richtung Vorburg. Der Neubau des Mittelschlosses wurde mit der Errichtung des Ostflügels abgeschlossen, mit dessen Bau man etwa 1360 begann und in dem die zahlreichen hohen Gäste logierten, die ihre eigene Toilette erhielten, auch hier in Form eines über dem Wasser gebauten Danskers. Nicht jedermann durfte als Gast dort logieren; die Kreuzritter mußten in der Regel in Gasthäusern in der Stadt wohnen.

Nogatabwärts wurde die Vorburg in erheblich erweitertem Umfang neu errichtet: Ihre Fläche ist größer als die von Hochschloß und Mittelschloß zusammen. Dort drängten sich im Karwan (Remise) die Waffen, Wagen, Schlitten, Pflüge, Sättel, Geschirre mit den dazugehörigen Ersatzteilen oder Rohstoffen; dort wurden Nahrungsvorräte für Menschen und Tiere in den Speichern eingelagert; dort gab es die Werkstätten, stand das Brau- und Malzhaus, war die Großschäfferei (Handelsgesellschaft des Ordens) untergebracht; dort wohnten all die Bediensteten, ohne die ein Ordensschloß, eine Ordensverwaltung, ein Ordensritter nicht auskommen konnten. Den Abschluß der Baumaßnahmen in diesem Bezirk bildete 1358 die Lorenzkapelle. Hochschloß und Mittelschloß waren von Wassergräben und landseitig von einer doppelten

Wehrmauer, Parcham genannt, umgeben, die von vielen Türmen bekrönt wurde. Auch die Vorburg war mit Wehrmauer und Wassergraben gesichert. Diese Wassergräben, die Haupt- und Vorburg sicherten, umgaben auch die Stadt Marienburg, die im Zusammenhang mit der Baustelle und eng an sie angelehnt entstanden war.

Hochmeister Winrich von Kniprode

In der zweiten Hälfte des 14. Jahrhunderts wurden die Geschicke des Ordens durch eine Persönlichkeit geprägt, deren Einfluß dem des Hochmeisters Hermann von Salza beinahe gleichkommt: Winrich von Kniprode. Vornehmlich ihm verdankte der Deutsche Orden seine Blütezeit; auf ihn ist aber auch die Hypertrophie zurückzuführen, mit der seine Nachfolger den politischen Problemen entgegentraten.

Er stammte aus einer Familie vom Niederrhein, die nördlich von Köln in Monheim beheimatet war, benannt nach dem Ort und der Burg Kniprath. Geburtsjahr und Eintrittsdatum in den Orden sind wie bei den meisten Rittern unbekannt. Erstmals wird Winrich von Kniprode 1334 und dann sogleich in herausgehobener Stellung genannt, als rechte Hand eines Komturs. 1338 wurde er Komtur von Danzig, 1341 Komtur von Balga, im Jahr darauf Ordensmarschall (bis 1346) und ein Jahr später Großkomtur (bis 1351). Dann wählten ihn die Ritter 1352 zum Hochmeister, der er bis zu seinem Tode 1382 blieb. Begraben wurde er in der Unterkapelle der Marienburg. In seiner Regierungszeit werden die meisten Bauvorhaben auf der Marienburg abgeschlossen; er hat wohl auch die Planungen für den neuen Hochmeisterpalast (begonnen 1383) noch mit beeinflußt.

Winrich von Kniprode war als Großgebietiger 1346 sicherlich an der Entscheidung beteiligt, Estland für 19 000 Mark Silber vom dänischen König zu erwerben. Nur ein Jahr zuvor war Hochmeister Ludolf König wegen eines mißratenen Litauer-Feldzugs seines Amtes enthoben worden. Auch an dieser Entscheidung dürfte Winrich mitbeteiligt gewesen sein. In seinen frühen Amtsjahren zog durch Preußen die Pest (seit 1349), wiewohl offenbar nicht so folgenreich wie andernorts.

Die Interessen des Ordenshochmeisters Winrich von Kniprode waren vielfältig: So ließ er beispielsweise Winzer aus Süddeutschland und

Winrich von Kniprode, Hochmeister des Deutschen Ordens 1352–1382.

Italien nach Preußen kommen;[9] der Ertrag soll bei 600 000 Litern gelegen haben – also doch nur eine kleine Rebfläche, nach heutigen Maßstäben vielleicht 100 Hektar.

Man plante auch, in Kulm eine ordenseigene Universität zu gründen.[10] Nach Winrichs Tod wurde aber dieser Plan nicht mehr weiter verfolgt, obwohl Papst Urban IV. ihre Eröffnung 1386 genehmigt hatte. Es wäre neben Prag, Wien und Heidelberg die viertälteste deutsche Alma mater gewesen. Geldmangel kann für den Verzicht nicht ausschlaggebend gewesen sein. Denn in dieser Zeit hatte der Orden so viel Geld zusammengetragen, daß er sich die Neumark verpfänden lassen und sie 1402 von Brandenburg endgültig erwerben konnte: Der ungarische König Sigismund, der zugleich auch Markgraf von Brandenburg war, hatte sich wegen der Türkenkriege auf diese Art Geldbeschaffung einlassen müssen. 1454, in einem für den Orden äußerst kritischen Jahr (Beginn des Dreizehnjährigen Kriegs), kaufte Kurfürst Friedrich II. von Brandenburg die Neumark wieder zurück.

Vor allem die Amtszeit dieses Hochmeisters ist von jenen in europäischen Ritterkreisen legendären «Litauer-Reisen» geprägt: Nach dem ersten erfolgreichen Versuch des Fürsten Mindaugas, die Litauer zu einigen, brach nach seinem Tod zunächst wieder Uneinigkeit auf, bis dann im ausgehenden 13. Jahrhundert unter Fürst Witen Litauen erneut zu einer Großmacht wurde. Auf der Grundlage der Erfolge seines Bruders dehnte Gedimin (1316–1341) das Herrschaftsgebiet Litauens bis kurz vor die Tore Moskaus und bis fast an das Schwarze Meer aus, beherrschte also weite Teile der heutigen Ukraine mit Kiew und des heutigen Weißrußland mit Minsk, bedrohte sogar den aufblühenden Staat der Moskowiter, der sich soeben von der Tatarenherrschaft zu befreien begann. Gedimin gründete auch die Stadt Wilna.

Gedimin, selbst Heide, herrschte über heidnische und russisch-orthodoxe Untertanen. Unter seinen Nachbarn bekannten sich die Polen und der Deutschordensstaat zur römisch-katholischen Kirche und die Russen zur orthodoxen Richtung des Christentum, während die Tataren Heiden waren. Gedimin war durch und durch Machtpolitker: Mal paktierte er mit den einen, mal mit den anderen, die alle wiederum miteinander und gegeneinander die gleichen Spielchen trieben. Alle versuchten stets, einander zu übervorteilen. Und dabei ging es offensichtlich nur um Macht, nicht etwa um Religion. Die war lediglich Vorwand. Da Gedimin seine diversen Pakte auch absichern mußte, verheiratete er – zeitgemäß – seine Töchter mal hierhin, mal dorthin mit der Folge, daß in seiner Familie alle Religionen und Bekenntnisse vertreten waren, was aber offenbar niemanden störte.

Witold, einer seiner Nachfolger, ein Vetter des 1386 zum römisch-katholischen Glauben übergetretenen Jagiełło, dem Enkel von Gedimin wiederum, fügte diesem politischen Spiel mit kirchlichen Mitteln eine weitere Variante hinzu: Je nach aktueller politischer Situation ließ er sich mal römisch-katholisch, mal russisch-orthodox taufen, mal agierte er wieder als Heide. Angeblich soll er fünfmal getauft worden sein – eine rekordverdächtige Leistung.

Gedimin vermählte Anna, eine seiner Töchter, 1325 mit Kasimir (III.), dem späteren König von Polen. Sie soll das erste Familienmitglied gewesen sein, das christlich getauft wurde. Wenig später ehelichte eine andere Tochter den Fürsten von Halitsch (heute Galizien) und Wolhynien. Gedimin brachte damit zwei Verbindungen zustande, die schon eine Generation später die Königswahl der polnischen Magnaten und die polnische Politik für die nächsten Jahrhunderte entscheidend prägen sollten: Polen dehnte seine machtpolitischen Interessen nach Litauen und nach Südosten in Richtung Schwarzes Meer aus.

Der Orden und die polnisch-litauische Union

Alle diese politischen und konfessionellen Scharmützel führten letztlich nur dazu, daß die führenden Geschlechter Litauens christlichem Gedankengut und christlicher Taufe nicht mehr feindselig gegenüberstanden. So war es eigentlich nur noch eine Frage der Zeit, wann sich wer welcher christlichen Konfession mit welcher langfristigen Wirkung anschließen würde. Das war sogar eine eminent politische Frage, die auch politisch entschieden wurde. Und zwar gemeinsam mit den Polen.

An dieser Stelle berührt sich der weitere Fortgang der Geschichte des Konflikts zwischen Litauen und dem Deutschen Orden wieder enger mit der polnischen Geschichte; hatten Litauer und Polen bislang getrennt gegen die Ritter gekämpft, so taten sie es seit 1386 gemeinsam: In Polen war 1370 mit Kasimir III. dem Großen der letzte Piastenkönig gestorben. Zwar gab es in den einzelnen Teilherzogtümern noch regierende Familienangehörige aus dem Hause der Piasten, doch die Wahlentscheidung der polnischen Magnaten für seine Nachfolge fiel zugunsten von König Ludwig dem Großen von Ungarn aus, des verstorbenen polnischen Königs Neffen. Ludwig erlangte die Zustimmung der Magnaten allerdings nur gegen deren weitgehende Befreiung von Steuern und Verpflichtungen gegenüber der Krone – ein Zugeständnis, das die weitere polnische Geschichte wesentlich beeinflußte.

Ludwig ließ sich 1370 in Kraukau krönen. Da er sich aber meistens in seinen angestammten ungarischen Regionen aufhielt, überließ er Polen alsbald der Regentschaft seiner Mutter Elisabeth, die sich wiederum, so heißt es, von Günstlingen leiten ließ. Ludwig hatte zwei Töchter, Maria und Hedwig/Jadwiga, und da er seine Nachfolge ordentlich regeln wollte (in Polen galt die weibliche Erbfolge), wurde eine Wahl durch die Magnaten nötig. Er mußte sie durch neue Privilegien erkaufen, indem er den wenigen Familien des polnischen Hochadels nahezu völlige Steuerfreiheit zusicherte. Im Privileg von Kaschau versprachen die Großen des Reichs, die Dame zu wählen, die Ludwig bestimmen würde. Und der wollte Hedwig in Ungarn, Maria in Polen.

Doch es kam – keineswegs überraschend – völlig anders. Beide Damen waren längst verlobt. Bei ihren jeweiligen Wahlentscheidungen mußten die ungarischen Adligen wie auch die polnischen Magnaten diese persönlichen Verbindungen berücksichtigen. Und damit drehte sich um das Kandidatinnenkarussell herum ein weiteres Kandidatenkarussell. Maria war Sigismund versprochen, dem Sohn des herrschenden deutschen Kaisers Karl IV., dem späteren ungarischen König und noch späteren deutschen Kaiser. Jadwiga sollte Wilhelm von Österreich ehelichen. Zunächst entschieden sich die ungarischen Adligen für Maria als neuer Königin – anders, als von Ludwig gewünscht. Das hätte bedeuten können, daß die Personalunion zwischen Ungarn und Polen hätte fortgesetzt werden können, was wiederum den polnischen Magnaten nicht gefiel. Sie planten daher einen neuen Coup. Vor allem die südpolnischen Magnaten, auf deren Stimmen es – wegen ihres größeren Gewichts – ankam, wählten Jadwiga/Hedwig zu ihrer neuen Königin. Sie wählten ihr aber gleich noch einen anderen Ehemann aus: den litauischen Großfürsten Jagiełło (litauisch: Jagailas).

Litauen nämlich hatte in den letzten Jahren in Wolhynien und Podolien bedeutende Erfolge für sich erringen können, und da lagen auch die Interessensgebiete eben der südpolnischen Magnaten. Das gerade erst dreizehnjährige Mädchen konnte sich gegen diese Ehre und Ehe selbstverständlich nicht wehren. Jagiełło (um 1351–1434), nach der Taufe Władisław II. und Begründer der jagiełłonischen Dynastie in Polen (bis 1572), mußte seine Aussicht auf die polnische Krone im Vertrag von Krewo 1385 mit einem Taufversprechen für sich und sein Volk erkaufen. Zudem mußte er versprechen, seine litauischen Länder der polnischen Krone anzufügen und früher verlorenes polnisches Terrain zurückzuerobern – um welches Gebiet es sich handle, wird nicht präzise gesagt. Aus dynastischen Interessen heraus öffnete Jagiełło Litauen zum Westen hin. Die Zusammenfassung zweier großer Reiche im Osten Europas ließen Litauen und Polen gemeinsam zu einer Großmacht werden. Vierhundert Jahre blieben die beiden Länder verbunden, bis andere Mächte über ihr Schicksal entschieden.

Jagiełło, der Litauer als polnischer König

Mit der Taufe und dem Übertritt Jagiełłos zum Christentum und seiner Heirat mit einer polnischen Prinzessin war ein Fall eingetreten, wie ihn sich der Orden schlimmer nicht hätte vorstellen können. Die Aussicht, daß die Litauer ohne Einwirkung des Deutschen Ordens zum Katholizismus übertreten könnten, war eine Gefährdung der Existenzgrundlage der Ritter. Noch bedrohlicher war: Im Kräfteverhältnis der in Osteuropa streitenden Parteien mit dem jetzt verbündeten, vielleicht sogar vereinten Litauen-Polen entstand ein überaus mächtiger Gegner. Doch die Ritter und ihr Hochmeister scheinen wohl die Schwierigkeit ihrer Lage nicht richtig eingeschätzt zu haben.

Jagiełło jedenfalls lud den Orden zu seiner Taufe, Hochzeit und Krönung im Februar/März/April 1386 nach Krakau ein. Er hatte sich den Hochmeister sogar als Taufpaten erbeten. Doch dieser zog es vor, zur gleichen Zeit in Litauen einzufallen und weiter Krieg zu führen, nicht einmal einen Vertreter oder einen Beobachter schickte er nach Südpolen.

Die Frage, warum sich der Hochmeister und der Orden zu diesem Zeitpunkt so offensichtlich unbeeindruckt zeigten, bewegt die Historiker schon lange.[11] Konnte der Orden darauf vertrauen, aus dieser für ihn möglicherweise prekären Situation ungeschoren davonzukommen? Konnten sich die Kreuzritter aus dem Westen in einer Lage fühlen, die wir verschiedentlich als «schwebend», also als immer noch revidierbar beschrieben haben? Was war grundlegend neu an dieser neuen Situation? Und warum hätte man auf sie reagieren müssen? Hatten sich denn nicht früher schon Angehörige des litauischen Fürstenhauses taufen lassen?

Im Unterschied zu früheren Taufaktionen im litauischen Fürstenhaus gab es diesmal einen schriftlichen Vertrag; zudem war die Wahl Jagiełłos zum polnischen König an klare Bedingungen geknüpft. Wenn Jagiełło sie nicht erfüllte, mußte er jederzeit damit rechnen, entthront zu werden. Jagiełło und alle seine Nachfolger waren, da sie die Zustimmung des polnischen Adels zur Wahl erkaufen mußten, immer nur so stark, wie es die Magnaten zuließen. Also mußten sie stets bemüht sein, deren Bedingungen zu erfüllen.

Der Orden hatte sich schon im Vorfeld in das Kandidatenkarussell für die polnische Königskrone eingemischt und sogar mit dem Herzog von Masowien einen anderen Favoriten unterstützt – was jedoch nicht zwingend bedeutet, daß ihm die Bedingungen des Vertrags bekannt waren.

Bleibt noch die Frage der von Jagiełło erbetenen Patenschaft. Man könnte diese Anfrage des litauischen Großfürsten und künftigen polnischen Königs als weitreichendes Friedensangebot an den Orden verstehen. Schließlich hätte Jagiełło ihn damit zum Garanten seiner Entscheidung gemacht, zum römisch-katholischen Glauben überzutreten. Das Angebot konnte aus Sicht des Ordens aber auch als durchaus infam gewertet werden: Wie schon über hundert Jahre zuvor bei König Mindaugas hätte er mit der Annahme der Patenschaft zugleich anerkannt, daß die Litauer dem christlichen Glauben beigetrteten wären und hätte damit seine Existenzberechtigung als Kreuzzugs- und Missionsorden zu Grabe getragen. Hofften die Deutschordensritter etwa auf eine Revision des Vertrags von Krewo durch andere Mächte?

Das trat aber nicht ein, im Gegenteil: Zwei Jahre später ließ der Papst in Wilna sogar ein eigenes Bistum für Litauen errichten und erkannte die Ehe von Jagiełło/Władisław und Jadwiga/Hedwig als rechtmäßig an. Den Täufling und neuen polnischen König bezeichnete er sogar als

Heidenbekämpfer. Der Papst schickte überdies Legaten nach Litauen, die ihm über das Voranschreiten der Christianisierung zu berichten wußten. Dennoch ließ die Kurie noch einige Zeit verstreichen, bis der Papst im Jahr 1404 dem Orden ausdrücklich den Heidenkampf gegen die Litauer untersagte.

War der Orden 1385/1386 über den Inhalt des Vertrags von Krewo nicht informiert, so hätte den Rittern spätestens mit der Gründung des Bistums Wilna 1388 die Unrechtmäßigkeit ihres Handelns auffallen müssen: Die Litauer waren zum Christentum übergetreten und hatten ein eigenes Bistum bekommen. Doch die Ritter zogen es vor, weiter in den *Heiden*kampf zu ziehen: gegen den Willen des deutschen Königs, des Papstes und der höchsten Autoritäten des Landes.

Für seine Insubordination hatte der Orden gute Gründe. Jagiełło war nämlich bei den Litauern keineswegs unumstritten. Fünfzehn Jahre bekriegte er sich mit seinem Vetter Witold (der angeblich fünfmal Getaufte), bis die beiden Herrscher in der Union von Wilna und Radom 1401 endgültig Frieden miteinander schlossen: Witold wurde Großfürst von Litauen, dafür erkannte er Jagiełło als König von Polen an. Über diese familieninternen Streitigkeiten war der Orden bestens informiert. 1398 trat ihm Witold sogar das langersehnte und langumkämpfte Samaiten ab, die breite Landverbindung zwischen Preußen und Livland. Solange also Jagiełło von seinen litauischen Familien- und Stammesangehörigen nicht durchweg als rechtmäßiger König angesehen wurde, durfte der Orden hoffen, daß die polnisch-litauische Union in die Brüche gehen könnte, und aus seiner Sicht mußte er alle Bemühungen unterstützen, die auf eine Machteinschränkung des polnischen Königs hinausliefen. Allerdings konnte er die päpstlichen und königlichen Entscheidungen und Interventionen seit 1388, seit der Gründung des Bistums Wilna, nicht ungeschehen machen.

Vor dem Umbruch

Warum also diese Hartnäckigkeit? Es liegt nahe zu vermuten, daß die Heidenbekämpfung längst nicht mehr das Handeln des Deutschen Ordens bestimmte. An dieser Einschätzung ändert auch nichts, wenn man berücksichtigt, daß die Ordensritter wie die Polen in den nächsten Jahren einen heftigen Propagandakrieg ausfochten: auf westeuropäischem Boden, von wo sie kreuzritterlichen Nachwuchs bezogen, auf schlesischem und böhmischem Boden, wo sie wie die Polen ihre Söldner anwerben mußten, weil der ritterliche Nachschub aus dem Westen nach dem Vertrag von Krewo schlagartig nachließ. Auch das hätte als Warnsignal gedeutet werden können.

Nun war dieses Nachwuchsproblem des Ordens nicht nur im Wegfall seiner Aufgabe begründet. Das Rittertum war als standesübergreifende Selbstverpflichtung und ethische Orientierung aus der Mode gekommen, was übrigens auch daraus ersichtlich wird, daß sich nun bürgerliche Kreise diese Geisteshaltung zu eigen machen: Überall wurden nach adligem Vorbild «Artushöfe» gegründet und Ritterturniere veranstaltet – die Kaufleute in der Stadt hatten das Geld, das den Rittern zu fehlen begann, und bestimmten die wirtschaftliche Entwicklung.

Im Westen verengte sich das Rittertum, dieser großartige, Standesgrenzen überschreitende geistige Aufschwung des Adels im 12. und 13. Jahrhundert, auf eine soziale Schicht. Rittertum war kein geistiger Anspruch mehr, sondern sogar häufig ein «Sozialfall». Viele Geschlechter konnten sich ihren aufwendigen Lebensstil nicht mehr leisten. Sie verarmten wegen der üblich werdenden Erbteilungen, wegen steigender Kosten für die Rüstungen, zurückgehender Einkünfte aus der Landwirtschaft (aufgrund der spätmittelalterliche Agrarkrise) und der Bevölkerungsreduzierung infolge der großen Seuchen. Manche Ritter verkamen zu Raubrittern, andere verlegten sich auf Seeräuberei.

Schließlich waren es militärische Gründe, die den Stand der Ritter als herausgehobene Soldaten überflüssig zu machen begannen: Schon in der Sporenschlacht hatte das die französische Reiterei bei Kortrijk 1302 bestürzend erfahren müssen. Zu ähnlichen Niederlagen der gepanzerten Reiterei kam es auch bei Crécy (1346) oder Poitiers (1356). Die Schlacht von Sempach (1386), in der die Schweizer Fußsoldaten den gepanzerten habsburgischen Rittern schwer zusetzten, geriet zum Wendepunkt dieser traditionellen Kriegskunst. Und gegen das Schießpulver waren auch die besten Ritterrüstungen nicht geschmiedet.

Zur Abwehr ihres sozialen Abstiegs begannen die Ritter im 15. Jahrhundert, sich in Bünden, in «Ritterschaften», zu organisieren. Im 16.

Jahrhundert gelang ihnen dann der endgültige Durchbruch zur dauerhaft gesicherten Selbständigkeit gegenüber den Reichsfürsten: Über ihre Korporationen schlossen sie sich eng an den Kaiser und das habsburgische Erzhaus an, das ihnen im Gegenzug ihre Unabhängigkeit garantierte. Sie hatten zwar keinen Einfluß auf die Reichsgeschäfte, die im Reichstag verhandelt wurden, waren aber bis zum Ende des Alten Reichs unabhängig von ihren Lehnsherren, den Landesfürsten und Bischöfen und hatten mit ihren kleinen Territorien wesentlichen Anteil an dem bunten Flickenteppich, als den die historischen Karten Deutschland bis 1806 abbilden.

Der Deutsche Orden war – das wird aus allen seinen Handlungen spätestens nach 1386 deutlich – als Korporation längst Landesherr geworden wie jeder andere Reichsfürst auch. Vom Willen zur Heidenbekämpfung war nichts mehr zu merken, der Orden handelte ausschließlich machtpolitisch. Um die Wende zum 15. Jahrhundert paktierte der Orden beispielsweise, je nach politischer Lage, abwechselnd mit oder gegen die Litauer, mit oder gegen russisch-orthodoxe Fürsten, mit oder gegen heidnische Tataren. Machterhalt und Machtausweitung waren seine einzige Devise.

«Der Orden hatte sich auch als regierende Macht überlebt», schreibt William Pierson, ein der Preußenabneigung unverdächtiger Historiker. «Im Laufe der Zeit war die alte Sittenstrenge der Brüder dem Wohlleben und Übermut gewichen; besonders hatten die Gäste, die fahrenden Ritter, mit ihren wüsten Sitten die strenge Zucht des Ordens durch ihr Beispiel oder ihren Eintritt gelockert. Dazu kamen Parteiungen; die Franken, Bayern und Schwaben im Orden erbitterten durch Unverstand und Hochmut die Niederdeutschen.»[12] Dem hält Hartmut Boockmann zu Recht entgegen, daß der Vorwurf des Sittenverfalls sicher auch als rhetorische Figur anzusehen, jedenfalls heute sachlich nicht nachzuprüfen ist.[13]

Die Vitalienbrüder

Machtpolitik spielte auch beim «Erwerb» der Insel Gotland durch den Orden die wichtigste Rolle: Infolge der dänisch-hansischen Streitereien in der zweiten Hälfte des 14. Jahrhunderts hatte sich in der Ostsee ein neuer Berufsstand etabliert: die Vitalienbrüder, die Likendeeler (Gleichteiler). Seeräuber waren es, mit Klaus Störtebeker und Godeke Michels als den bekanntesten Anführern. Öffentlich und heimlich gefördert wurden sie vom dänischen König und von einigen anderen Landesherren, beispielsweise den Mecklenburgern (die durch ihr Land ziehende Kreuzritter inhaftierten und Lösegeld forderten) sowie von den Kaufleuten einiger Hansestädte. Zwischen der Hanse und Dänemark kam es zwar 1370 zum Frieden von Stralsund, doch die Seeräuber hatten sich an ihr leichtes Handwerk gewöhnt, Kauffahrerschiffe mit ihrer Ware zu erbeuten.

Diese Seeräuber waren so mächtig geworden, daß sie 1392 sogar Wisby und ganz Gotland eroberten. Damit hatten sie nicht nur ein sicheres Versteck, sondern zugleich den natürlichen Mittelpunkt aller Ostseehandelsreisen zwischen Lübeck und Nowgorod in ihrer Hand. Der hansische Handel kam fast zum Erliegen, also auch der des Deutschen Ordens und der preußischen und livländischen Hansestädte. Allen voran Königsberg, Danzig und Riga erlitten schwere Einbußen. Darum mobilisierten der Orden und die preußischen Städte – ohne Absprache mit Lübeck, dem «Haupt der Hanse» – Truppen, Schiffe und Waffen – insgesamt 84 Schiffe mit 4 000 Mann Besatzung. Gotland wurde erobert und zum diplomatischen Pfand genommen, bis Dänemark sich 1408 bereit erklärte, die entstandenen Kriegskosten zu zahlen: 9 000 Nobeln, etwa 16 000 Gulden.

Die Schlacht von Tannenberg

Aber es kam auch die erste große Niederlage, zunächst noch nicht die des Ordens, sondern die Witolds. Er hatte sich 1399 mit ordensritterlicher Unterstützung an der Worskla (bei Poltawa) einem tatarischen Heer gestellt und eine folgenreiche Niederlage erlitten. Der Drang des litauischen Großfürsten nach Südosten war für immer gestoppt, und der alte Kampf zwischen den Litauern und dem Deutschen Orden, soeben noch Verbündete, entbrannte sofort aufs neue. Zuerst fiel Samaiten wieder an Litauen zurück, denn gegen Witold konnten die Ritter ihren Besitzanspruch auf dieses Land nicht aufrechterhalten. Dann kam es zu weiteren Scharmützeln, bis zum 15. Juli 1410, dem Tag, der seither polnische wie deutsche Gemüter gleichermaßen erhitzt und an dem die Schlacht zwischen den Dörfern Tannenberg und Grünfelde (polnisch: Grunwald) stattfand. Vorausgegangen war ein neunmonatiger Waffenstillstand, in dem sich die Heere beider Seiten sammeln konnten.

Im Jahr des Herrn vierzehnhundertzehn,
Am Tage der Aussendung der Apostel in die Welt,
Fiel durch polnische Schwerter das Volk der Teutonen,
Das mit Gottes starker Hilfe der kühne Władisław,
König der Polen, besiegte: Ihm stehen die Tore des Himmels offen.
Auf den Feldern von Grunwald wurden Hunderttausend gezählt,
Und als sie den Rücken wandten und zum Fluß
Drweca flohen, erhielten sie den tödlichen Stoß.
Vierzigtausend sollen im Fluß ihren verdienten Tod gefunden haben.
Fast alle Kreuzritter kamen im Kampf um, darunter
Meister Ulrich, der Feind der Polen.
Die Zahl der Gefangenen betrug dreitausend oder mehr.
Wenn du wissen willst, wie groß das teutonische Heer war
Nimm hunderttausend, dazu noch vierzigtausend,
Und du wirst wissen, was du wissen wolltest.
Wisse, es waren hundertviertausend [!] Fußsoldaten,
Mit Mänteln angetan, mit Beilen und Schwertern ausgerüstet.
Diese Zahl ergab eine große Menschenmenge,
Und man sagt, daß alle diese mit dem Tode bestraft wurden.
Vor den Kastellen gab es die meisten Kämpfe.
Es gab darauf viele Tote und Verletzte,
Da die Einwohner Preußens die Treue brachen und die Verträge
Nicht einhielten. Aber sie hätten den bitteren
Krug nicht leeren müssen, wenn sie Frieden gehalten und
Die Verträge nicht verletzt hätten – dies ist die volle Wahrheit!
(lat. Anonymus, undatiert, etwa Mitte 15. Jahrhundert, übers. von Christiane Reitz)

Antonina Jelicz, die Herausgeberin des literarischen Lesebuchs *Polnisches Mittelalter* in der Polnischen Bibliothek von Karl Dedecius, dem dieses Gedicht entnommen ist, bemerkt dazu: «Nach heutiger Schätzung belief sich die Zahl der Truppen der Ordensritter, die an den Kämpfen bei Grunwald (Tannenberg) beteiligt waren, auf ungefähr

Schlacht bei Tannenberg, 15. Juli 1410. Gemälde von Jan Matejko, 1872

35 000 Kavalleriereiter, 10 000 Fußsoldaten und 12 000 bis 15 000 Dienstleute. Die vereinigte Armee Polens und Litauens betrug an die 50 000 Mann, fast ausschließlich aus Kavallerie bestehend, und 15 000 Dienstleute.»[14] Andere Autoren, vor allem deutsche, sind in ihren Zahlenangaben bescheidener, rechnen mit 12 000 bis 15 000 Reitern und Streitern auf Ordensseite, 20 000 bis 25 000 Kämpfern auf polnischer Seite: Polen und Litauer, Tataren und Russen; Söldner kamen (auf beiden Seiten) aus Böhmen, Mähren, Schlesien.[15]

In dem trotz aller Bemühungen mit einer Million Menschen noch immer dünn besiedelten Preußen müssen seitens des Deutschen Ordens nach polnischer Rechnung wenigstens 55 000 Mann (60 000 Kämpfer abzüglich 5 000 Söldner) aufgebrochen sein – das wären, ohne Kinder und Greise, alle waffenfähigen Männer zwischen zwanzig und dreißig Jahren gewesen.

An der Richtigkeit dieser Angaben muß gezweifelt werden: Schon im Vorfeld einer Schlacht, deren Ausgang und Tragweite zu diesem Zeitpunkt überhaupt nicht absehbar waren, so viele Männer aufzubieten, ist unwahrscheinlich. Hier scheint einmal mehr das heutige Wissen für die Einschätzung maßgeblich zu sein. Das «Massenaufgebot» auf beiden Seiten ist daher entschieden in Frage zu stellen. Man stelle sich vor, was das wohl bedeutet haben mag, minimal 32 000, maximal 125 000 Menschen (beide Kontingente nach deutscher und polnischer Zählung zusammengerechnet) auf kleinstem Raum zusammenzuziehen, sie mit dem Lebensnotwendigen zu versorgen, auf einem Raum, in dem zwar erfolgreich Landwirtschaft betrieben wurde, der aber gewiß nicht so viele Kämpfer ernähren konnte, wie auf beiden Seiten aufgestellt wurden. Jeder hatte zwar seine eigene Fourage dabei, das gehörte zur damaligen Kriegsführung, doch wie lange reichte ein solcher Vorrat? Wenn jeder Teilnehmer zur Nahrung jeden Tag ein Pfund Roggen (meist als Brei zubereitet) benötigte, gelegentlich auch Gerste oder Hirse, müßte jeder Kämpfer etwa fünfzig Pfund Roggen bei sich oder im Troß mitgeführt haben. Allein für den Transport der Lebensmittel würden wenigsten 400 Pferdefuhrwerke à zwei Tonnen Ladegewicht benötigt, von den Waffen, dem sonstigen Gerät und dem Nahrungsbedarf der Pferde ganz zu schweigen. Diese Massen mußten sich in einem wasser- und sumpfreichen Gelände bewegen, das für Aufmärsche und Truppenzusammenballungen in dieser Größenordnung kaum geeignet war. Oder waren etwa die Sümpfe, auf die Historiker gewöhnlich als Erschwernis für die Besiedlung und Erschließung des Landes hinweisen, gerade hier nicht vorhanden oder schon urbar gemacht, so daß die Bewegung solcher Truppenmassen auf gebahnten Wegen möglich war?

Was bedeutete es wohl, die deutschordensritterliche Streitmacht von wenigstens 12 000 bis 15 000 Mann, Fußsoldaten, Reiter und Geschütze in einem Gewaltmarsch über wenigstens zwanzig Kilometer (Luftlinie von Löbau, wo das Ordensheer zwischenlagerte, nach Tannenberg)[16] in voller Kampfausrüstung durch offenes Gelände im Eiltempo über eine gewundene Landenge zwischen Dombrowsee und Damerausee zu bewegen? Da sich der Orden seit der zweiten Hälfte des 14. Jahrhunderts, also schon verhältnismäßig früh, Feuerwaffen zugelegt hatte, führten die Truppen auch mehrere Geschütze mit. Da die Räderlafette erst Jahrzehnte später erfunden wurde, dürfte der Transport der Geschützrohre den Vormarsch erheblich behindert haben.

Es ist schwer zu erkennen, wie spätmittelalterliche Heere marschiert sind. Es gibt zwar jede Menge Kampfabbildungen und -beschreibungen, aber keine Hinweise darauf, wie die Truppen marschierten. Gewiß marschierten sie nicht in Kolonnen, denn nachdem der antike Brauch im Mittelalter in Vergessenheit geraten war, führte erst ein Dessauer Fürst im 18. Jahrhundert den Gleichschritt wieder ein. Marschierte man in loser Aufstellung? Marschierte man überhaupt gegliedert?[17] Galten diese Regeln auch für die Ordenstruppen und für diesen Gewaltmarsch am frühen Morgen des 15. Juli 1410?

Es erscheint nicht plausibel, daß es möglich gewesen sein soll, die wenigstens 12 000 Mann des Ordens mitsamt Waffen binnen wenigen Stunden zu Fuß über eine mehr als zwanzig Kilometer lange Strecke im Eilmarsch zu bewegen und kampfbereit aufzustellen: Da wären die ersten Streiter schon stundenlang auf dem Kampfplatz gewesen, bevor die letzten überhaupt hätten aufbrechen können – allein die Schlange der Kämpfer und Reiter muß deutlich mehr als zwanzig Kilometer lang gewesen sein (wenn man die viermal so hohen polnischen Zahlen zugrundegelegt, sogar mehr als hundert Kilometer!).

Hochmeister Ulrich von Jungingen hatte jedenfalls einen Einfall der Polen aus Litauen erwartet und seine Truppen entsprechend organisiert und aufgestellt. Doch der Gegner kam von Süden und zog auf dem rechten Weichselufer auf Löbau und Gilgenburg zu mit der Hauptstoßrichtung Marienburg. Der Hochmeister mußte seinen strategischen Fehler – konzentrierte Aufstellung seiner Truppe am falschen Platz – rasch ausgleichen und ebenfalls auf Löbau zustreben.

Am 13. Juli zerstörten die Polen Gilgenburg. Die Nachricht davon soll erst vierundzwanzig Stunden später beim Ordensheer eingetroffen sein. Vierundzwanzig Stunden für etwa zwanzig Kilometer, eine Strekke, für die man zu Fuß höchstens vier Stunden benötigen würde? Andererseits aber hat selbst die noch nicht gefechtsklare Truppe etwa die gleiche Strecke in nur wenigen Stunden zurückgelegt. Sie soll nämlich erst am frühen Morgen des 15. Juli in Marsch gesetzt worden sein, da ein heftiges Gewitter sie aufgehalten habe. Heftiges Gewitter aber bedeutet doch auch matschigen Untergrund, auf dem Reiter und Fußsoldaten, Pferde und Geschütze zum Schlachtenort hasten mußten. Und das alles in sogar deutlich weniger Stunden als die reitenden Boten, deren Auftrag ausschließlich darin bestand, so schnell wie möglich ihr Ziel zu erreichen?

Warum hat der Hochmeister nach diesem Gewaltmarsch seine erschöpften Truppen einem zahlenmäßig überlegeneren und zudem ausgeruhten Gegner gestellt? Mit ritterlicher Geste, so wird berichtet, habe der Hochmeister seinen völlig überraschten Gegner nicht sogleich überfallen, sondern ihm eine förmliche Aufstellung ermöglicht. Die polnischen Truppen hatten also, wenn man sie so überraschen konnte, demnach keine Wachen aufgestellt und die herannahenden Ordenstruppen – mindestens 12 000 Mann im Eilmarsch – nicht bemerkt? Und dann mußten die Ordensstreiter in glühender Sonne (wie alle Autoren übereinstimmend behaupten) zusehen, wie sich die polnischen Truppen formieren durften, um sich mit einem fröhlichen «Christ ist erstanden», dem Siegeslied des Ordens, endlich in den Kampf zu stürzen? Wahrscheinlich aber wollte Ulrich von Jungingen mit seiner ritterlichen Geste doch nur Zeit gewinnen, damit sich seine Truppe nach dem Eilmarsch etwas erholen und sich sammeln konnte.

Die Ordenstruppen seien von hinten angegriffen worden (so einige Interpreten), oder weniger hart: in einer bestimmten Lage habe ein Kontingent den Befehl verweigert (so die anderen). Nach der altbekannten Losung, die anderen seien schuld, nicht die eigene Dummheit oder der eigene Hochmut, haben die Historiker Verrat als Grund für die katastrophale Niederlage des Ordens angeführt.

Leider verfügen wir über keine Detailkenntnisse der Schlacht. Der Orden hat eine Niederlage erlitten – neben dem Schlachtenort und den Namen der beteiligten Kriegsparteien ist das alles, was wir über dieses überwiegend als epochal eingeschätztes Ereignis wissen. Wir wissen auch, daß die erbeuteten Banner als Trophäen nach Krakau und nach Wilna gebracht und dort, nach Sitte der Zeit, in den Domen aufgehängt wurden. Diese Fahnen sind alle verlorengegangen. Erhalten blieb hingegen eine bibliophile Rarität ersten Ranges: eine Pergamenthandschrift aus dem Jahre 1448 mit farbigen Zeichnungen von sechsundfünfzig Ordensfahnen, von denen einundfünfzig in Tannenberg erbeutet worden sein sollen.[18]

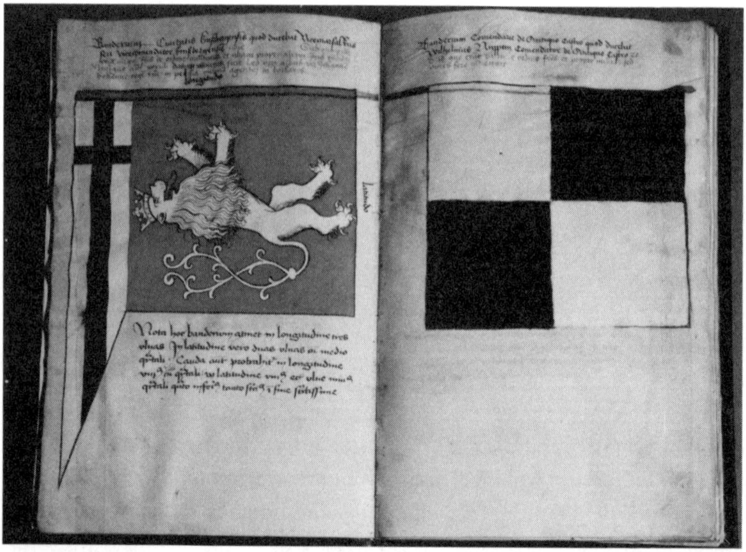

Abbildung der in der Schlacht bei Tannenberg erbeuteten Feldzeichen des Deutschen Ordens. Zeichnung von Stanisław Durink, 1448

Am Ende dieser Schlacht wurden die Toten gezählt, und die Bedeutendsten werden auch namentlich genannt. Allerdings nur auf deutscher Seite: allen voran Hochmeister Ulrich von Jungingen (der als der letzte Heerführer in die Geschichte eingegangen ist, der selbst im Krieg getötet wurde), dann alle Großgebietiger (außer dem Ordensspittler, der altershalber vom Kriegsdienst befreit war), elf Komture und zweihundert Ritter – etwa ein Drittel aller in Preußen stationierten Ordensritter – sowie «ungezählte» weitere Ordensstreiter, die namentlich nicht bekannt sind. Von 4 000 bis 5 000 Soldaten und Söldner ist die Rede: Die Zahlen wurden entweder von Zeitgenossen genannt oder im nachhinein geschätzt. Sie sind nicht zu belegen und daher anfechtbar. Polnische Opfer werden in der deutschen Literatur weder genannt noch gezählt.

Da findet also nach allgemeiner Auffassung eine der größten Schlachten der Weltgeschichte auf einem freien Gelände statt, das später nie überbaut worden ist. Kein Bauherr hat hier Häuser errichtet, also den archäologisch erschließbaren Fundhorizont verändert; es wurden keine Kanäle oder Straßen gebaut, keine Festungen und keine Friedhöfe angelegt. Doch niemand wundert sich, daß auf diesem seit Jahrhunderten unbebauten und unveränderten Feld keine oder nur minimale Spuren von diesem Jahrtausendereignis zurückgeblieben sind. Zwei polnische Grabungskampagnen (1959–1962 und 1981–1989) erbrachten nur geringfügige Fundmengen. Das Schlachtfeld sei eben «sehr sorgfältig» aufgeräumt worden, heißt es zur Begründung lapidar.[19]

Doch diese These erscheint reichlich fragwürdig. Minimal 32 000, maximal 125 000 Mann sollen kaum Spuren im Gelände hinterlassen haben? Man denke zum Vergleich an die Varusschlacht im Jahr 9 n.Chr. bei Kalkriese – dort wurden immerhin bis zum Frühjahr 2002 nicht nur über 4000 Münzen, sondern auch 2000 Gegenstände gefunden. Bei einer Schlacht dieses Ausmaßes bleiben unbrauchbar gewordene Schwerter, Schilde, Armbrüste, durchlöcherte Rüstungen, zersplitterte Pfeile und Lanzen übrig. Es ist kaum anzunehmen, daß die noch immer im Krieg befindlichen Truppen sie sorgfältig beseitigt haben, überdies zu einer Zeit, als die Wiederverwertung von Altmetall noch nicht üblich war.

Auf dem Schlachtfeld ließ Hochmeister Heinrich von Plauen, der Nachfolger Ulrichs von Jungingen, wenig später eine Marienkapelle errichten «zum Seelenheil aller, dy do geslagin wordin von beyden teylin yn dem stryte», die aber schon 1414 von den Polen wieder zerstört wurde. Ähnlich erging es dem 1901 errichteten Hochmeisterstein. Er trug die Aufschrift: «Im Kampfe für deutsches Wesen starb hier der Hochmeister Ulrich von Jungingen am 15. Juli 1410 den Heldentod».[20]

Weniger vergänglich als diese deutschen Denkmäler sind die Würdigungen der Schlacht von Tannenberg/Grunwald 1410 in der polnischen Literatur: In seinem berühmten historischen Roman *Kreuzritter* traut Henryk Sienkiewicz den Ordensmitgliedern alles zu, nur nicht christliche Nächstenliebe oder christlich orientierte Verhaltensweisen; er zeichnet ein in der Tendenz ähnliches, nur schärferes Bild von der vermeintlichen moralischen Verkommenheit der Ritter wie es auch preußentreue Historiker der Neuzeit tun werden. Dieses literarische

Bild des Ordens, das in Polen noch bis weit in unser Jahrhundert hinein galt, stiftete einen Teil des nationalen Selbstbewußtseins wie der antideutschen Stimmungen im Lande. Schon früher hatte Adam Mikkiewicz sich in *Genug der Rache – auch die Deutschen sind Menschen*[21] des Hochmeisters Konrad Wallenrod angenommen, ohne allerdings die Wirkung des späteren Nobelpreisträgers Sienkiewicz zu erzielen.

Dem Medium unserer Zeit, dem Film, bleiben die nachdrücklichen Bilder vorbehalten, in denen Aleksander Ford 1960 den Sieg der Polen über die Kreuzritter von Grunwald feierte – ebenfalls mit einer nachhaltigen Wirkung auf das polnische Nationalbewußtsein.[22]

Weniger kräftig geschildert werden auf polnischer Seite die maßlosen Verwüstungen, die der an die Schlacht bei Tannenberg anschließende Heerzug zur Marienburg in der blühenden Landschaft hinterlassen hatte. Gerade in dieser Verwüstung aber sehen einige westliche Historiker einen sehr wichtigen Grund für den jetzt rasch einsetzenden wirtschaftlichen Verfall des Ordensstaates.[23]

Die Schlacht von Tannenberg/Grunwald brachte in dem zähen Ringen zwischen dem Orden und den Litauern/Polen allerdings noch keine endgültige Entscheidung – eine «schwebende» Situation trat ein, die vierzig Jahre dauerte. Trotz der Niederlage standen dem Orden noch genügend Ritter und Söldner zur Seite, um dem Druck des polnischen Heers auf die Marienburg ernsthaft standzuhalten. Denn dahin strebten die siegreichen polnischen Truppen und ihre Verbündeten, um mit dem Zentrum des Ordens die Korporation selbst zu treffen und wenn möglich gar zu zerstören. Der Weg dorthin nahm merkwürdigerweise zehn Tage in Anspruch – obwohl die Marienburg schon vor der Schlacht von Tannenberg Ziel der polnisch-litauischen Truppen war.

Heinrich von Plauen hätte von der Burg Schwetz, der zweitwichtigsten Burg des Ordens in Preußen, Pommerellen vor einem polnischen Angriff schützen sollen. Er überließ aber die Burg ihrem Schicksal und zog mit angeblich 3000 Mann und allen waffenfähigen Männern, die er anwerben konnte, zur etwa hundert Kilometer entfernten Marienburg, um sie in Verteidigungsbereitschaft zu versetzen. Er hatte sogar die Stadt Marienburg in Brand stecken lassen, um dem Gegner jegliche Deckung zu rauben, und ihre Einwohner in die Burg eingeladen und in ihre Verteidigung mit einbezogen.[24]

Als die polnischen Truppen am 25. Juli vor der Marienburg eintrafen, waren ihre Tore längst geschlossen. Die Ordensritter und Soldaten, die hastig angeworbenen waffenfähigen Männer befanden sich längst in der Abwehr, die gefüllten und erhitzten Pechpfannen warteten auf ihren Einsatz.

Wenn man heute vor der Marienburg steht, kommen einem schon massive Zweifel daran, wie denn dieser Steinberg je militärisch hätte bezwungen werden können. Selbst die schon bekannten Geschütze hätten 1410 wenig ausgerichtet. Sogar im Jahr 1945 dauerten die Kämpfe um die Marienburg mit seinerzeit modernstem Kriegsgerät ganze sechs Wochen! Und das Ausmaß der Zerstörung soll danach dennoch nur dreißig Prozent betragen haben.

Acht Wochen wandten die vereinigten Polen, Litauer, Tataren, Russen und Söldner alle ihre Angriffskünste an der Marienburg an und konnten doch nichts ausrichten. Acht Wochen lang lagen ihre wenigstens 20 000 Mann (wieder die Frage nach der Glaubwürdigkeit der Zahl) dem Umland auf der Tasche, requirierten Vieh, Getreide und sonstige Nahrungsmittel für sich und ihre Pferde – und mussten dann doch unverrichteter Dinge am 21. September wieder abziehen.

Die Liste der Gründe für diese Niederlage ist lang: Sie sollen auf eine längere Belagerung nicht vorbereitet gewesen sein. Es heißt, daß die Ordensritter bei ihren gelegentlichen Ausfällen den polnischen Truppen mehr Verluste beigebracht haben als in der Schlacht von Tannenberg. Schuld an dem Desaster sollen auch die Seuchen gewesen sein, die im Lager der Angreifer ausbrachen. Schließlich sei aus Livland ein Ordensheer zum Entsatz herangenaht und Sigismund von Ungarn, soeben zum König gekürt, habe ebenfalls mit dem Eingreifen gedroht.[25]

Daß die Polen diese militärisch-taktische Maßnahme des künftigen Hochmeisters, die sofortige Besetzung der Marienburg, nicht rechtzeitig wahrnahmen, obwohl es naheliegend war, erstaunt sogar militärhistorische Laien; eine Erklärung für dieses offensichtliche Fehlverhalten des polnischen Königs ist aber nirgendwo auffindbar.

Zweifellos beherrschte im Mittelalter derjenige das Land, der seine Burgen kontrollierte. Dieser Grundsatz galt bis in die frühe Neuzeit und sicherte beispielsweise dem berühmten Festungsbaumeister Sébastien de Vauban (1633–1707) dreißig Jahre lang ständig Aufträge und ein gutes Einkommen.

In Preußen war im 15. Jahrhundert die Marienburg das Zentrum aller Macht. Wer sie kontrollierte, beherrschte das Land. Das wußten die mittelalterlichen Strategen – warum nicht der polnische König? Nach dem polnischen Sieg bei Tannenberg/Grunwald unterwarfen sich die meisten Städte und Burgen des Landes dem polnischen König freiwillig, sogar einige Bischöfe huldigtem ihm. Doch ebenso rasch, wie Bürger, Burgen und Bischöfe vom Orden abgefallen waren, ebenso rasch waren sie wieder gute Untertanen des Ordens, nachdem Polen die Belagerung der Marienburg abgebrochen hatte. Die Ritter hatten noch einmal ihre Kraft bewiesen, die Burg trotz der Übermacht des Gegners nicht herausgegeben und waren darum sogleich wieder Herren des gesamten Landes, obwohl sie im Augenblick nur im Besitz der Marienburg waren.

Der Weg der Polen zur Marienburg, die sie seit Beginn des Feldzugs im Visier hatten, war jetzt, Mitte Juli 1410, kaum länger als der des Komturs in Schwetz. Zudem hatten sie einen zeitlichen Vorsprung, denn der Komtur mußte erst durch einen Boten über den Schlachtenausgang informiert werden und die entsprechenden Maßnahmen vorbereiten. Jedenfalls ist nicht klar, warum König Władisław II. in dieser Situation abgewartet und seine Truppen für den kurzen Weg (etwa hundertzwanzig Kilometer) zehn Tage benötigt hatten (die Ordenstruppen hatten vor der Schlacht von Tannenberg für zwanzig Kilometer nur wenige Stunden benötigt).

Hatte König Władisław II. der Aufräumungsarbeiten auf dem Schlachtfeld wegen versäumt, rechtzeitig Richtung Marienburg zu marschieren? Oder waren er, seine Kriegsberater und Truppen noch so «siegestrunken», daß sie die simpelsten Regeln der mittelalterlichen Kriegskunst einfach außer Acht ließen? War der Sieg für die Sieger zu kräfteraubend, so daß der König seinen Rittern erst eine Erholungspause gönnen mußte? War der Sieg am Ende gar nicht so glorreich ausgefallen, wie die Zeitgenossen ihn uns schildern, und hatte darum der König Mühe, seine Truppen neu zu motivieren? Hatte er die Verteidigungsbereitschaft des Ordens unterschätzt? Wähnte er gar den Orden am Ende seiner Kräfte? Nicht nur aus der Retrospektive war es sicher ein schwerer strategischer Fehler der Polen, nicht sofort in Eilmärschen auf die Marienburg vorzurücken und sie zu erobern.

Diese strategische Fehlleistung bedeutete weitere vierzig Jahre «schwebenden» Zustands und Streit um die Vormacht in Preußen und zum Schluß auch noch die erneute Zerstörung von Leben und Eigentum im Krieg zwischen dem Orden und den Ständen.

Der Erste Thorner Frieden

Nur fünf Monate nach dem Abzug der polnischen Truppen von der Marienburg, am 1. Februar 1411, schließen der polnische König und der Orden auf einem Weichselwerder den Ersten Thorner Frieden. Der Orden verzichtet auf Samaiten, solange Witold und Władisław/Jagiełło leben. Er zahlt außerdem eine Kriegsentschädigung und für ein paar hohe Gefangene aus der Schlacht von Tannenberg einen Betrag von 100 000 Schock böhmischer Groschen oder 260 000 Gulden – eine ungeheure Summe. Zum Vergleich: Die Neumark, die der Orden 1402 erworben hatte, kostete ihn 149 000 Gulden. Einige Historiker sind der Überzeugung, daß dieser immense Geldbetrag der wichtigste, wenn nicht sogar der alleinige Auslöser für die weitere für den Orden so krisenhafte Entwicklung im 15. Jahrhundert war.[26] Gegen diese These werden aber von anderer Seite heftige Zweifel geäußert, denn der Orden setzt im unmittelbaren Anschluß an die Niederlage bei Tannenberg eine ungeheure Aufrüstung in Gang. Und Heinrich von Plauen versucht schon 1413, die Scharte von Tannenberg auszuwetzen, obwohl die Ordensbrüder im Reich Geld- und Personalforderungen des Hochmeisters für seinen weiteren Kampf in Preußen mit der Begründung ablehnen, er und die Ordensniederlassungen im Reich seien vor allem dem Reich verpflichtet. Was übrigens keine leichthin ausgesprochene Ausrede war, sondern Tatsache. Der Verzicht der westeuropäischen Kriegerelite auf eine Teilnahme an den Kreuzzügen gegen die Litauer seit 1386 findet nun seine Entsprechung bei den eigenen Ordensbrüdern im Westen.

Das Ende des Ordens in Preußen und Livland

Der Widerstand gegen den Deutschen Orden

Mit der Schlacht von Tannenberg hatte der Deutsche Orden erstmals seit hundertfünfzig Jahren – seit der Schlacht bei Durbe 1260 – wieder eine wichtige Schlacht verloren. Vorläufig konnte der Hochmeister Heinrich von Plauen den drohenden Schaden noch minimieren, ihn nahezu abwenden. Der Erste Thorner Frieden vom 1. Februar 1411 brachte einen beide Seiten zunächst zufriedenstellenden Ausgleich. Warum sich allerdings der Sieger Władisław II., der Litauerfürst und König von Polen, auf diesen Friedensvertrag überhaupt eingelassen hat, bleibt ungeklärt. Der Friedensvertrag (kaum Gebietsverluste, Zahlung von Lösegeldern für prominente Gefangene) brachte dem Orden den nötigen Aufschub, sich um seine inneren Angelegenheiten zu kümmern. Doch davon war kaum die Rede!

Daß sich die Ritter in Preußen von den Untertanen abgesondert hatten, war für den Orden vor hundert Jahren noch vorteilhaft gewesen. Zumindest hatte es die Ausbildung seiner Staatlichkeit wesentlich erleichtert. Nun geriet ihm dieses gleiche Verhalten zum Nachteil. Unter der Oberfläche gärte es, die Herrschaft des Ordens wurde immer offener angezweifelt.[1]

Es gab bislang noch keine ständische Mitwirkung an seiner Politik; weder die Städte noch die Freien (Inhaber der Dienstgüter) wurden in seine Entscheidungen mit einbezogen. Im Zusammenhang mit der Huldigung an Winrich von Kniprode 1352 wird die erste Landesversammlung der Stände genannt, bei der dem neuen Hochmeister – erstmals in der Geschichte Preußens – ein Huldigungseid geleistet wurde. Seit den siebziger Jahren erschienen die ersten Landesordnungen, vom Orden förmlich erlassene Regelungen, die aus den Verhandlungen mit den Städten und Freien entstanden waren. Das alles hatte mit Mitwirkungsrechten allerdings noch längst nichts zu tun.

Wie wenig deswegen diese unstrukturierte Beteiligung der Stände an der Willensbildung ausreichte, zeigt die Gründung des «Eidechsenbundes», einer Widerstandsbewegung gegen die ordensritterliche Bevormundung, ein Bündnis der großen Freien seit 1397, die sich zum Ziel gesetzt hatten, ihre Interessen gemeinsam gegen den Orden durchzusetzen. Er hatte in den wenigen Jahren seiner Existenz schon so viel Wirkungskraft entwickelt, daß ihm manche Historiker die eigentliche Verantwortung für die verlorene Schlacht von Tannenberg zuschreiben: Verrat hätten sie begangen, den Orden in der entscheidenden Situation im Stich gelassen. Auch wollte er den Hochmeister absetzen, ein kühnes Unterfangen, bei dem ihr Anführer Nikolaus von Renys gleich selbst den Kopf verlor.

Die anderen Widerstandskräfte kamen aus den preußischen Städten, denen in diesen Krisenzeiten im Orden auch ein zu gewichtiger Handelskonkurrent erwuchs. Und der polnische König hatte ihnen zudem für den Fall ihres Übergangs an Polen die Autonomie versprochen, die ihnen der Orden noch immer vorenthielt.

Heinrich von Plauen schürte die Entfremdung zwischen Volk und Herrschenden zusätzlich durch – auch für Zeitgenossen – kaum nachvollziehbare oder erklärbare Handlungen. Er ließ 1412 einen Landesrat einrichten, durch den Abgeordnete der Städte und der Freien ein Steuerbewilligungsrecht und ein Mitwirkungsrecht in allen wichtigen Landesangelegenheiten erhielten. Obwohl dem Orden die wirtschaftliche, militärische und finanzielle Krise drohte, wollten viele Ritter den Ständen noch nicht einmal diese Mitwirkung zugestehen – deutliche Anzeichen für ihr mangelndes Realitätsbewusstsein und ihre Hypertrophie. Zuvor aber hatte der Hochmeister Rache geübt an denjenigen, denen er Schuld zuweisen konnte für die Tannenberger Schmach: Landesflüchtlinge, Gehorsamsverweigerer, Polenfreunde wurden streng bestraft und Bischöfe abgesetzt. So maßlos er Gegner verfolgte, so nachsichtig verhielt er sich den Ordensrittern gegenüber, wenn sie sich etwas hatten zuschulden kommen lassen. So blieb sein Bruder ungestraft, obwohl er als Komtur von Danzig die beiden Bürgermeister und einen angesehenen Ratsherrn hatte ermorden lassen, weil sie sich im Namen der Stadt geweigert hatten, zusätzliche Steuern abzuliefern.[2]

Und schon im Herbst 1413 startete Heinrich von Plauen ein Unternehmen, das ihn schließlich um Amt und Würden und Ehre bringen sollte: Er wollte erneut gegen Polen-Litauen zu Felde ziehen. Daß er dabei auf die sicherlich kriegsmüde Bevölkerung und das noch immer kriegszerstörte Land keine Rücksicht nahm, dürfte als zeitüblich anzusehen sein. Daß er aber die Einstellung seiner Ritter zu dem neuerlichen Zug nicht oder nur unzureichend einzuschätzen wußte, weist auf einen erheblichen Mangel an Führungsqualitäten hin. Jedenfalls regte sich alsbald eine heftige ordensinterne Opposition, die unter dem Ordensmarschall Michael Küchmeister von Sternberg dem Hochmeister den Gehorsam verweigerte.

Auf dem sogleich einberufenen Ordenskapitel, der Generalversammlung der Ritter, wurde Heinrich von Plauen seines Amtes enthoben und Michael Küchmeister an seine Stelle gewählt. Da Heinrich von Plauen wenig später auch noch geheime Verbindungen zum polnischen König nachgesagt wurden, hatte man ihn 1414 des Landesverrats angeklagt und zu Kerkerhaft verurteilt. Erst fünfzehn Jahre später erlangte er wieder die Freiheit. Noch im selben Jahr 1529 starb er als Pfleger (Burgchef und Kommandant) zu Lochstädt.

Michael Küchmeister wollte mit dem polnischen König in Verhandlungen treten, hatte mit seinen Friedensangeboten aber keinen Erfolg. 1422 mußte sein Nachfolger Paul von Rusdorf im Vertrag von Melnosee sogar auf Samaiten und andere Gebiete in Litauen endgültig verzichten. Die litauische Westgrenze wurde damals so weit nach Westen vorverlegt, wie sie dann bis 1945 galt (mit Ausnahme des Memelgebiets, das seit 1923 nach einem Handstreich zu Litauen gehörte). Der Orden mußte den Vertrag von seinen Ständen bestätigen lassen, so wie auch die polnischen Stände den Vertrag bestätigten. Für den Fall, daß die Herren gegen diesen Friedensvertrag verstießen, wurde beiden ein Widerstandsrecht eingeräumt.

Interne Zwistigkeiten

Der Orden hatte bereits zu diesem Zeitpunkt viel von seiner einstigen politischen und geistigen Führungskraft verloren. Innerer Streit nagte noch deutlicher als früher an der inneren Solidarität. Spannungen der Ritter untereinander korrespondierten mit externen Problemen: Der Orden demontierte sich selbst.

Besonders erwähnenswert ist hier ein Streit im 15. Jahrhundert zwischen dem Deutschmeister (Ordenschef im Reich) Eberhard von Seinsheim und dem Hochmeister (Chef des Gesamtordens) Paul von Rusdorf um die Vormachtstellung innerhalb des Ordens. Auslösendes Moment war die Tatsache, daß die Ritter im Westen längst von den Brüdern und ihren Aufgaben in Preußen, sogar weitgehend auch vom Hochmeister unabhängig geworden waren.

Zur Rechtfertigung seiner Position und zur Absicherung seiner Ansprüche fälschte der Deutschmeister die Ordensstatuten (Fälschungen zur Sicherung eigener Ansprüche wurden im Mittelalter nicht diskriminiert) und schrieb sie dem Hochmeister Werner von Orselen (1324–1330) zu. Er ließ mitteilen, diese Fassung sei geheim gewesen und ihre Anwendung bislang nicht nötig. In der Folge erklärten sich Deutschmeister und Hochmeister sogar gegenseitig für abgesetzt. Durch den Tod des Hochmeisters 1441 erledigte sich diese Angelegenheit von selbst.

Sein Nachfolger Konrad von Erlichshausen veranlaßte eine Generalrevision der Statuten, die aber im wesentlichen nur zu einer Neuauflage der Satzung des 13. Jahrhunderts geriet: Den Rittern wurde im Reich, in Preußen und in Livland die Löwenjagd ausdrücklich untersagt. Da haben die Schreiber die alten Statuten einfach abgeschrieben und sie nicht auf die europäischen Verhältnisse hin revidiert.[3]

Neue Zielvorstellungen, neue Lösungen waren nicht in Sicht. Erschwerend kam ein schleichender Einkommensverlust durch fallende Nahrungsmittelpreise und steigende Kosten in anderen Bereichen hinzu. Hatte der preußische Teil des Ordens im 14. Jahrhundert noch so manche Subvention an westliche Kommenden entrichten können, so benötigte er im 15. Jahrhundert plötzlich Unterstützung aus dem Reich. Der reiche Bruder aus dem Osten war zwar nicht bettelarm, aber selbst subventionsbedürftig – und das angesichts wenigstens ebenso leerer Kassen im Westen.

Auch die ständige Repräsentanz beim Papst durch einen Generalprokurator half so wenig aus der Krise wie der «Botschafter» in Wien beim Reich (schon seit Beginn der Habsburgerzeit). Wenn die Zentrale schon keine normativen Vorstellungen entwickelte, wie sollte dies den Gesandten gelingen! Sie dürften einen schweren Stand gehabt haben: Eine Institution würdig vertreten zu müssen, von deren einstigem Glanz nur mehr wenig durchschien, war sicher ein undankbarer Auftrag. Immerhin wird aber der Komturssitz beim Stephansdom in Wien noch heute als Residenz des Hochmeisters genutzt.

Ständische Organisation und der Preußische Bund

Der Orden hatte, wie dargelegt, den Kontakt zur Bevölkerung längst verloren; die Städte und die Freien ließen sich vom Orden immer weniger vorschreiben. Im Vertrag von Brest 1435, der auf einen vergeblichen Feldzug des Ordens folgte, wurden die Bestimmungen von 1422 noch einmal ausdrücklich wiederholt und bekräftigt. Um den Orden zu einer regelmäßigen Einbeziehung der Stände – der Städte und Freien also – in seine Entscheidungen zu bewegen und zu verpflichten, schlossen sie sich Mitte März 1440 im Preußischen Bund zusammen. Gegenseitigen Schutz und gegenseitige Hilfe gegen ungerechte Maßnahmen des Ordens sicherten sie sich zu; insbesondere wollten sie auf eine Beschränkung seiner Gerichtsbarkeit hinwirken, die bisher nicht frei von Willkür gewesen sein soll.

Diesen Bund ließ Kaiser Friedrich III., den beide Parteien als neutralen Schiedsrichter akzepiert hatten, zwar 1453 nach einem ordentlichen Prozeß als illegal verbieten, doch führte dieses Verbot wiederum zu einem Aufstand der Mitglieder des Preußischen Bunds. Prozeßbeteiligter war als kaiserlicher Berater übrigens der Bischof von Siena, Enea Silvio de Piccolomini, der spätere Papst Pius II. Von ihm ist im Zusammenhang mit diesem Prozeß die Aussage überliefert: «Politische Konflikte werden entweder durch Schiedsrichter geschlichtet oder mit Waffen entschieden.»[4] Piccolomini war auch über ein Jahr Titularbischof von Ermland, ohne seine Diözese je betreten zu haben.

Die preußischen Stände verbanden sich in dieser Situation mit dem polnisch-litauischen König Kasimir IV. (nachdem Markgraf Friedrich von Brandenburg, Erzherzog Albrecht von Österreich und König Ladislaus Postumus von Böhmen entsprechende Voranfragen abgelehnt hatten). Dieser sah endlich eine reale Chance, nach etwa hundertfünfzig Jahren den Verlust von Pommerellen endgültig rückgängig zu machen (mit dem Ziel, den ebenso alten «schwebenden» Zustand zu beenden). Er verbriefte die Erhaltung der Privilegien von Städten und Freien, gewährte den Städten Selbstverwaltung und genehmigte sogar, daß die preußischen Stände nur ihm selbst, dem König, huldigten, nicht dem polnischen Reich.

Der Aufstand der Städte und der Freien gegen den deutschen Orden begann ausgerechnet in Thorn, der ersten Siedlung, die er einst auf pruzzischem Boden errichtet hatte. Hier hatten sich die Abgeordneten des Preußischen Bundes getroffen, von hier aus hatten sie dem Hochmeister im Februar 1454 den Gehorsam aufgekündigt. Mitte April huldigten sie dem polnischen König. Das war in der Geschichte des Ordensstaates, in der schon einige Entscheidungen Anlaß zu rechtlichen Zweifeln boten, ein bisher unerreichter Höhepunkt. Auch im Reich oder in anderen europäischen Ländern hatte es Vergleichbares bisher noch nicht gegeben: Stände eines ganzen Landes verließen ihren Landesherrn und huldigten einem anderen Landesherrn!

Nun begann ein gewaltiges Ringen zwischen Orden und Untertanen, das euphemistisch als «Dreizehnjähriger Krieg» bezeichnet wird. Denn ein Krieg war es nun wirklich nicht, schon gar nicht ein Krieg der Ritter und Bürger gegeneinander, da Orden wie Städte Söldnerheere aufmarschieren ließen. Es fanden keine militärischen Auseinandersetzungen statt, sondern vor allem eine maßlose Zerstörung und Verwüstung von Städten und Dörfern: 85 Prozent aller preußischen Dörfer sollen zerstört worden sein. Auch wenn die Chronisten übertrieben haben sollten, war es ein schmutziger «Krieg».[5]

Im Reich nahm man übrigens von diesen Greueln kaum Kenntnis. Dort hatte man ganz andere Sorgen: Die Türken hatten 1453 Konstantinopel erobert und drohten, weiter nach Nordwesten vorzudringen.

Dem Aufstand der Stände fielen in Preußen mit Ausnahme der Marienburg und Konitz alle Ordensburgen zum Opfer. Den polnischen

Angriff auf Konitz konnten die Ritter noch abwehren. Doch die Marienburg ging 1456 endgültig verloren: Da der Orden seine Söldner nicht bezahlen konnte, hatte er ihnen die Marienburg und zwei weitere Burgen verpfändet. Die Marienburg wurde von den Söldnern besetzt. Nach geltendem Recht hätten sie die Einlösung des Pfands nicht fordern dürfen, da nur ein Teil ihrer Streitmacht anwesend war, während der andere, ebenfalls anspruchsberechtigte Teil um Königsberg kämpfte. Aber wer kümmerte sich in kritischen Situationen wie dieser um die juristische Substanz eines Anspruchs? Selbst daß der Orden zu Abschlagzahlungen auf die Soldforderungen bereit war, kümmerte die Pfandinhaber nicht. Ihrem Anführer Ulrich Crvenk konnte später Bestechung durch die Polen nachgewiesen werden. Aber auch das war ja nicht untypisch für die damalige Zeit und machte den Rechtsakt nicht ungültig.

König Kasimir IV. Jagiełłonczyk, mit dem die Söldner in Kontakt getreten waren, löste die Marienburg mit Freuden aus. Er bezahlte also die Söldner dafür, daß sie bis soeben gegen ihn Krieg geführt hatten! Für ihn war es eine einmalige Chance, sich mitten in diesem Teil des Ordensstaates festzusetzen. Am 7. Juni 1457 nahm er die Marienburg feierlich in Besitz und mit ihr den reicheren Teil des Landes, der ihm die besseren wirtschaflichen Perspektiven bot. Königsberg wurde das neue Zentrum des Ordens und Sitz des Hochmeisters.

Aber es gab weiterhin Krieg. So leistete allein die Stadt Marienburg drei Jahre lang ernsthaften Widerstand, bis auch sie 1460 aufgeben mußte. Bürgermeister Blume wurde wegen seiner Verantwortung für diesen Widerstand zusammen mit zwei weiteren Getreuen enthauptet. Erst 1466 schwiegen die Waffen.

Der Zweite Thorner Frieden

Wieder standen die Ritter in Preußen fast vor dem Aus. Ursprünglich hatte der Preußische Bund den gesamten Ordensstaat an Polen übergeben wollen. Doch während der Verhandlungen kam es zu einer Zweiteilung des Landes: Im Zweiten Thorner Frieden (1466) mußte der Orden Pommerellen, das Kulmer Land, das Ermland, ein Gebiet an der Weichsel mit Elbing und Marienburg (in etwa das spätere Westpreußen) an Polen-Litauen abtreten und alles dem Orden verbleibende

Land (das spätere Ostpreußen) unter polnische Oberhoheit stellen. Das Bistum Kulm, bis dahin in Ordenshand, wurde der Erzdiözese Gnesen zugeschlagen, die Territorien von Bischof und Domkapitel dem polnischen König unterstellt. Zudem mußte sich der Orden verpflichten, künftig eine hohe Zahl polnischer Adliger in seinen Reihen aufzunehmen. Diese Bestimmung wurde allerdings nie realisiert, weil sich offensichtlich kein Pole für den Eintritt in den Orden interessierte. Der Orden mußte sich zur Heerfolge für den polnischen König verpflichten. Einziger Garant für den Erhalt des Ordensstaates zu diesem Zeitpunkt war übrigens der Papst, der durch seinen Legaten Preußen erneut als sein Eigentum reklamieren ließ.

Dies hatte zur Folge, daß der Landmeister in Livland und der Deutschmeister den Zweiten Thorner Frieden nicht anerkannten. Die Eidesleistung des Hochmeisters gegenüber dem polnischen König hatte der Orden zudem nie als Lehensuntertänigkeit angesehen – schließlich gehörte das Land dem Papst. Diese Frage mußte rechtlich und politisch aber nie wirklich ausgetragen werden, denn der polnische König ließ Livland ungeschoren im Besitz des Ordens.

Westpreußen unter polnischer Oberhoheit

Westpreußen, das «Preußen königlichen Anteils» oder «Königlich Preußen», wie man es auch nannte, wurde polnisches Lehen, aber mit weitgehend autonomem Status. Das Land und die Städte anerkannten den König als ihren Herrn, nicht aber das Reich Polen. Kriegsgewinnler im Streit zwischen dem Orden auf der einen und den Städten und Freien auf der anderen Seite waren die drei großen Städte Danzig, Elbing und Thorn. Sie profitierten am meisten vom unverkennbar deutlich werdenden Niedergang des Ordens, zumal seines Handels und zwar auf doppelte Weise: vom weiteren wirtschaftlichen Aufschwung und durch eine gegenüber der Ordensherrschaft weitergehendere Autonomie.

Da diese drei Städte im Krieg gegen ihren Landesherrn erhebliche Summen aufgebracht hatten, ließen sie sich vom König bedeutende Privilegien übertragen. So trat in Elbing an die Stelle des Komturs der Burggraf, den der polnische König jährlich aus vier von der Stadt vorgeschlagenen Kandidaten ernannte. Elbing blieb so autonom, daß es schon 1521 sogar als Reichsstadt geführt wurde und 1645 zu den Friedensverhandlungen nach Münster geladen wurde.[6] Noch weiterreichendere Zugeständnisse machte der König Danzig, das ihm 1457 huldigte: «Die Stadt wurde fast zu einer freien Republik, und das sollte sie bleiben...»[7] Kasimir IV. garantierte ihr ein ausgedehntes Territorium auf der Danziger Höhe und in den Weichselniederungen, das Recht auf eine eigenständige auswärtige und innere Politik, das Gesetzgebungsrecht, das Recht auf die Erhebung von Steuern und Zöllen, einen Freihafen, die rechtliche und wirtschaftliche Selbständigkeit sowie Wehrhoheit. Der König hatte gegenüber Danzig noch einen weiteren guten Grund für diese bevorzugte Behandlung: Er hatte nie daran gedacht, das Geld für die Einlösung des Pfandes Marienburg aus Söldnerhand selbst aufzubringen. Diensteifrige und reiche Danziger Kaufleute streckten ihm die 24 000 Gulden vor.

In Thorn gab es zunächst massive innere Auseinandersetzungen, die damit endeten, daß der Rat kurzerhand und ohne Gerichtsverhandlung mehrere Dutzend Aufrührer aus dem Handwerkerstand enthaupten ließ. Erst jetzt konnte auch diese Stadt polnische Privilegien erringen: ausgedehntes Territorium (den größten Teil des früheren Thorner Komtureigebiets), Stapelrecht, Einkommen aus Fähre und Münze, Patronatsrechte und, nachdem Bürger und Söldner die Ordensburg Schwetz erobert hatten, auch die Hälfte der Einkünfte dieser Komturei.[8]

Als ein Jahrhundert später der polnische Reichstag in Lublin 1569 kurzerhand und ohne die westpreußischen Stände zu beteiligen, die Aufhebung der Autonomierechte Westpreußens und statt der bisherigen Personalunion mit dem polnischen König eine Realunion mit dem Reich Polen beschloß, konnten nur die Städte Danzig, Elbing und Thorn ihre bisherigen Privilegien retten; die Mitglieder des Preußischen Landesrats wurden Mitglieder des Polnischen Reichstags.

Westpreußen behielt auch unter polnischer Oberhoheit seine alte Verwaltungsstruktur weitgehend bei. Wichtigste Verwaltungsbeamte wurden die Woiwoden, die als Vorsteher der Woiwodschaften ihren Sitz in Marienburg, Kulm und Danzig nahmen. Den bisherigen Komturen annähernd vergleichbar sind die Starosten, die Verwaltungsbeamten auf lokaler Ebene. Im Jahr 1476 übertrug der polnische König mit dem Allodifikationspatent den bisherigen Freien ihre Dienstgüter zum persönlichen Eigentum – bislang gehörte alles Land in Preußen dem Orden, den Bischöfen oder den Domkapiteln.

Das war ein Schritt von größter Bedeutung: Westpreußen, das bislang außer den Rittern und den Verwaltungsbeamten keine Adligen kannte (und die auch nur in der Rolle von Funktionären des Ordens), erhielt auf einmal eine neue gesellschaftliche Schicht: Aus den Freien, den bislang ordensabhängigen Streitern, wurden unabhängige und grundbesitzende Adlige. Eine Privatisierung staatlichen Eigentums ohne jedes Vorbild in der Geschichte fand statt mit all den ruinösen Folgen für den Bauernstand.

Dieser geriet Ende des 17. Jahrhunderts endgültig in die Leibeigenschaft polnischer Art. Eine ähnliche Entwicklung ergab sich im restlichen Ordensland: Da der Orden seine Soldversprechen weiterhin nur teilweise einlösen konnte, übertrug er zunehmend Söldnern Eigentumsrechte an ländlichem Großgrundbesitz. Namen wie Dohna, Schlieben, Tettau, Eulenburg, Egloffstein, Truchseß zu Waldburg, Nostiz, Schenk zu Tautenberg werden in diesem Zusammenhang genannt.

Der Dreizehnjährige Krieg führte jedoch nicht nur zu einer politisch und rechtlich veränderten Stellung des Ordens in Preußen. Wegen der ungeheuren Verwüstungen, die von den Söldnern auf beiden Seiten hinterlassen wurden, war die Bevölkerung des Ordensstaats erheblich reduziert worden. In das nördliche Ostpreußen zogen in kurzer Zeit so viele Litauer, daß es fortan Preußisch-Litauen genannt wurde. In das südliche Ostpreußen wanderten Polen ein. Beide Zuzugsgruppen umfaßten sowohl Adlige als auch Bauern. Das bisher für die Bauern geltende, aber in seinen Wirkungen schon beschränkte kulmische Recht erfuhr weitere Einschränkungen.[9]

Hochmeister Albrecht von Brandenburg-Ansbach

Selbstverständlich versuchten die Hochmeister, sich ihrer Verpflichtungen gegenüber dem polnischen König so weit wie möglich zu entziehen, insbesondere ihrer Zusage zur Heerfolge. Als dann Hochmeister Johann von Tiefen («Meister Hans», wie er schon von den Zeitgenossen genannt wurde) 1497 bei einem Zug nach Podolien feststellen mußte, daß sein Truppenaufgebot nicht, wie von polnischer Seite behauptet, der Abwehr der Türken diente, sondern nur dynastischen Interessen des Königshauses, setzte er innerhalb des Ordens den Gedanken durch, daß zum Hochmeister künftig nur ein deutscher Reichsfürst gewählt werden sollte. Der konnte mit guten Gründen in Polen eine Heerfolge verweigern. Realisiert wurde dieser Wunsch von Johann von Tiefen allerdings nie.

Und das lag an Albrecht von Brandenburg-Ansbach[10], einem Neffen des polnischen Königs und Domherrn zu Köln. Er trat, einundzwanzigjährig, 1510 eigens in den Deutschen Orden ein, um zum Hochmeister gewählt zu werden – und das geschah nur vier Monate später tatsächlich. Er suchte 1519 – noch mit Unterstützung des Deutschmeisters – zunächst im «Reiterkrieg» die militärische Konfrontation mit Polen, die aber zwei Jahre später unentschieden in einem Waffenstillstand endete, obwohl er nur die schwächeren Truppen hatte.

Die nächste Zeit verbrachte Albrecht in Nürnberg, wo er den Gedanken und Lehren Luthers begegnete. Auf seine schriftliche Anfrage hin antwortete der Reformator im Dezember 1523 mit einer seiner berühmten Flugschriften: «An die herrn Deutschs Ordens das sie falsche keuscheyt meyden und zur rechten ehlichen keuscheyt greyffen Ermanung».[11] Zudem forderte Luther die Auflösung des Ordens und die Ausrufung seines Staates als weltlichen Staat. Beide Vorschläge nahm Albrecht 1525 für Preußen gern auf, nicht ohne sich zuvor als erster geistlicher Reichsfürst zum Protestantismus bekannt und, Luthers Beispiel folgend, geheiratet zu haben.

Albrecht hatte für seine epochalen Schritte – Übertritt zum Protestantismus und Ausrufung Preußens als weltlichen Staat unter polnischer Lehnshoheit – sicher nicht nur theologische Gründe, die ein wenig euphemistisch «Säkularisierung» genannt werden.[12] Aber sie paßten zu seiner und des Ordens Situation und verdeckten die staatsrechtliche Anrüchigkeit seiner Entscheidung. Wichtig wird für ihn die Erkenntnis gewesen sein, daß mit dem Ordensstaat auf Dauer kein Staat mehr zu machen sein würde. In Ostpreußen konnte er 1525 nur noch sechsundfünfzig Ordensmitglieder hinter sich versammeln, ein wahrlich bescheidener Abglanz einstiger Größe.

Albrecht wußte sich der Zustimmung der Stände seines Landes sicher. Schließlich konnte er auch damit rechnen, daß wegen des fernen

Albrecht I. von Brandenburg-Ansbach, Hochmeister des Deutschen Ordens 1511–1525, 1. Herzog von Preußen. Holzstich 1862 nach Relief von Albrecht Wolff am Universitätsgebäude in Königsberg.

Preußen und demgebenüber inzwischen noch kleineren Ostpreußen weder Kaiser noch Papst, die beiden Garantiemächte des Ordens, ernsthafte Schritte unternehmen würden. Beide universalen Mächte waren ja schon längst in den sich abzeichnenden Kampf zwischen den beiden christlichen Kirchen einbezogen. Wenig später (im Mai 1525) drohten dem Kaiser, den Adligen und den Bischöfen als Territorialherren in Deutschland durch den Bauernaufstand zudem ganz neue Gefahren, die von den Geschehnissen in Ostpreußen ablenkten.

Albrecht von Brandenburg-Ansbach handelte in einer für ihn günstigen Situation. Die wenigen Ordensmitglieder fügten sich in die Umwandlung. Am 8. April 1525 schlossen Polen-Litauen und der Orden einen Friedensvertrag, bereits am 10. April leistete Albrecht als erster erblicher und lutherischer Herzog in Preußen dem polnischen katholischen König Sigismund in Krakau öffentlich, kniend und höchst feierlich den Lehnseid. «Preußische Huldigung» nennt man das heute noch in Polen.

Selbstverständlich überwogen bei Sigismund machtpolitische Hoffnungen und Zielsetzungen vor religiösen Zweifeln. Der polnische König wie auch sein Volk blieben von der Reformation unberührt, hingen weiterhin dem katholischen Glauben an. Obwohl überzeugter katholischer Christ hatte König Sigismund, ein Bruder der Mutter von Herzog Albrecht, dennoch nicht die geringsten Skrupel – ebensowenig wie seine Nachfolger – über ein nunmehr rein protestantisches Land zu herrschen – ein Grund mehr, die religiösen Skrupel bei den Führern auf beiden Seiten als unbedeutend einzuschätzen. Die Einwohner von Königsberg bereiteten ihrem neuen Herzog bei seiner Rückkehr einen begeisterten Empfang mit Glockengeläute, Böllerschüssen und Fackeln.

Das polnische Herzogtum Preußen

Am Beginn des nunmehr polnischen Herzogtums Preußen steht also unverkennbar ein Staatsstreich: Hochmeister Albrecht privatisierte das ganze restliche Ordensland in Preußen zu seinen und seiner Familie Gunsten, der Orden wurde schlicht enteignet. Das konnte Albrecht mit leichter Hand tun: Da der Orden lehensrechtlich exemt war, also an keinen weltlichen oder geistlichen Herrn gebunden, konnten nur Kaiser und Papst de iure eingreifen. Der Rest des Ordens im Westen konnte diesen Eingriff in seine Rechte als Institution nicht tolerieren und strengte deswegen Prozesse an und gewann sie sogar, fand aber niemanden, der bereit gewesen wäre, diese Rechte auch durchzusetzen, also militärisch einzugreifen.

Und in dem Staat, in dem es bislang zwar abhängige, aber persönlich nur freie Untertanen gab, wurden die Bauern nun systematisch in eine so erbuntertänige Leibeigenschaft getrieben, wie sie später nirgendwo in Deutschland zu beobachten war. Da Albrecht keine regierungsfähigen Söhne hinterließ, kam das polnische Herzogtum Preußen auf dem Erbweg, nachdem schon 1569 gegenüber Polen eine Mitbelehnung der Brandenburger durchgesetzt werden konnte, 1618 an das Haus Brandenburg.

Die Reformation hatte noch eine weitere Entwicklung zur Folge: Das Pruzzenland bestand um 1200 zu etwa 95 Prozent aus einem Laub-Mischwald, in dem hauptsächlich Eichen, Weißbuchen, Eiben und Birken wuchsen. Trotz aller Erschließungsmaßnahmen des Ordens war bis etwa 1570 das Gebiet östlich von Lötzen und der Großen Seenkette weitgehend noch Wildnis. Zwischen 1570 und 1650 ging man massiv an die Kolonisierung östlich der masurischen Seenkette. Die Wildnis wurde zerstückelt, der Einfluß der Menschen zeitigte Folgen: Landwirtschaftliche Flächen prägen das Bild der Moränenlandschaft, und der Wald, den man heute vorfindet, ist ein zu 80 Prozent von Fichten und Kiefern bestimmter Nadelwald, durchsetzt von umfangreichen Beständen an Robinien.

Der Verlust Livlands

Livland und mit ihm der livländische Zweig des Deutschen Ordens sahen sich im 15. Jahrhundert den Expansionswünschen der Moskowiter ausgesetzt, die sich in den letzten Jahrzehnten von der Vormacht der Tataren befreit hatten und spätestens seit Iwan III. (1462–1505) auch nach einem unmittelbaren Zugang zur Ostsee strebten. 1478 fiel Nowgorod in die Hände des russischen Großfürsten. Nach Jahrzehnte dauerndem Hin und Her gab die Hanse ihren wichtigsten Handelsplatz an der östlichen Ostsee auf – und damit sich selbst. Die einst so bedeutende Stadt Nowgorod verfiel innerhalb von nur einer Generation. Sein Handelserbe traten die Moskauer Kaufleute an, aber so großartige Geschäfte wie im Zusammenhang mit der Hanse gab es seither nicht mehr.

1502 kam es dann zum letzten Erfolg der Ordensritter unter ihrem livischen Landmeister Wolter von Plettenberg gegen ein russisches

Heer am Smolina-See. Der anschließende Waffenstillstand hielt bis 1557. Im Jahr darauf begann der Livländische Krieg.

Der Übergang des Ordensstaats in Preußen an Polen und die Auflösung des preußischen Ordenszweigs läuteten für Livland eine besondere Situation ein. Rechtlich gehörte Livland dem Orden, dessen Interessen der Hochmeister vertrat. Wolter von Plettenberg hatte für sich und seinen Ordenszweig den Übertritt zum Protestantismus abgelehnt. Wem aber war Livland nach der Säkularisierung des Ordensstaats unterstellt? Polen-Litauen kümmerte das zunächst nicht. Auch Herzog Albrecht scheint dieses Thema nicht in die Friedens- und Lehensverhandlungen mit Polen eingeführt zu haben. Livland war bis zu seinem Ende knapp dreißig Jahre später faktisch unabhängig. Die Versuche des Deutschmeisters im Reich auf Unterstellung konnte man leicht zurückweisen. Am Rande sei vermerkt, daß die Reformation aber auch vor dem livischen Ordensweig nicht wirklich haltmachte, in einigen Konventen lebten alsbald – wie in westlichen Konventen – Katholiken und Protestanten gemeinsam. In der Ordensburg Wenden fand man sogar eine Ofenkachel mit dem Bildnis von Martin Luther![13]

Zwar bemühten sich die Ritter und die Livländer, dem russischen Andrang standzuhalten, doch dazu reichte ihre Kraft allein nicht mehr aus. Auch sie mußten sich einer stärkeren Macht anschließen. Aus dieser Einsicht heraus trat der letzte Landmeister in Livland, Gotthard Kettler, von seinem Amt zurück. Livland wurde zwischen Polen-Litauen, Dänemark und Schweden aufgeteilt. Estland ging an Schweden, Livland im engeren Sinne an Polen-Litauen und Ösel sowie Teile von Kurland an Dänemark. Gotthard von Kettler erhielt für seinen «großmütigen» Verzicht auf sein bisheriges Amt das südliche Livland mit Kurland und Semgallen als erbliches polnisches Lehen und wurde am 5. Februar 1562 zum Herzog ernannt. Die Stadt Riga konnte ihre weitgehende Unabhängigkeit noch weitere zwanzig Jahre lang bewahren, bis auch sie sich 1581 unter den Schutz des polnisch-litauischen Staats stellte.[14]

Der meist deutschstämmige Adel in Livland erwirkte 1561 als Gegengabe für seine Huldigung das «Privilegium Sigismundi», ein von ihm bis in das 20. Jahrhundert hinein als «Grundgesetz» verstandenes Privileg des polnischen Königs Sigismund II. August. Das war es rechtlich zwar nicht, aber der baltische Adel hat sich mit seiner Auffassung faktisch dennoch durchsetzen können. Das Originalpergament ist übrigens schon bald nach seiner Ausstellung verschwunden!

Von der Reformation bis zur Gegenwart

Der Deutsche Orden im 16. Jahrhundert

Mit dem Staatsstreich Albrechts von Brandenburg-Ansbach und mit seiner Huldigung an den polnischen König 1525 war dem Deutschen Orden neben Westpreußen (1466 im Zweiten Thorner Frieden) auch Ostpreußen verlorengegangen. Beide waren jetzt Teil eines größeren Reichs, des polnisch-litauischen Reichs; Livland wurde vierzig Jahre später weitgehend ebenfalls polnisch-litauisch. Innerhalb von nur zwei Generationen hatte der Deutsche Orden seinen gesamten «Staat» im Osten verloren. Daraus entstanden ihm erhebliche Probleme in seinen restlichen Besitzungen im Westen, die er aber erstaunlich rasch meisterte.

Die Konsolidierung des Ordens

Im Reich mußten für den Deutschen Orden viele rechtliche und organisatorische Grundlagen neu geschaffen und die alten verbessert werden. Die wesentlichen Aufgaben waren: Bildung einer neuen Organisationsstruktur, rechtliche Sicherung der Besitzungen, bessere Einbindung in die Verfassungsstruktur des Reichs. Das waren an sich schon schwierige Aufgaben, deren Lösung durch die Folgen der Reformation zusätzlich erschwert wurde.

Der Deutschmeister, der über nahezu alle Balleien im Reich herrschte, strebte danach, an die Stelle des Hochmeisters zu treten. Herzog Albrecht hatte kurz vor seinem Austritt aus dem Orden den Deutschmeister Dietrich von Cleen schon als unabhängig anerkennen müssen. Die

Deutschmeister hatten für den Orden im Reich 1494 von Kaiser Maximilian die Reichsstandschaft erlangt (waren dadurch also auch Mitglieder des Reichstags) und gehörten seither zu den geistlichen Reichsfürsten. Diese Standeserhöhung bedeutete die Einbindung in die rechtliche Struktur des Reichs, also auch den ersten Schritt zur freiwilligen Aufgabe der Exemtion von Lehensgewalt. Im Hofprotokoll folgten sie auf den bisher letzten geistlichen Reichsfürsten, den Abt von Fulda, und standen vor dem ersten weltlichen Fürsten, dem Herzog von Bayern. Wie Dietrich von Cleen trug sich auch der livische Landmeister Wolter von Plettenberg mit dem Gedanken, das Hochmeisteramt zu übernehmen. Er erreichte für Livland ebenfalls die Reichsstandschaft (1526). Der livische Landmeister blieb bis zu seiner Huldigung an den polnischen König 1562 Mitglied des Reichstags.

Innerhalb des Ordens waren bislang die Stellungen des Deutschmeisters und des livischen Landmeisters nur teilweise formal geregelt. Sie waren gewiß weder Stellvertreter noch Nachfolger des bisherigen Hochmeisters im Rechtssinn. Das behauptete Deutschmeister Walter von Cronberg, der Nachfolger Dietrichs von Cleen, zwar zu sein, doch bewegte er sich dabei auf unsicherem Grund. Erst die freundliche Zuwendung des Kaisers, der ihn 1527 zum Administrator des Ordens erklärte, ihm also faktisch diese Leitungsfunktion, noch nicht aber auch den Titel «Hochmeister» übertrug – wie immer in diesen Zeiten gegen eine beträchtliche Geldsumme – bewirkte eine Klärung. Kaiser Karl V. wies ihn an, die «Administration des Hochmaister Amts furderlich» in die Hand zu nehmen, und gestattete, «solch Namens Titels, Hochmaisters wappen mit dem Clainot, in deinen schrifften Sigeln unnd sunnst zu führen».[1]

1530 beschloß dann der Reichstag auf Wunsch und Vorschlag des Ordens, das Amt des Deutschmeisters förmlich mit dem Amt des Hochmeisters zu verbinden. Die Funktionen Hoch- und Deutschmeister wurden in einer Person vereinigt. Ordensintern war es im Jahr zuvor auf einer Tagung in Frankfurt zu diesem Beschluß gekommen. Mit der Übertragung des Hochmeisteramts an den Deutschmeister hielt man zugleich die Kontinuität aufrecht, auf die sich der Anspruch des Ordens auf Preußen stützte. Erster Amtsinhaber wurde Walter von Cronberg.

Aufschwörschild des Walter von Cronberg, 26. April 1515, Friesach, Deutschordenskirche St. Blasius.

Den Hochmeistertitel und seine Rechtsstellung konnte Walter von Cronberg erst nach langen und mühseligen Verhandlungen (vor allem innerhalb des Ordens) erreichen, weil die Balleien gegenüber der Ordenszentrale ohnehin schon recht selbständig geworden waren und bei der Etablierung eines Hochmeisters im Reich um ihre Selbständigkeit fürchteten. Insbesondere aber wehrten sich die vier Balleien, die dem Hochmeister seit ihrer Zugehörigkeit zum Orden[2] bis 1525 kraft Amtes zugehört hatten (die «Kammerballeien» Bozen, Österreich, Koblenz von Beginn an, Elsaß-Burgund seit 1388), heftig gegen ihre «Unterordnung» – sie beharrten weiterhin darauf, daß sowohl ein Hochmeister als auch ein Deutschmeister gewählt werde.

Den Reichstagsbeschluß von 1530 mußte der neue Hoch- und Deutschmeister außerdem mit dem Lehnseid vom Kaiser erwerben – dreihundert Jahre nach der Lehensexemtion des Ordens durch Kaiser und Papst gab er eines seiner wichtigsten Privilegien preis, um in einer veränderten Welt, einem veränderten Reich, einer veränderten Reichsorganisation weiter leben zu können. 1530 setzte Karl V. Walter von Cronberg als Hochmeister ein und belehnte ihn ausdrücklich auch mit Preußen.

Im Jahr 1529 hatten die Ordensritter in Frankfurt zudem beschlossen, daß Priesterbrüder (das waren überwiegend Nichtadelige, und in Preußen viele einheimische Pruzzen) künftig vom Amt eines Komturs ausgeschlossen werden sollten. Bei den Ordensangehörigen wurde seither nicht mehr nur funktional diffenziert zwischen Rittern und Priesterbrüdern, sondern nun gab es auch soziale Differenzierungen: hier Ritter, dort Nichtritter.[3] Das hat in dieser religiösen Umbruchzeit die Treue und Verbundenheit der Priesterbrüder mit dem Orden gewiß nicht gefördert, im Gegenteil. Das entlastete zwar die Ordenskasse, stellte aber die Ordensoberen vor das Problem, wie denn die vielen Priesterstellen zu besetzen seien, über die der Orden das Patronat nach wie vor ausübte.

Der Deutsche Orden mußte sich nach dem Verlust Preußens im Reich ein neues Zentrum aufbauen. Zunächst sollte die Regierungszentrale auf der Burg Horneck bei Gundelsheim am Neckar eingerichtet werden, aber sie war 1525 von Bauern zerstört und mit ihr das Ordensarchiv vernichtet worden. Deutschmeister Dietrich von Cleen ließ sich statt dessen das Mergentheimer Ordenshaus als vorübergehende Bleibe zur Verfügung stellen. Aus dem Provisorium wurde jedoch eine Dauerlösung – für beinahe dreihundert Jahre.

Mergentheim selbst war schon im frühen 13. Jahrhundert dem Orden von Heinrich von Hohenlohe und seinen Brüdern Andreas und Friedrich geschenkt und alsbald Kommende geworden.[4] Heinrich war auch eines der ersten Ordensmitglieder, das ausdrücklich als Deutschmeister bezeichnet wurde (1231–1242). Um Mergentheim herum sammelte seit 1525 der Hoch- und Deutschmeister seinen ihm unmittelbar untergeordneten «Staat». In den übrigen Gebieten des Ordens, in den Balleien, hatte er dagegen kein unmittelbares Eingreifs- und Verfügungsrecht.

Die Reformation stellte den Orden vor weitere Herausforderungen. Doch mit diesem theologischen Problem wurden die Ritter erstaunlicherweise viel leichter fertig als seinerzeit mit dem Verlust der Berechtigung, in Litauen den Heidenkampf zu führen. Die Korporation überdauerte als geistliche Institution die religiöse Herausforderung rasch; sie überlebte als weltliche Institution, wenn auch personell und materiell sehr geschmälert, sogar mit dem Segen des Reichstags.

Die allmähliche Umwandlung

Waren schon in Preußen und später auch in Livland die meisten Ordensbrüder zum Luthertum übergetreten, so gab es die entsprechende Entwicklung natürlich auch im Reich. Nicht alle Ordensritter, die sich zum Protestantismus bekannten, verließen zugleich auch den Orden und seine Häuser, verzichteten also nicht immer auf dessen Wohltaten. Obwohl sich die Protestanten rasch in Lutheraner und Calvinisten unterteilten (die sich dann unfehlbar theologisch heftiger befehdeten als beide gemeinsam die Katholiken), kam es in der hessischen Ballei in Marburg zu dem erstaunlichen Ergebnis, daß Angehörige aller drei Konfessionen dem Orden angehörten und und im Konvent friedlich zusammenlebten. Das Amt des Landkomturs wurde abwechselnd von den Vertretern der drei Konfessionen bekleidet.

Als wichtigster Grund wird für dieses friedliche Miteinander genannt: Der Ordensbesitz war im Bewußtsein und im Verständnis der seine Konvente beschickenden Adelshäuser gewissermaßen ihr kollektives Eigentum geworden. Die Versorgung der Familienangehörigen hatte offenbar ein größeres Gewicht, als jede theologische Orientierung.[5]

Die Ballei Elsaß-Burgund beschloß immer wieder, zuletzt noch 1561, daß ihre Güter nur von Katholiken genutzt werden dürften – wiederholte Verbote sprechen aber für ihre ständige Übertretung. Die Balleien Thüringen und Sachsen wurden protestantisch, Utrecht calvinistisch; alle anderen Balleien blieben katholisch. Die Lutheraner und

Calvinisten legten selbstverständlich keine Gelübde ab, schworen aber dem Hochmeister, das gleiche Leben zu führen, als hätten sie diese Gelübde abgelegt. Hochmeister wurde in all diesen unruhigen Zeiten bis zum Ende des Ordens 1809 allerdings immer nur ein Katholik.

Für das Überleben des Ordens nach dem Verlust Ostpreußens gibt es zwei wesentliche Gründe: Zum einen betrieb niemand im Reich ernsthaft die Auflösung des Ordens. Das wiederum lag nicht etwa am Orden selbst oder war nicht in seiner überragenden Bedeutung für das Reich bzw. in seinen hervorragenden Beziehungen zu den wichtigsten Personen des Reichsregiments begründet, sondern in der allgemeinen Unfähigkeit des Heiligen Römischen Reichs Deutscher Nation zu Reformen oder durchgreifenden Veränderungen. Zum anderen trat zu dieser Unfähigkeit noch hinzu, daß der Deutsche Orden sich im Laufe der Zeit von einem geistlichen Orden in eine Sozialeinrichtung für eine bestimmte gesellschaftliche Schicht gewandelt hatte. Längst schon hieß man ihn spöttisch des «Teutschen Adels Spitale», eigentlich hätte man sagen müssen: des «niederen Teutschen Adels Spitale».[6]

Diese These stimmt möglicherweise in ihrer Grundaussage. Prüft man sie unter ihrem quantitativen Aspekt, dann gilt sie nur für einige Balleien, nicht für alle. So gab es in Thüringen zur Zeit der Reformation zwar 98 Brüder, davon waren aber 92 Priesterbrüder; in Sachsen waren es gerade einmal 20 Brüder, davon 16 (andere zählen 14) Priesterbrüder. Im Ordensland Preußen gab es 1525 ganze 56 Ritter. In Franken waren es kurz zuvor (1513): 169 Ritterbrüder und 99 Priesterbrüder. Priesterbrüder aber entstammten in der Regel nicht dem Adel. Die ganz überwiegende Mehrheit der Brüder in den Balleien Thüringen, Sachsen und Franken war also gar nicht adelig. Demzufolge mag der Satz vom Adels-Spital zwar eine Zielvorstellung ausdrücken, ist im Kern sogar richtig, doch in diesen drei Balleien und im einstigen Ordensland Preußen waren die sozialen Verhältnisse in der Reformationszeit anders. Und am Ende des alten Reichs zählte der Orden insgesamt ohnehin nur noch 60 Mitglieder – wie könnte man bei diesen Zahlen mit Fug und Recht von einer Versorgungsfunktion des Ordens für eine bestimmte soziale Schicht sprechen?[7] Abgesehen davon, daß die Domkapitel einem erheblich größeren Anteil von Menschen aus dieser sozialen Schicht Aufnahme und Überleben sicherten.

Seit seiner Ernennung zum Hoch- und Deutschmeister, seit der Leistung des Lehenseids gegenüber dem Kaiser und mit dem Aufbau der Ordenszentrale in Mergentheim (einschließlich dem Versuch, eine eigene Münze seit 1534 einzurichten), scheint sich der Reform- und Arbeitseifer von Walter von Cronberg erschöpft zu haben. Fast jedenfalls: Denn im Namen des Ordens strengte er einen Prozeß gegen Albrecht von Brandenburg-Preußen an und gewann ihn sogar 1532 vor dem Reichskammergericht. Albrecht wurde in die Reichsacht erklärt[8] – doch dabei blieb es bis zum Ende des Heiligen Römischen Reichs Deutscher Nation. Kein Kaiser, kein Papst, kein anderer Reichsfürst kümmerte sich um das Urteil, keiner wollte es vollstrecken.

Wohl nicht nur der Türkenkriege wegen, die zu führen der katholische Kaiser auch protestantische Reichsfürsten und ihre Truppen benötigte. Wer einen Rechtstitel hatte, mußte ihn auch durchsetzen können. Der Orden hatte längst nicht mehr die Militärkraft und das Ansehen von einst, sein nunmehr sogar gerichtlich bestätigtes Recht selbst durchzusetzen, und keine andere Macht wollte ihm helfen. Bis zum Schluß gab der Orden seinen Anspruch auf Preußen allerdings nicht auf.

Weiterhin mußten der neue Hoch- und Deutschmeister und die Ritter trotz ihrer seit 1530 reichsrechtlich gefestigten Stellung tatenlos zusehen, daß viele Besitzungen des Ordens von den zum Protestantismus übergetretenen Landesherren «säkularisiert» (d.h. aus Ordenssicht enteignet) wurden. Von den bisherigen deutschen Balleien blieben im Besitz des Ordens: Biesen (im heutigen Belgien), Koblenz, Hessen, Thüringen-Sachsen, Elsaß-Burgund, Franken, Lothringen, Österreich und Bozen und die allesamt natürlich auch nicht ungeschmälert im bisherigen Umfang. Allerdings war diese Enteignung katholisch-kirchlichen Eigentums keine Maßnahme, die nur den Deutschen Orden getroffen hätte: In Deutschland ist die religiös motivierte Reformation untrennbar immer auch mit dem politischen Ziel aller Landesherren verbunden, ihr Staatsgebiet zu konsolidieren, ihren materiellen Einflußbereich auszuweiten. Dieses Ziel verfolgten alle Landesherren, ohne Unterschied ihrer Konfession. Nicht ohne Grund legt der Augsburger Religionsfrieden von 1555 fest, daß «cuius regio, eius religio» zu gelten habe: Die Konfession des Landesherrn entschied vordergründig über die

Konfessionszugehörigkeit der Untertanen, diente faktisch aber ihrer Gleichstellung.

Die letzten größeren Reformschritte unternahm Hochmeister Maximilian, Erzherzog von Österreich (1590–1618, seit 1585 schon Koadjutor), der erste Hochmeister aus dem Hause Habsburg. Zum einen gründete er in Mergentheim 1606 ein eigenes Priesterseminar, ein Beispiel, dem bald andere Balleien folgten. Ihm gelang es auch, noch einmal einen kleinen Rest ritterlichen Kreuzzugsgeistes zu wecken – im Kampf gegen die Türken. Schon 1593 führte er ein kleines Kontingent von dreißig Rittern (das sollen 25 Prozent aller Ritter gewesen sein; auch so gesehen stimmt der Satz vom Adels-Spital nur bedingt) nach Petrinja in Kroatien. Maximilian setzte dann 1606 einen Gedanken des Lazarus von Schwendi durch, der auf dem Reichstag 1570 schon heiß diskutiert worden war, aber zunächst auf heftigen Widerstand des Ordens gestoßen war: Künftig sollten dem Deutschen Orden nur noch solche Adligen angehören, die wenigsten drei Jahre an einem Türkenkrieg teilgenommen hatten[9] – eine zeitgemäße Form des Heidenkampfes, die zudem, nicht zufällig, den Interessen des Hauses Habsburg entgegenkam.

Der Deutsche Orden und das Haus Habsburg

Der Deutsche Orden und das Haus Habsburg wuchsen seit Anfang des 17. Jahrhunderts immer mehr zusammen. Das hatte lange Zeit für beide Vorteile, zog aber 1809 und 1918 jeweils schwerwiegende Folgen für den Deutschen Orden nach sich: Gleichzeitig mit der Demontage des Hauses Habsburg als Kaiser des Heiligen Römischen Reichs durch Napoleon wurde auch der mit diesem Haus eng verbundene Deutsche Orden liquidiert, seine Besitzungen (außer in Österreich-Ungarn) von den jeweiligen Landesherren requiriert – ein Prozeß, der sich nach 1918 in allen Landesteilen außer im verbleibenden Österreich noch einmal wiederholte.

Das Haus Habsburg oder sehr nah verwandte andere hochadelige Häuser stellten seit Ende des 16. Jahrhunderts fast alle Hochmeister. Meist übten die Amtsinhaber noch weitere Funktionen als Bischof, Kurfürst oder Erzbischof aus. Hinter dieser Praxis standen gewichtige materielle Gründe – der Orden verfügte nicht mehr über die Mittel, um die Repräsentationspflichten und -kosten eines Reichsfürsten zu tragen; «Hoch- und Deutschmeister» war eben doch eher ein (ehrenvoller) Titel. So vereinte der drittletzte Hochmeister im Alten Reich, Maximilian Franz (ein Sohn der Kaiserin Maria Theresia), dieses Amt mit dem des Kurfürsten von Köln und des Fürstbischofs von Münster. Dabei war das Amt des Hochmeisters ihm von allen das unwichtigste, er regierte nicht einmal von Mergentheim aus.

Maximilian Franz wird nachgesagt, mit Mozart vierhändig Klavier gespielt und Ludwig van Beethoven als Bratschisten in seiner Kapelle beschäftigt zu haben. Mit seinem Namen verbindet sich auch jener Satz, der aufs anschaulichste süddeutsche und norddeutsche Lebensart zu unterscheiden weiß: «Ich würde mich glücklich geschätzt haben, unter Franken statt unter Westfälingern zu leben.»

Der Deutsche Orden war bis 1648 gleichzeitig Mitglied in vier von zehn Reichskreisen (Fränkischer Kreis, Kurrheinischer Kreis, Schwäbischer Kreis, Österreichischer Kreis) und mußte sich an allen Aufgaben und Ausgaben beteiligen, die von den Reichskreisen wahrzunehmen waren: Wahrung des Landfriedens, Aufstellung von Truppen, Erhebung von Reichssteuern, Aufsicht über Münze und Zoll, Wahlen zum Reichskammergericht, Straßenbau.

Der Deutsche Orden im 17. und 18. Jahrhundert

In der zweiten Hälfte des 17. Jahrhunderts sehen wir die Ordensritter erneut im Kampf gegen die Türken. Der Orden stellte eigene Kontingente, die, zur habsburgischen Haustruppe gehörig, seit 1696 als «Hoch- und Deutschmeisterregiment» – ein Infanterieregiment – in Wien ständig stationiert waren. Regimentsinhaber war stets der Hoch- und Deutschmeister, die Offiziersstellen blieben den Ordensangehörigen vorbehalten. Dieses dank Johann Strauß Sohn heute noch immer bekannte Regiment fand eine Ergänzung in den kleineren Truppeneinheiten, die in der Ballei Österreich (Ober- und Niederösterreich, Steiermark, Kärnten, Krain-Laibach) ständigen Türkenangriffen ausgesetzt waren.

Seit dem 17. Jahrhundert wurde es zunehmend üblich, in den Kommenden des Deutschen Ordens ausgedienten Offizieren im Alter ein gesichertes Auskommen zu gewähren. Das hängt damit zusammen, daß Deutschordensrittern in dieser Zeit im Prinzip drei berufliche Laufbahnen offenstanden: der Dienst innerhalb des Ordens bis hin zum Hochmeister, der Dienst in Regierungsämtern an fürstlichen Höfen und der Militärdienst, vorzugsweise in den kaiserlichen Truppen. Während Hochmeister und Hofdiener leicht in den Genuß einer Altersversorgung kamen, war gerade für die Soldaten die Sicherung des Lebensabends besonders schwierig.

Welchen Beschäftigungen die Ordensritter in dem Jahrhundert vor dem Ende des Reichs nachgingen, wird eigentlich nicht recht deutlich. Zwar gab es noch immer Türkenkriege, aber offenbar zog es die Ordensangehörigen nicht mehr dorthin. Ein wenig wird ihre wirtschaftlich und sozial abgehobene Position dadurch beleuchtet, daß sie es für erforderlich erachteten, neue, «moderne» Uniformen zu entwerfen.[10] Ansonsten befaßten sie sich wohl hauptsächlich mit der Verwaltung ihrer Güter. Bestimmt gehörte erbauliches Schrifttum zu ihrer Lektüre, denn Mergentheim wies eine Bibliothek von wenigstens 20.000 Bänden auf; im Deutschordensschloß Altshausen gab es einen eigenen Bibliotheksraum und bei der Auflösung der Kommende etwa 3.000 Bände.

Man ersann, wie Franz-Ludwig von Pfalz-Neuburg als Mainzer Erzbischof und Kurfürst, der in Personalunion zugleich Hoch- und Deutschmeister war, eine Gebetsverbrüderung von Domkapitel und Deutschem Orden: Man gedenkt einander im täglichen Gebet und bei besonderen Anlässen, bestätigt sich diese Verbrüderung gegenseitig durch kleine, aber kostbare Präsente.

Man widmete sich der Musik, betrachtete und interpretierte die Ahnentafeln und Aufschwörschilder der – allerdings immer mehr schrumpfenden – Anwärter oder ließ nach Sitte der Zeit «Staatskalender» erstellen, beispielsweise *Des Hohen Deutschen Ordens Staats- und Taschen Kalender*. Das war eine im ausgehenden 18. Jahrhundert in allen Staaten höchst beliebte Literaturgattung, die häufig dekorative Übersichten über den Organisationsaufbau des «Staates» und die Benennung seiner verantwortlichen Persönlichkeiten in den verschiedenen Funktionen bringt. Diese Staatskalender des Ordens erschienen allerdings nur in einem Zeitraum von etwa zwanzig Jahren bis 1806.

In der Barockzeit wurde der Orden, wie die meisten anderen adeligen Grundeigentümer, wieder wohlhabender. Und doch ging er seinem Ende entgegen.[11] Begonnen hatte dies schon 1672, als französische Ritter des Königlichen Ordens von St. Lazarus die linksrheinischen Teile der Ballei Elsaß-Burgund zwischen 1672 und 1697 requirierten – ausdrücklich im Einverständnis mit König Ludwig XIV. – mit der Behauptung, daß es diesen Orden gar nicht mehr gebe. Der Friede von Rijswijk 1697 stellte die alte Ordnung wieder her, im Elsaß allerdings nur um den Preis der Anerkennung der französischen Souveränität. Der Orden bezifferte seinen Gesamtschaden durch Zerstörung, Besetzung und entgangene Einnahmen auf 2,3 Millionen Reichsgulden. Nur die Ordensmitglieder selbst blieben seit 1697 dem Landkomtur und dem Hochmeister unterstellt, alle anderen Untertanen waren der französischen Krone verpflichtet.

Der Orden in der napoleonischen Zeit

Mit der Französischen Revolution brach auch in den Ordensbesitzungen im Elsaß das alte System endgültig zusammen. Die Untertanen verweigerten alle Feudallasten, zerstörten Ordenseigentum und mißhandelten seine Beamten. Genauso wie im Elsaß erging es dem Orden in seinen Schweizer Besitzungen: Auch dort weigerten sich die Untertanen, ihren bisherigen Pflichten nachzukommen. Mit dem Frieden von Luneville fielen 1801 die linksrheinischen Balleien Biesen, Lothringen und der größte Teil von Koblenz endgültig an Frankreich; Elsaß-Burgund war staatsrechtlich schon vorher verlorengegangen, bezogen auf das noch verbliebene Eigentum büßte die Ballei etwa ein Drittel ihres Vermögens ein. Alle Schäden zusammengerechnet, entstand dem Deutschen Orden nach eigenen Angaben ein Verlust von etwa 20 Millionen Gulden. Mit dem Reichsdeputationshauptschluß wurden die weltlichen Fürsten 1803 für ihre linksrheinischen Besitzverluste durch die Zwangsenteignung rechtsrheinischer geistlicher Korporationen entschädigt. Nur der Deutsche Orden blieb von diesen Zwangsenteignungen vorläufig ausgenommen.

Im Frieden von Preßburg 1805 verlor der Hochmeister des Deutschen Ordens seine Eigenschaft als geistlicher Reichsfürst. Er wurde seither vom Kaiser aus dem Kreis seiner Familie ernannt, das Wahlrecht der Ordensmitglieder erlosch. Schon einen Monat zuvor, im November 1805, hatte Kurfürst Friedrich von Württemberg sämtliche in seinem Staat liegenden Ordensliegenschaften – mit Ausnahme von Mergentheim – besetzen lassen; Bayern nahm ebenso widerrechtlich große Teile der Kommende Ellingen ein, zeitweilig die Ballei Altshausen (bis 1810). Auch Baden beteiligte sich an dem in dieser Zeit üblichen Länderraub zu Lasten kirchlichen Eigentums.

Napoleon erklärte 1809 den Orden in allen Staaten des Rheinbunds für aufgehoben,[12] so daß ihm nur die Balleien Österreich und Utrecht verblieben. Die übrigen Besitztümer des Ordens fielen nun ordnungsgemäß an die jeweiligen Landesherren in Württemberg, Bayern, Brandenburg-Preußen, Sachsen oder Hessen. Im Tausch gegen das zum Familiengut des württembergischen Königs gehörenden Weiltingen, das an Bayern geriet, erhielt König Friedrich die Kommende Altshausen, die 1810 seinem (privaten) Hofkammergut zugewiesen wurde. Hier wohnt die herzoglich-württembergische Familie bis heute.

Den wenigen Ordensrittern (es sollen nur noch sechzig gewesen sein) wurden Pensionen ausgesetzt, die allerdings erst 1815 auf einem Kongreß in Mergentheim endgültig anerkannt und durchgesetzt wurden. Die Ordenszentrale in Mergentheim selbst wurde noch vor dem napoleonischen Tagesbefehl zur Auflösung des Ordens (1809) vom Königreich Württemberg annektiert. Da Generallandeskommissar Kreishauptmann Freiherr von Maucler im Namen des neuen Landesherrn kurzfristig die Einziehung von 45 Rekruten ankündigte und durchsetzte, kam es zum Mergentheimer Aufstand, bei dem württembergische Truppen massiv, nämlich mit Todesfolge, durchgriffen. Der Stadt Mergentheim geriet dieser Eigentümerwechsel zum Nachteil: Aus einer Stadt mit dem Sitz eines Reichsfürsten wurde ein Landstädtchen, dem lediglich die etwa fünfzehn Jahre später entdeckten Heilquellen zu einigem Wohlstand verhalfen.

Die Ballei Utrecht hatte sich schon 1637 vom Orden losgesagt und wurde Teil der neuen Generalstaaten. Utrecht wurde 1811 ebenfalls von Napoleon aufgehoben, aber von König Wilhelm der Niederlande 1815 wieder restituiert; sie besteht als Ridderlijke Duitsche Orde, Balije van Utrecht noch heute, seine Mitglieder sind Protestanten.

Nach 1815 gab es auch in Österreich keine Neuaufnahmen mehr; 1835 bestand der Orden nur noch aus dem Hochmeister und vier Rittern. 1840 verlieh Kaiser Ferdinand unter tätiger Mitwirkung des Staatskanzlers Fürst von Metternich dem Orden geistlich-ritterliche Statuten: Katholisch mußte man sein, und die Mitgliedschaft wurde teuer. Die Ordensritter wurden verpflichtet, nur ein Mitglied des Hauses Habsburg zum Hochmeister zu wählen, was sie auch taten, bis 1923 mit Erzherzog Eugen der letzte Habsburger aus seinem Amt schied. Auch der Schwesternzweig wurde wieder begründet (1841, Regel von 1846). In Lana (Südtirol) und Troppau (Schlesien) errichtete man eigene Priesterseminare.

Die Schlacht von Solferino (1859) und die Genfer Konvention vom 22. 8. 1864 bewirkten, in Anknüpfung an die Anfänge des Ordens, eine stärkere Hinwendung zum Hospitalwesen. Das nötige Geld für die Lösung dieser zusätzlichen Aufgabe verschaffte sich der Orden seit 1865 durch die Verleihung des Titels «Ehrenritter»: Laien erhielten die Tracht des Ordens (oder ein besonderes Kreuz). Adlig mußten sie sein, katholisch, in der männlichen Linie deutsch und volljährig. Gegen eine Aufnahmegebühr und jährliche Beiträge für den Spitalfonds. Das Modell blieb ohne großen Erfolg.

Wenig später (1871 kaiserlich genehmigt) gründete der Orden das Institut der Marianer. Ihm konnten Adlige des In- und Auslands beiderlei Geschlechts angehören; zunächst mußten die Mitglieder katholisch sein, später waren alle christlichen Glaubensrichtungen erlaubt. Zum Eintritt war eine gehörige Spende nötig oder man zahlte ebenso ansehnliche jährliche Beiträge. Dieses Modell schlug ein. Bis zu 1600 Mitglieder zählte man! 1875 stellte der Orden 41 Sanitätskompanien und unterhielt vier Spitäler. Sogar einen eigenen Badeort leisteten sich die Ritter: Bad Karlsbrunn im Bezirk Freudenthal im heutigen Tschechien. Während sich die Ordensritter dem (Feld)Spital- und Sanitätswesen widmeten und auch als Offiziere und Diplomaten der k & k-Monarchie dienten, wandten sich die anderen Mitglieder des Ordens, die Priester und Schwestern, dem Pfarrdienst, der Schul- und Erziehungsarbeit zu.

Nach 1918 wurde der Deutsche Orden als Hausorden in allen Nachfolgestaaten Österreich-Ungarns enteignet. Unter maßgeblichem Druck der Kurie wandelte er sich dann 1929 von einem militärisch orientierten Ritterorden in einen geistlichen Orden mit je einem männlichen und einem weiblichen Zweig unter priesterlicher Leitung (Statuten von 1930). Im Großdeutschen Reich (1938–1945) wurde der Deutsche Orden verboten, gestützt auf das «Gesetz über die Überleitung und Eingliederung von Vereinen, Organisationen und Verbänden». Priestern und Schwestern wurde die weitere Arbeit untersagt, die Ritter wurden abgefunden. Das Wiener Ordenshaus wurde von der SS beschlagnahmt. «Der Weg zu den eigenen ideologischen Ordensvorstellungen war durch die Beseitigung des Namensträgers frei. Was dann folgte, wie etwa die nationalsozialistischen Ordensburgen, hatte mit dem eigentlichen Deutschen Orden nichts zu tun.»[13]

Nach dem Zweiten Weltkrieg gab es in der Tschechoslowakei und in Jugoslawien erneut Enteignungen, während Österreich das im Dritten Reich beschlagnahmte Eigentum wieder zurückgab. Bei der Neugründung nach dem Ende des Kriegs orientierte man sich an seiner Frühzeit und gliederte den Orden in Brüder, Schwestern und Familiaren auf. Die Familiaren sind Laien, die im Berufsleben stehen, und Weltpriester. In den neunziger Jahren des 20. Jahrhunderts widmete sich der Deutsche Orden als Krankenhausbetreiber wieder dem Krankendienst, allerdings ohne nachhaltigen Erfolg.

Die kulturellen Leistungen des Deutschen Ordens

Der Burgenbau in Preußen

Eine spezifische Deutschordenskultur gibt es nicht. Lediglich im Bereich des Burgenbaus setzten die Ritter eigenständige Akzente, allerdings nur in Preußen, weniger in Livland, nicht dagegen im Reich – ein Phänomen, das einer Erklärung bedarf, die aber nirgends geliefert wird: Warum gibt es diesen Ordensbau (der erst nach den Pruzzenkriegen 1283 seine typische Ausprägung fand) nur in Preußen? Warum hat sich keiner der Kreuzritter, der Ordensritter oder der mehreren tausend Abenteurer der Litauer-«Reisen», die zwischen 1231 und 1410 nach Preußen kamen und wieder in den Westen zurückkehrten, diesen Burgenbau zum Vorbild genommen?

Für die erste Frage bieten die Wissenschaftler die verschiedensten Erklärungen an: Es wird auf englische, französische, spanisch-sarazenische oder sizilianische bauliche Vorbilder verwiesen, und es werden die Ordensstatuten zitiert. Wir bevorzugen hingegen die These, daß der Orden – sicher auf der Grundlage vieler Vorbilder – einen eigenständigen Typus entwickelt hat[1]: Anders als der gesamte europäische Raum war das Pruzzenland hinsichtlich des Wehrbaus *terra incognita* (sieht man von den feldlagerähnlichen Befestigungen der Pruzzen ab), mit dem Deutschen Orden gab es einen durchaus wohlhabenden Landesherrn, der sich solch teure Burgenbauten leisten konnte und schließlich waren die geographischen und geologischen Voraussetzungen in dieser Gegend nahezu überall gleich: leicht hügeliges, sandiges, mit Sümpfen durchsetztes Gelände – lauter Gründe, die eine Typisierung ermöglichten.

Zur zweiten Frage: Möglicherweise war die Zeit des Burgenneubaus im Westen schon weitgehend vorbei, als die Ordensritter in Preußen Ende des 13. Jahrhunderts begannen, ihren eigenen Burgentypus zu entwickeln und ihre Gebäude zu errichten. Vielleicht war es im Westen auch eine Frage des Vermögens – immerhin besaß der Hochadel längst recht große Burgen und der niedere Adel verfügte nicht über die Mittel, so große Anlage wie die in Preußen üblichen bauen zu lassen. Es gab dafür auch keine Notwendigkeit, denn keine dieser Familien war so groß wie ein Ritterkonvent. Doch warum verzichtete man auf den Einbau einer Fußbodenheizung?

Die mögliche Antwort auf die zweite Frage führt ins Grundsätzliche: Es scheint, als ob die durch die baulichen Innovationen des Deutschen Ordens im Nordosten des Landes gewonnenen Eindrücke keine nachhaltige Wirkung auf die Rückkehrer hatten. Das gleiche Phänomen war auch schon bei den aus dem Orient zurückgekehrten Kreuzfahrern zu beobachten gewesen. War also bei diesen Reisenden doch nur Abenteuerlust am Werk?

Dabei geht es bei den offenkundigen Unterschieden zwischen den Lebensbedingungen im Westen und im Osten nicht nur um den Burgenbau, sondern auch um die Infrastrukturmaßnahmen des Ordens, wie beispielsweise der Etablierung einer zentral geführten Verwaltung mit all ihren Konsequenzen für regelmäßigen Informationsaustausch und Aktenführung.

Neue Strukturen

Das gilt auch für die im Reich unbekannte Organisationsform eines «Residenzherrschers unterwegs» (K. Neitmann), der einerseits ein weiterer Ausdruck der Zentralisierung ist, andererseits zugleich die Verbindung zu den Ansprüchen der Menschen vor Ort schafft – ein im Zeitalter eingeschränkter Kommunikationsmöglichkeiten sinnvolles hoheitliches Verhalten. Selbstverständlich hielt der Hochmeister in seiner festen Residenz Hof wie Kaiser, Bischöfe und Reichsfürsten. In der Marienburg wohnte er zwar die meiste Zeit, aber etwa ein Viertel des Jahres reiste er durch sein Land.[2]

In Preußen galt von Beginn an die regelmäßige Schriftlichkeit von Rechtsakten («Handfesten»), also schon zu einer Zeit, als im Westen die meisten Urkunden noch auf «Zuruf» ausgestellt wurden, die Urkundenaussteller in der Regel keine Aufzeichnungen über ihre Rechtsakte führten und die meisten Urkundenempfänger des Lesens und Schreibens unkundig waren.

Diese Immunität gegen Einflüsse aus dem Osten gilt sogar für die Ordensmitglieder selbst. Auch das Zugehörigkeitsgefühl zur gleichen Organisation scheint sich in Grenzen gehalten zu haben. Eine Ordensgeschichtsschreibung, die das Schicksal beider Zentren gleichermaßen in den Mittelpunkt stellte, gibt es erst seit dem späten 15. Jahrhundert, zu einem Zeitpunkt also, als es mit der Ordensherrlichkeit schon längst vorbei war. Keine Kommende im Westen war (so wenig übrigens wie die anderen Litauen-Reisenden) geistig so beweglich, sich wirtschaftlich über einen ausgedehnten Fernhandel zusätzliche Einkommensquellen zu erschließen, wie die preußischen Ordensritter. Standesdünkel kann diese Zurückhaltung nicht erklären, da bis zu Beginn des 16. Jahrhunderts durchaus auch Bürgerliche in die Konvente aufgenommen wurden. Ausdruck dieser prinzipiellen Distanz zwischen dem preußischen Teil und dem Reichsteil des Ordens ist auch die seit dem frühen 14. Jahrhundert wachsende Souveränität des Deutschmeisters gegenüber dem Hochmeister.

Alle anderen kulturellen Leistungen des Ordens und seiner Ritter in Literatur, Musik, bildender Kunst sowohl in Preußen als auch im Reich werden von den Zeitströmungen gespeist. Diese umfassen einen Zeitraum von immerhin über achthundert Jahren in den verschiedensten Regionen Mitteleuropas und Kleinasiens. Faßt man den Kulturbegriff weiter, dann gelingt dem Orden in Preußen die Entwicklung und Gestaltung eines Staatswesens, das für lange Zeit in Europa seinesgleichen suchte. Zu dessen Grundlagen gehört nicht nur das landeseinheitliche Recht, das mit der Kulmer Handfeste schon 1233 eingeführt wurde, sondern auch der Aufbau eines einmaligen Wirtschafts- und Handelssystems. Zu den großen Kulturleistungen des Deutschen Ordens zählen auch die Urbarmachung von Wäldern und Sümpfen sowie der systematische Aufbau einer Infrastruktur, die europaweit ihresgleichen suchte.

Über hundert Jahre seiner Geschichte hatte der Deutsche Orden sein Macht- und Einsatzzentrum zunächst außerhalb Deutschlands und Europas und Menschen und Vermögen aus ganz Europa nach Südosten abgezogen – im Dienste einer höheren Aufgabe. Dieser gewaltige Aufwand erfolgte nur, um ein fernes Land zu erobern und das Eroberte zu verteidigen. Alle Investitionen dienten fast ausschließlich Militäraufgaben: Waffenbeschaffung, Bereitstellung von Nahrung und Ausrüstung der Krieger, Burgenbau, Straßensicherung. Für die Aufrechterhaltung eines Hospitals für kranke Pilger im Heiligen Land hätte es dieses Aufwands nicht bedurft.

In diesen ersten hundert Jahren entwickelten die Ordensbrüder eine eigene Organisationsstruktur, die sich in zwei Punkten wesentlich von derjenigen der beiden anderen Ritterorden und allen anderen weltlichen und geistlichen Herrschaftsgebilden der Zeit unterschied: durch den schon sehr früh gezeigten Willen, ein geschlossenes Territorium aufzubauen und zu beherrschen und durch die langjährige Bereitschaft, auch Bürgerliche in den Orden aufzunehmen.

Eine reine Laienschar konnte nach 1190, das wurde alsbald deutlich in den unruhigen Kreuzzugszeiten, fern der Heimat nicht überleben. Weder konnte sie sich eine gemeinsame Grundordnung geben, noch verfügte sie über regelmäßige Einnahmequellen. Die rasche und praktische Konsequenz aus dem Dilemma war die Umwandlung in einen geistlichen Ritterorden durch die Fürsten des Reichs, die 1198 in Akko weilten.

Mit dieser Umstrukturierung ergab sich ein neues Problem: Wie weiter die Laien und Priester behandeln, von deren Arbeit die Bruderschaft bisher geprägt war und die ihr auch weiterhin angehören sollten und wollten? Man beschloß also, daß es fortan Ritterbrüder, Laienbrüder (später Graumäntler benannt) und Priesterbrüder geben sollte.

Die Graumäntler waren vermutlich den Ritterbrüdern gleichgestellt, denn sie nahmen an der Hochmeisterwahl teil; sie stellten aber weniger Pferde für den Kampf. Die Bedeutung der Priesterbrüder innerhalb des Ordens schwächte sich laufend ab, bis sie in der Reformationszeit fast ganz verschwanden und erst nach 1606 wieder bedeutender wurden;[3] heute steht ein Priester an der Spitze der Organisation. Sogar einen weiblichen Zweig genehmigte der Papst schon in der Frühzeit. Dessen Mitglieder durften aber nur bestimmte, frauengemäße Aufgaben erledigen und nicht mit den Ritterbrüdern im gleichen Haus leben. Die Schwesternschaft hatte zu keiner Zeit einen große Bedeutung und wurde im 15. Jahrhundert wegen Nachwuchsmangels vollends eingestellt.

Aus dieser dreifachen Mitgliedschaft aber – Ritter, Priester, Schwestern – ergibt sich im 19. Jahrhundert ein wesentliches Strukturmerkmal für die Neuorganisation des Deutschen Ordens. Dem alten Orden zuzurechnen sind noch die Diener (Freie) und Knechte (Unfreie).

In der Frühgeschichte des Ordens war die soziale Herkunft seiner Mitglieder unerheblich. Hierin unterschied sich der Deutsche Orden unverkennbar von seinen beiden großen Konkurrenten. Zwar führen sich auch die Johanniter auf eine Laiengründung zurück, doch sie mußten sich schon bald nach der Gründung des Templerordens sozial neu orientieren. Um 1190 jedenfalls waren beide längst etablierte Ritterorden, die ihre Mitglieder ausschließlich aus dem Adel rekrutierten. Bis in das 16. Jahrhundert hinein durften Bürgerliche Deutschordensmitglieder (Ritterbrüder und Priesterbrüder) werden, doch ihre Bedeutung schwand. In dieser engen Verbindung mit dem Bürgertum, insbesondere mit dem städtischen Patriziat, dürfte der wesentliche Grund dafür liegen, daß der Deutsche Orden als einziger Landesherr Mitglied der Hanse war und kaufmännisch erfolgreich agierte.[4]

Mit der Umwandlung 1198 wurde dem Orden auch die Templerregel (Ritterdienst), Johanniterregel (Krankendienst) und Dominikanerregel (Priesterdienst) verliehen. 1244 gewährte ihm Papst Innozenz IV. das Privileg, die Statuten in eigener Verantwortung weiterzuentwickeln. Eine erste lateinische Regel soll aus dem Jahr 1251 stammen, ist aber nicht erhalten. Schon 1264 entstand eine deutschsprachige Regel, die formell bis 1442, inhaltlich aber bis 1606 galt und in vierunddreißig Sprachen übersetzt wurde. Eine letzte große Statutenrevision erfolgte 1606 (Türkenkampf, Verbesserung des Bildungsstands, Spitalwesen) und blieb bis 1839 in Kraft, als die Kurie das Privileg der eigenverantwortlichen Weiterentwicklung der Statuten zurückzog.[5]

Rechte und Eigentum

Mit der 1198 erfolgten Umwandlung war ein wichtiges Fundament für eine hoffnungsvolle Zukunft gelegt, nun konnte auch der Deutsche Orden in den Genuß von Kreuzzugsprivilegien und Kreuzzugsablässen kommen, konnte Eigentum und Rechte erben, erwerben, übertragen bekommen und verwalten. Solchermaßen gestärkt, im Schutz der staufischen Könige und Kaiser, in der Gunst auch vieler Fürsten des Reichs, im Schutz des Papstes und der Kirche flossen dem Orden bald großzügige Zuwendungen in Form von Grundeigentum und Rechten zu – weniger in Form von Geld, das erst zu dieser Zeit als Wert Anerkennung zu finden begann –, allen voran das Recht, Reichslehen und Allodien durch Schenkung oder Kauf zu erwerben. Dieses Recht räumte der Kaiser ein. In den Gebieten, die der Orden den Heiden abnahm, durfte er Kirchen und Kapellen einrichten – dieses Recht wurde ihm vom Papst gewährt.

Wenig bekannt ist über die Anfänge des Ordens in der Frühzeit, über seine Entstehung, den Umfang seines Besitzes, seine geographischen Schwerpunkte, seine Verwaltung und Organisation.

Schon in seiner Frühzeit verfügte der Orden europaweit über erste Besitzungen. Noch bevor 1198 seine Umwandlung in einen Ritterorden erfolgte, besaß er in Palästina neben dem Haus in Akko, der langjährigen Ordenszentrale, bereits Burgen im südlichen Syrien und in Palästina, namentlich in Gaza, Jaffa, Askalon, Ramla und Zansi. Nur wenig später sind Besitzungen im deutschen Reich (Thüringen, Franken, Südtirol, Hessen, Bayern, Prag, Wien, Steiermark), in Griechenland, Ungarn/Rumänien (Burzenland) und in Armenien nachweisbar. Wenige Jahrzehnte später folgten Besitzungen in Belgien, den Niederlanden, Frankreich und der Schweiz. Etwa zur gleichen Zeit erwarb er 1226, mit ausdrücklich für diesen Zweck gestifteten Geldmitteln, ein Gebiet nordöstlich von Akko mit der Burg Montfort (Starkenberg) als Mittelpunkt, einer alten und verfallenen, von französischen Kreuzrittern im Jahrhundert zuvor errichteten Burg. Hierhin verlegte man nach Um- und weitgehendem Neubau das Ordenszentrum bis 1271. Als die Ordensritter auf preußischem Boden zu agieren begannen, wurde ihnen Eigentum in Spanien übertragen (1230).[6]

Alle diese Besitzungen wurden vom Orden möglichst so ausgewählt, daß sie in der Nähe von den überregionalen Verkehrsverbindungen nach Süden, später nach Osten lagen; in den italienischen Städten suchte man möglichst in der Nähe des Hafens ein Haus zu erwerben oder zu erben. Die beiden Balleien, in denen die wesentlichen Alpenpässe liegen, Österreich und Bozen, verloren nach dem Umzug der Ordenszentrale auf die Marienburg, der auch den endgültigen Abschied von palästinensischen Zielen und Träumen bedeutete, rasch ihre frühere Bedeutung.[7]

Auffällig ist, daß die Schenker in der Frühzeit häufig dem Orden Hospitäler im Reich übertrugen, die von den vorigen Betreibern offensichtlich vernachlässigt worden waren, so etwa das in Koblenz, dessen Eigentumsübertragung Papst Honorius III. schon 1216 bestätigte oder das Spital von Ellingen, das 1216 von Friedrich II. dem Orden zugewiesen wurde. In Koblenz waren die Deutschherren so erfolgreich, daß sie Namenspatron für das «Deutsche Eck» wurden (dessen heutige Form übrigens erst dadurch entstanden war, daß man vor dem Grundstück der Ordensritter Land aufschüttete, um darauf das Ehrenmal zu errichten). Andere Hospitäler entstanden oder erbte der Orden in Altenburg/Thüringen oder in Sachsenhausen, weswegen sich die Stadt Frankfurt auf der Sachsenhäuser Mainseite noch heute mit einem «Deutschherrenufer» schmückt.[8]

Im besiedelten Europa konnten die Ritter keine einigermaßen geschlossenen Besitzkomplexe und Herrschaften mehr aufbauen. Zu viele geistliche und weltliche Herren verfügten im Altsiedelland schon vor dem Orden über Recht und Besitz, hatten Grundeigentum, Rechte und sogar die Menschen untereinander geteilt. Umgekehrt hatte das zur Folge, daß diese Herren nur ihre jeweiligen Besitzteile verschenken, vererben oder verkaufen konnten. Mittelalterliche Herrschaft beruhte stets auf personaler Bindung, nicht auf einem geographisch beschreibbaren Gebiet, sie war nie allumfassend in einer Hand. In jedem Gebiet, in jedem Dorf gab es stets mehrere Herrschafts- und Rechteinhaber, daher kam es durchaus nicht selten vor, daß die gleiche Person mehreren Herren Zinsen zahlen oder Dienst leisten mußte.

So bunt wie die Eigentumsverhältnisse der Schenker war dann auch der Besitz des Ordens: Streubesitz. Später versuchten zwar die Ritter, diesen umfangreichen Streubesitz zu konzentrieren, durch Kauf, Tausch und Verkauf zu arrondieren, doch dies gelang nur in eng begrenzten Bereichen: in der Kommende Virnsberg, um Mergentheim herum oder in Elsen am Niederrhein (Ordensbesitz seit 1263, seit 1937

Stadtteil von Grevenbroich), über das der Koblenzer Landkomtur die Reichsstandschaft erreichte. Es kam auch vor, daß im gleichen Gebiet mehrere Ordensniederlassungen Besitz hatten, nichts Außergewöhnliches nach mittelalterlichem Verständnis.[9]

Geschlossene Herrschaftsgebiete suchte der Orden im Morgenland aufzubauen; ein geschlossenes Herrschaftsgebiet hatten die Ritter im Burzenland erreicht – weswegen der ungarische König ihnen Einhalt gebot. Erst im dritten Anlauf – immer unter Hermann von Salza – gelang es ihnen in Preußen in beeindruckender Weise: Da waren sie, neben der Kirche, vorerst die alleinigen Rechte- und damit Herrschaftsinhaber und mußten lange Zeit mit niemandem teilen.

Die Organisation

Zum dauerhaften Überleben bedurfte es einiger grundfester Prinzipien: Die Zentrale mußte dem Verantwortlichen vor Ort, sei es nun ein Komtur oder bei kleinerem Besitz auch nur ein beauftragter Laie, voll und ganz vertrauen, daß er nämlich das ihm anvertraute Gut bestens verwalte, die Begehrlichkeiten der benachbarten Fürsten, auch der Kirchenfürsten, abzuwehren willens und in der Lage sei, den Reichtum des Ordens (und nicht seinen eigenen) zu mehren stets im Sinn habe.

Dieses «Treuebündnis» war aber auch zur damaligen Zeit nicht selbstverständlich. Das zeigte sich rasch, nachdem das Zentrum des Ordens endgültig nach Preußen verlegt worden war. In den darauf folgenden zwei Jahrhunderten gingen alle mittelmeerischen Besitzungen nacheinander Stück für Stück verloren, das heißt enteignet oder zerstört, sei es durch den jeweiligen Verwalter, sei es durch die benachbarten geistlichen und weltlichen Machthaber: Die Ballei Armenien war 1291 von Muslimen erobert worden; die Ballei Arles wurde zu Beginn des 14. Jahrhunderts im Zuge der Liquidierung des Templerordens enteignet. Der spanische Zweig des Deutschen Ordens vereinigte sich daraufhin mit einigen geflohenen Templern zu einem neuen Orden. 1410 vernichteten die Hussiten die Ballei Böhmen (bis auf geringe Reste), spätestens um 1500 fiel die Ballei Romania (Griechenland) in türkische Hände; die italienischen Balleien wurden vom Papst eingezogen, die Ballei Frankreich 1501 an Clairvaux verkauft. Die drei italienischen Balleien wurden mit Zustimmung, teilweise auf Drängen der Kurie Ende des 15. Jahrhunderts «privatisiert».[10]

Es ist nicht bekannt, ob der Deutsche Orden in den Anfängen diesen umfangreichen Besitz schon so verwaltete wie es für die spätere Zeit überliefert wird: Auf lokaler Ebene gab es die Kommende (in Preußen Komturei, Vogtei oder Pflege) mit einem Komtur an der Spitze. Der Komtur verwaltete den Grundbesitz. Er war Vorsitzender des meist zwölfköpfigen Konvents und Befehlshaber in militärischen Angelegenheiten. Diese lokalen Amtsträger erledigten ihre Aufgaben in der Regel nur wenige Jahre lang, wurden dann versetzt, legten jährlich oder spätestens beim Amtswechsel schriftlich Rechenschaft ab, erstellten Inventarverzeichnisse. Diese Versetzungspraxis sowie die Abrechnungsverpflichtungen sollten Korruption und Unterschlagung vorbeugen. Ulrich Niess weist jedoch darauf hin, daß diese ständige Fluktuation der Amtsträger schon im 14. Jahrhundert von abnehmender Bedeutung war.[11]

Die Ritter und Priesterbrüder einer Kommende bildeten den Konvent. Meist übten die einzelnen Ritter noch spezielle Aufgaben aus – als Pferdemarschall oder als Aufseher über das Burghandwerk. Ihnen zur Seite standen als dienendes Personal und, dem Orden noch zuzurechnen, die Halbbrüder, die Graumäntler. Hinzu kam das zu jedem Burg- und Landgutbetrieb nötige Dienstpersonal.

Komturssitze hatten stets militärische Funktionen; nur im Burgenbau erbrachte der Orden eine spezifische, eine für ganz Europa einmalige Leistung. Bis zur Reformation konnten Priesterbrüder als Komture, als leitende Beamte in den Kanzleien, als Gesandte an der päpstlichen Kurie durchaus über das Priesteramt hinausgehende Funktionen wahrnehmen. In den dem Orden inkorporierten Bistümern in Preußen, in Samland, Kulm und Pomesanien konnten sie sogar Domherren und Bischöfe werden.

Insgesamt soll es um 1300 etwa dreihundert Komtureien gegeben haben. Komtureien gab es in Preußen in Schlochau, Tuchel, Danzig, Schwetz, Mewe, Strasburg, Christburg, Elbing, Osterode, Balga, Brandenburg, Königsberg, Ragnit. Im Reich gab es Kommenden vor allem in Bremen, Dieren (Niederlande), Münster, Lucklum, Berge, Magdeburg, Langeln, Welheim, Mühlheim, Halle, Köln, Reichenbach, Niedermöllrich, Mühlhausen, Nägelstedt, Heimerzheim, Ramersdorf, Marburg, Altenburg, Zschillen, Waidbreitbach, Koblenz, Sachsenhausen, Mainz, Eger, Prag, Weinheim, Prozelten, Würzburg, Hüttenheim, Metz, Speyer, Mergentheim, Nürnberg, Horneck, Weißenburg, Saarburg, Heilbronn, Ellingen, Öttingen, Rufach, Blumenthal, Reinach, Lengmoos, Bozen.

Die Kommenden wiederum waren in Balleien zusammengefaßt, die vom Landkomtur verwaltet wurden. Dem Landkomtur stand ein Kapitel zur Seite, das von den Komturen der Ballei besetzt war. Im Reich gab es die Balleien Westfalen, Thüringen, Sachsen, Franken, Marburg, Koblenz, Elsaß-Burgund, Lothringen, Utrecht (Niederlande), Biesen (Belgien), Österreich, Bozen (eigentlich «an der Etsch und im Gebirge»), Böhmen-Mähren. Die Balleien Thüringen und Sachsen, später auch Franken lieferten den ritterlichen Nachwuchs vornehmlich nach Preußen, der Nachwuchs für Livland kam zunächst vorwiegend aus Westfalen, später vom Rhein und vom Elsaß. In Preußen überwogen also die Ritter aus Mitteldeutschland, in Livland die aus Niederdeutschland. Außerhalb Deutschlands gab es in der Frühzeit noch Balleien in Armenien und auf Zypern, in Griechenland die Ballei Romanien, in Italien die Balleien Apulien, Sizilien und Lamparten, zudem noch eine Ballei in Frankreich und eine in Spanien. Die außerdeutschen Besitzungen unterstanden zunächst dem Hochmeister, nach 1381 dem Deutschmeister, dem «Meister Tewtzschordens in deutschen und welischen Landen».

Alle Balleien im Reich unterstanden, mit den vier Ausnahmen der «Kammerballeien», dem Deutschmeister. Diese Position richtete Kaiser Friedrich II. schon 1216 ein. Seit Siegfried von Feuchtwangen (1303–1311) wurden die Deutschmeister prinzipiell vom Hochmeister ernannt, doch dieser war wiederum an die Personalvorschläge des Generalkapitels gebunden, das sich aus den Landkomturen zusammensetzte. Im Laufe der Zeit ergab sich allerdings eine zunehmende Unabhängigkeit der Deutschmeister von den Hochmeistern.

An der Spitze der Ordensorganisation in Preußen und Livland – in beiden Gebieten gab es nur Komtureien, keine Balleien – stand je ein Landmeister. Mit dem Umzug des Hochmeisters auf die Marienburg 1309 sollte auch das Amt des preußischen Landmeisters mit dem des Hochmeisters vereinigt werden. Doch das gelang erst mit dem Amtsantritt von Werner von Orseln 1324. Der livische Ordenszweig entwikkelte und behielt gewisse Selbständigkeiten.

Über allem und allen stand der Hochmeister. Ihm zur Seite standen der Großkomtur (Stellvertreter), Ordensmarschall (Krieg), Spittler (Gesundheit), Trapier (nach frz. *drapier*, Tuchhändler, innere Angelegenheiten) und Treßler (Finanzen). Alle fünf nannte man auch zusammenfassend «Großgebietiger» oder «Ordensgebietiger». Ordensmarschall, Trapier und Spittler waren zugleich Komtur in Königsberg, Christburg und Elbing. Sie waren dem Generalkapitel, d.h. der Generalversammlung der Ordensritter, verantwortlich, wurden wie der Hochmeister von ihm gewählt – und auch abgesetzt. Meist aber riet man den Ordensoberen zu einem freiwilligen Rückzug. Dem Hochmeister unmittelbar zugeordnet waren die vier «Kammerballeien» im Reich: Bozen, Koblenz, Österreich und seit 1388 Elsaß-Burgund. Die Balleien im Reich waren Mitte des 14. Jahrhunderts so hoch verschuldet, daß sie bei dem preußischen Zweig ein Darlehen aufnehmen mußten. Als Pfand gaben sie 1388 die Ballei Elsaß-Burgund, die nächst Franken reichste Ballei. Wegen weiterhin mangelnder Mittel konnten sie die Ballei aber nie wieder einlösen.

Die Bedeutung der Großgebietiger für die Organisation wandelte sich im Laufe der Zeit. Alle fünf Positionen gingen auf die Frühgeschichte des Ordens in Palästina zurück, in der sie organisatorisch gewiß einen größeren Sinn hatten als in Preußen und im Reich. Nicht alle Amtsträger des Ordens waren in der Marienburg untergebracht. Dort residierten neben dem Hochmeister sein Vertreter, der Großkomtur und der Treßler, während in Königsberg der Marschall, d.h. der Oberbefehlshaber der Truppe, in Elbing der Spittler der Beauftragte für Gesundheitsfragen, und der Trapier war in Chrristburg ansässig. Ob die Gebietiger wirklich ständig in diesen Residenzen anzutreffen waren, muß bezweifelt werden, da es sich meistens um Ehrenposten handelte; für das jeweilige Verwaltungspersonal galten die genannten Aufenthaltsorte allemal.

Das Verhältnis zwischen Hochmeister, Deutschmeister, livischem Landmeister und allen anderen Ordensrittern beruhte nicht auf dem Prinzip von Befehl und Gehorsam im strengen Sinne. Der Einfluß der Hochmeister und der Großgebietiger auf die Politik des Ordens resultierte mehr aus ihren Interessen und Fähigkeiten als aus der formalen Macht ihrer Ämter. Selbstverständlich intrigierten die Gebietiger wie auch die Kapitel gegeneinander, wie es nicht nur vor, während und nach dem Umzug des Hochmeisters von Venedig auf die Marienburg 1309 oder am Beispiel des Hochmeisters Karl von Trier (1311–1324) oder beim Rücktritt des Hochmeisters Heinrich von Plauen 1413 anschaulich wird.

Die Ordensangehörigen entstammten in der Regel dem niederen Adel, besonders aus dem Ministerialadel und aus dem städtischen Patriziat (allerdings nur im Reichsgebiet[12]). In den großen Städten wie Frankfurt am Main, Ulm oder Speyer besaßen die Ordensmitglieder sogar das Bürgerrecht. Der Ordensritterkandidat trat gewöhnlich dem seiner Heimat nächstgelegenen Konvent bei. Er konnte stufenweise in der Ordenshierarchie aufsteigen: zum Komtur, Landkomtur, Deutschmeister, livischen Landmeister, Großgebietiger, Hochmeister; in Preußen gab es einige Spezialaufgaben wie Vogt oder Pfleger sowie Spezialfunktionen wie Fischmeister, Waldmeister, Bernsteinmeister, Großschäffer (oberster Handelsbeauftragter). Die Ordensritter stammten – anders als die Kreuzritter – in der Regel aus dem Reich, seltener aus dem Ausland und äußerst selten aus Preußen. Die Pruzzen wurden meist Priesterbrüder und konnten den Bischofsrang erreichen. Seit dem ausgehenden 14. Jahrhundert wurde ihnen der Eintritt allerdings zunehmend erschwert.[13] Auch nach der Schlacht von Tannenberg änderte sich dieses Muster der Rekrutierung nicht. Die Bedingung des Zweiten Thorner Friedens, derzufolge bis zu fünfzig Prozent der Ordensmitglieder in Preußen Polen sein mußten, konnte nicht eingehalten werden, weil sich kein Pole verpflichtete.

Nach dem Verlust Preußens war es nötig, den Orden im Reich neu zu organisieren; die Umstrukturierung gelang sogar überaus leicht. Interne Auseinandersetzungen führten dazu, daß die neue Linie erst 1529 auf dem Sachsenhäuser Konvent vereinbart werden konnte. Da beschlossen die Deutschordensritter auch, daß künftig jeder Anwärter einen Ahnenachweis von vier Ahnen vorzulegen habe. Die Großeltern mußten also adlig sein. Ab 1671 verlangten die Ritter sogar, daß vier Generationen adliger Herkunft nachgewiesen werden mußten.[14]

Die Erschließung Preußens

Das Land zwischen Memel und unterer Weichsel war, als es in den Blick der Deutschordensritter geriet, von den Pruzzen bewohnt, jedoch nicht so dicht besiedelt wie der Westen Europas. Es gab also noch genügend ungenutzte und urbar zu machende Flächen, auf denen sich Neusiedler niederlassen oder Städte gegründet werden konnten. Das hieß, Flüsse eindeichen, Sümpfe trockenlegen, Wälder roden, Ödland kultivieren, Kanäle bauen, Wege anlegen: Preußen wandelte sich im Laufe der Zeit von einer Wald- und Sumpflandschaft mit kleineren eingesprengten Siedlungen zur Kornkammer Europas. Wie viele wertvolle Biotope, Tier- und Pflanzenarten dabei wohl für immer verlorengingen? Die preußischen Städte entwickelten sich, nicht zuletzt wegen des umfangreichen Getreideexports, zu bedeutenden Handelszentren, allen voran Danzig, Thorn und Elbing, zeitweilig auch Königsberg.

In Preußen war der Orden bis zur Mitte des 15. Jahrhunderts der einzige Landesherr. Er hatte Teil an der zweiten Welle der «Ostsiedlung»[15] zwischen dem 12. und 14. Jahrhundert, die eine gewaltige, ganz Europa betreffende Bevölkerungsexplosion zur Voraussetzung hatte, bei der die Bevölkerung um das Doppelte oder teilweise das Dreifache anstieg. Um dieses Problem zu lösen, bot sich zum einen die Binnenkolonisation an bzw. die Besiedlung der Gebiete östlich der Elbe, später auch östlich und nördlich von Oder und Weichsel, zum anderen die Verdichtung von Wohnen und Arbeiten, die Gründung von Städten – zwischen dem 12. und dem 14. Jahrhundert wurden die meisten deutschen Städte gegründet. Selbstverständlich gab es auch in Preußen neugegründete oder erweiterte Städte mit gestiegenem deutschen Bevölkerungsanteil, aber die meisten Neusiedler waren Bauern.

Bei der Landerschließung setzte der Deutsche Orden die gleichen Mittel ein, die bei der Ostsiedlung eine schon lange erfolgreiche Tradition aufwiesen. Er benannte einen Lokator, der die Neusiedler anwarb, für ihren Transport sorgte, ihnen vor Ort die Grundstücke zuwies, Werkzeuge, Saatgut und Nahrung bereitstellte, die Urbarmachung des Landes organisierte. Er mußte so vermögend sein, daß er all diese Maßnahmen vorfinanzieren konnte. Als Lohn erhielt er für seine Mühe vom Landesherrn – in Preußen vom Orden – ein deutlich größeres Stück

Land zugewiesen (meist ein Zehntel der Markungsfläche) und/oder ein landesherrliches Amt oder anderen Vorrechte. Die Lokatoren entstammten dem Adel ebenso wie dem städtischen Patriziat. Der Orden stellte für jedes Gut und jedes Dorf einen Vertrag aus, die Handfeste («eine in urkundlicher Form erfolgte Feststellung der mit einem Grundbesitz verbundenen Rechte und Pflichten»); allerdings ist nicht für jedes Dorf und jeden Hof eine Handfeste überliefert. Diese Handfesten waren für den «Empfänger von großem rechtlichen Wert». Aus begreiflichen Gründen sind nur wenige Handfesten im Original überliefert: Sie gingen an den Empfänger, der Orden legte sich in den «Handfestenbüchern» Register an, die weitgehend erhalten geblieben sind.[16]

Die Ostsiedlungsbewegungen des 12. bis 14. Jahrhunderts sind eine der wenigen Aktionen in der Geschichte, von denen alle Beteiligten profitierten: der Landesherr durch neue Untertanen, urbar gemachtes Land und folglich verbessserte Einkünfte; die Untertanen durch eine erheblich bessere Rechtsstellung; die Lokatoren durch größeren Besitz oder die Zuweisung von einkommensgleichen Rechten. Selbst die Pruzzen profitierten – in der Regel – von diesen Ansiedlungsmaßnahmen. Denn sie waren ausdrücklich nicht ausgeschlossen von der Landerschließung. Auf eine Trennung der Völker aus nationalen Gründen[17] legte man damals keinen Wert, weil es den politischen Begriff «Nation» noch nicht gab. Das blieb einem seiner politischen Rolle noch ungewissen Bürgertum im 19. Jahrhundert vorbehalten. Während der Besiedlung Preußens im 13. und 14. Jahrhundert mag es allenfalls einen Unterschied zwischen Christen und Heiden gegeben haben, doch da sich die meisten Heiden schließlich doch taufen ließen, entfiel auch diese Abgrenzung.

Bis vor kurzem hielt man es noch für möglich, daß Hunderttausende bei der Ostbesiedlung in Bewegung waren, heute werden eher kleinere Kontingente an Aus- und Umsiedlern für wahrscheinlich gehalten. In Preußen kamen sogar überraschend wenige ins Ordensland[18], nicht etwa aus den übervölkerten Gebieten in Westeuropa, sondern aus den Gebieten, die im Zuge der ersten Siedlungswelle über die Elbe erschlossen worden waren: aus Holstein, Mecklenburg, Brandenburg, Schlesien. Diese bäuerlichen Neusiedler brachten die moderneren Anbaumethoden (Dreifelderwirtschaft) und Landwirtschaftstechniken (eiserne

Pflugschar) mit. Der große Zuzug aus dem Westen begann im Ordensland nach dem Ende der Pruzzenkriege (1283), endete aber schon ein halbes Jahrhundert später; danach gab es nur noch Binnenwanderung.

In Preußen gab es drei Gruppen von Neusiedlern: die Bauern in den Dörfern, die Besitzer von Einzelhöfen und die Bürger in den Städten.[19] Die Bauern erhielten Höfe in der Größe von zwei Hufen, etwa dreiunddreißig Hektar. Dafür zahlten sie dem Grundherrn Erbzins. Grundherren waren der Deutsche Orden, dem zwei Drittel des Landes gehörte, und die Bischöfe, die ein Drittel des Landes besaßen, sowie die großen Freien, die aber wiederum vom Orden abhängig waren und über das Grundeigentum nicht selbständig verfügen durften. Die Bauern konnten ihre Höfe vererben oder verkaufen, Dienste mußten sie – zumindest in den ersten hundert Jahren – kaum leisten. Neusiedler waren nicht nur Deutsche, sondern auch Polen, Pruzzen und Kaschuben.

Die Besitzer von Einzelhöfen unterteilte man in kleine und große Freie: Die kleinen Freien bewirtschafteten einen Hof, der etwa gleich groß war wie der eines Neusiedlers. Die großen Freien dagegen verfügten über einen vielfach größeren Besitz. Als Regel wurden bei ihnen fünfzehn Hufe angenommen (also das Siebenfache im Vergleich zum kleinen Freien), es sollen auch 1400 Hufe vorkommen. Der kleine Freie zahlte noch geringere Abgaben als der Neusiedler, dafür leistete er Militärdienst als leichte Reiterei. Die meisten kleinen Freien waren Pruzzen.

Die großen Freien wirtschafteten meist nicht mehr selbst, sondern waren Grundherren, vergaben selbst Bauernstellen gegen Zins. Häufig waren sie auch Gerichtsherren. Sie waren aber, anders als die Lehnsherren im Reich, nicht selbst Eigentümer von Grund und Boden oder von Rechten. Die behielt sich stets der Deutsche Orden vor, bis in das späte 16. Jahrhundert hinein.

Die großen Freien gehörten ihrer sozialen Stellung nach nicht zum Adel, auch wenn aus dieser sozialen Gruppe später viele preußische Adelsfamilien entstammten. Sie leisteten dem Deutschen Orden Reiterdienste für die schwere Reiterei, stellten meist sogar mehrere Reiter. Soziologisch entstammten sie – wie die Ordensritter – meist dem Ministerialadel oder bürgerlichen Familien. Das gesamte Grundeigentum blieb bis in die Spätzeit fest in der Hand des Ordens. Erst als er nicht mehr über genügend Geld verfügte, Söldner zu bezahlen, übertrug er ihnen stattdessen sein Eigentum. Obwohl der einzelne Untertan nur relativ geringe Abgaben zahlte, summierten sich diese vielen kleinen Beiträge zu einem beträchtlichen Einkommen des Ordens.

Die Pruzzen hatten meist kleinere Güter – zwei «Haken» groß, etwa zwanzig Hektar, das war aber, verglichen mit der durchschnittlichen Größe der Bauernstellen im Westen, enorm viel. Die Pruzzen zahlten zwar die gleichen Geld- und/oder Naturalabgaben wie die Neusiedler, mußten aber umfangreichere Frondienste leisten; sie konnten ihren Besitz nur an einen eigenen Sohn vererben, nicht an einen Familienfremden. Wollten sie die Hofstelle verlassen, zahlten sie einen Abzugszins. Allerdings kam es relativ häufig vor, daß sie sich freikauften und ihren Besitz zu gleichem Recht zurückerhielten, wie es den Neusiedlern eingeräumt worden war; dieser Besitzerwerb wurde sowohl vom Ordens als auch von den großen Freien, die selber Güter weiterverliehen, bis in die Spätzeit offenbar stets großzügig gehandhabt.

Schließlich gehörten zu den Neubürgern in Preußen auch noch die städtischen Bürger. Kaum daß der Orden auf preußischem Gebiet Fuß gefaßt hatte, gründete er schon die Siedlung Kulm und verlieh ihr zwei Jahre später bereits das Stadtrecht, die Kulmer Handfeste (1233).[20]

Früher haben die Historiker dieses Dokument als die Verfasssungsurkunde des Ordensstaates Preußen bezeichnet. Das trifft im modernen Sinne einer *Verfassung* nicht zu; immerhin beschreibt der Begriff den Stellenwert dieser Handfeste für die rechtliche, wirtschaftliche, soziale und politische *Realität* in Preußen. Für die Städte, und vergleichbar dann auch für die Dörfer, werden hierin Grundregeln für das Miteinander festgelegt: Grundsätze der Selbstverwaltung, Unabhängigkeit der Gerichte (höchste Interpretationssinstanz wurde bis zum Dreizehnjährigen Krieg für alle Ordensstädte und -dörfer der Kulmer Schöffenstuhl), Zuweisung eines Landgebietes an die Städte; die Bürger dürfen Land vor den Toren der Stadt besitzen (Ackerbürger), Bodenschätze nutzen, Jagd und Fischfang ausüben sowie Mühlen bauen. In der Handfeste wird auch der Militärdienst geregelt, der von den Besitzern der Dienstgüter zu leisten ist; es werden Abgaben und Zehnten festgelegt; außerdem wird für das Kulmer Land eine einheitliche Münze verordnet.

Kulmer Handfeste von 1233 in der Fassung von Oktober 1251.

Alle Städte und Dörfer im Ordensland sind im formalen Sinne Gründungen des Ordens oder seiner Beauftragten, an einigen wenigen Stadtgründungen waren auch Hansestädte beteiligt. An die hundert Städte hat man gezählt und über tausend Dörfer, die ihre Existenz den Rittern verdanken.[21] Hinzu kommen noch die etwa hundertzwanzig Burgen, die der Orden, die Bischöfe und die Domkapitel im Pruzzenland errichten ließen; in Livland war der Orden Bauherr und Eigentümer von etwa sechzig Burgen – ein gewaltiger wirtschaftlicher Entwicklungsschub für diese zunächst doch nur dünn besiedelte Region, ein Entwicklungsschub übrigens, der sich weitgehend selbst finanzierte! Nur anfänglich wurden die Pruzzen zu Fronleistungen für den Burgenbau des Ordens gezwungen, doch diese Ausbeutung endete schon mit dem Christburger Vertrag von 1249.

Die Frage, inwieweit sich der Orden bei seinen konkreten Ortsentscheidungen lediglich an die schon vorhandenen Siedlungen der Pruzzen angeschlossen oder ob er von ihnen unabhängig seine Siedlungen angelegt habe, ist deswegen müßig, weil beide Formen vorkamen. Bemerkenswerterweise sind sich polnische und deutsche Historiker mittlerweile einig: Bis in das 14. Jahrhundert hinein gab es im Ordensstaat – weder in Preußen noch in Livland – nationale Grenzen zwischen alteingesessenen Pruzzen, deutschen Neusiedlern, polnischen Neusiedlern, alteingesessenen Liven, Esten, Letten und dänischen Neusiedlern (in Estland). Die Einwohner gehörten allen sozialen Schichten an. Ethnische und soziale Differenzen kamen erst zum Tragen, als das Land erschlossen und restlos zugeteilt war.[22]

Anders als in Preußen siedelte der Orden in Livland keine deutschen Bauern an. Das Land war längst fest in der Hand der einheimischen Liven, Esten und Letten. Die großen Güter kamen allerdings im Laufe der Zeit in die Hände der meist deutschstämmigen Ordensvasallen. Einer kleinen deutschen Herrenschicht stand eine ausschließlich aus Esten, Letten, Liven und Dänen bestehende breite bäuerliche Bevölkerungsmehrheit gegenüber. Auch in den Städten gab die Minderheit der meist deutschstämmigen Kaufleute den wirtschaftlichen und politischen Ton an.

Seine größte geographische Ausdehnung erreichte der Orden zu Beginn des 15. Jahrhunderts nach dem Erwerb der Neumark (1402). Der Ordensstaat umfaßte nun eine Fläche von knapp 60 000 Quadratkilometern. Die Entfernung von der Oder bis zur Narwa betrug etwa 900 Kilometer Luftlinie, die Entfernung zwischen den Kommenden im Reich und denen in Preußen betrug (Luftlinie von Köln nach Königsberg) etwa 1000 Kilometer. Zu dieser Zeit zählte das Kernland Preußen etwa eine Million Einwohner; eine vergleichbare Zahl von Livland ist nicht bekannt.

Der Deutsche Orden und der Handel

Eine in mehrfacher Hinsicht singuläre Rolle fiel dem Deutschen Orden im Handelssystem der Hanse zu, der er als Korporation angehörte. Da es in der Frühzeit keine förmlichen Kriterien für die Aufnahme in die Hanse gab, sind die Gründe für die Teilhabe des Ordens an den Privilegien der Hanse nicht unmittelbar erkennbar. Allein die Tatsache, daß eine geistliche Korporation überregionalen Handel treibt, verwundert schon, weil sie in der Welt des Mittelalters einmalig ist. Diese geistliche Korporation ist zudem in ständig wachsendem Maße Landesherr, in dessen territorialem Zuständigkeitsbereich Städte liegen, die wiederum selbst die Hanseprivilegien genießen. Die Hanse war ursprünglich ein Bündnis der Kaufleute, das für eine gemeinsame Reise geschlossen wurde, sich im Laufe der Zeit aber immer mehr zu einem Städtebündnis entwickelte.[23]

Diese Handelsgeschäfte trugen nicht unwesentlich zum Reichtum des Ordens im 14. Jahrhundert bei. Einbezogen war in den Handel aber nur der Orden als Landesherr in Preußen selbst. Obwohl in der Beteiligung am überregionalen Handel allen anderen Landesherren weit voraus, gab es – wie auch im Burgenbau – keinerlei Rückwirkung auf die übrigen Ordensniederlassungen: In den deutschen Balleien oder in den Komtureien im Reich und in Livland reichte es nur zu dem einfachen und üblichen Landhandel wie bei allen anderen Grundeigentümern der Zeit. Eigenerzeugte oder überschüssige Waren aus den Abgaben der untertänigen Bauern wurden lediglich regional weiterverkauft, ansonsten für den Eigenverbrauch oder zur Vorsorge gegen Hungersnöte gespeichert.

Im Ordensland Preußen gehörten neben dem Orden selbst noch sechs Städte der Hanse an: Braunsberg, Danzig, Elbing, Königsberg, Kulm und Thorn. Das sind zugleich auch die Städte, die man Großstädte nannte. Zahlreicher noch waren die livischen Städte an der Hanse beteiligt mit Dorpat, Fellin, Goldingen, Kokenhusen, Lemsal, Pernau, Reval, Riga, Roop, Wenden, Windau und Wolmar. Allesamt waren sie, die politisch und juristisch unter der Territorialhoheit des Ordens standen, auf kaufmännischem Gebiet durchaus ernsthafte Konkurrenten ihres Landesherrn. Das führte in kritischen Situationen der Hanse häufig zu unterschiedlichem Verhalten, aber nicht zu Sanktionen gegeneinander.

Seit der Niederlage des Ordens in der Schlacht von Tannenberg (1410) sank auch seine überregionale kaufmännische Bedeutung drastisch. Davon profitierte vor allen anderen preußischen Städten Danzig. Allerdings sicherte das Handelsmonopol auf Bernstein dem Orden noch lange Zeit wirtschaftliche Vorteile, und im 15. Jahrhundert war er das wesentliche Exportgut. Der alte Hochmeister und neue Herzog in

Preußen, Albrecht von Brandenburg-Ansbach, erfreute sich am Bernstein als einer noch stetig fließenden Einnahmequelle.

Der Orden setzte schon früh sein Handelsmonopol mit Bernstein durch, das er 1308 von der Stadt Danzig übernommen hatte. 1394 wurde in der «Königsberger Willkür» allen Einwohnern des Staates unter Androhung der Todesstrafe untersagt, rohen, unbearbeiteten Bernstein zu besitzen. Der Königsberger Konvent ernannte eigens einen Bernsteinmeister, einen Hauptverantwortlichen für die Gewinnung, Lagerung und Verkauf von Bernstein. Lagerhäuser für den wertvollen Rohstoff gab es in Balga, Fischau und Danzig; Hauptlager war Lochstädt. Der Bernstein wurde als Rohstoff vor allem nach Lübeck und Brügge exportiert, fand aber auch Abnehmer in Köln, Nürnberg und Venedig. Überall dort hatten sich Paternoster-Macher auf die Herstellung von Rosenkränzen spezialisiert, die sogar in den Vorderen Orient verkauft wurden. Im Ordensland selbst gab es kaum Bernsteinhandwerker.[24]

Ansonsten handelte der Orden vornehmlich mit Getreide, mit anderen landwirtschaftlichen Gütern, mit Holz, Pelzen, Wachs, Pottasche. Über Preußen kam auch das Kupfer in den hansischen Handelsraum (aus Ungarn, zeitweilig über Danzig aus Schweden). Eingeführt wurden Tuche, Baustoffe für den Burgenneu- und -wiederaufbau und – Salz. Preußen verfügte über keine eigenen Salzlager, mußte den Rohstoff schiffsladungsweise einführen. Salz kam bis zum 15. Jahrhundert überwiegend aus Lüneburg, später von der französischen Atlantikküste und der portugiesischen Küste. Salztransport nach Preußen war bis in das 16. Jahrhundert hinein beinahe ein Monopolgeschäft für die hansischen Kaufleute und gehörte zu den wichtigsten Grundlagen für den Aufstieg der Wirtschaftsmacht Hanse. Englische Kauffahrer- und Kriegsschiffe wurden aus dem Holz des preußischen Waldbestands gefertigt, und englische Waffenproduzenten bezogen den Rohstoff für ihre berühmten und gefürchteten Langbögen, das Eibenholz, aus Preußen.

In Preußen versahen die Großschäffer in Marienburg und Königsberg die kaufmännischen Aufgaben, in Brügge, London, Lübeck, Danzig und Riga sowie in Schottland übernahmen örtliche Vertreter (Lieger), jährlich ernannt und unter Aufsicht der Großschäffer, selbständig die Handelsgeschäfte des Ordens. Andernorts gab es Lagerhalter (Wirte), die zwar die Ware stapelten, aber nicht selbständig mit ihr handeln durften. Zu ihnen reisten bevollmächtigte Handlungsgehilfen in Begleitung der Waren. Großschäffer konnten Mönche wie Laien sein, sie unterstanden dem Ordenstreßler. Die Eigenwirtschaft des Ordens war, was Preußen betraf, erheblich.[25]

Das ordenseigene Münzwesen

Mit der Goldbulle von Rimini 1226 wurde dem Orden auch das Münzrecht in Preußen übertragen. Zunächst ließ er Silberbrakteaten (schüsselförmige Münzen mit einseitigem Bild, das auf der Rückseite durchscheint) schlagen. Wichtigste Münzstätte war Thorn. Die einzigen Goldmünzen des Ordens in Preußen ließ Heinrich von Plauen prägen, die aber nach seiner Absetzung 1413 sogleich wieder außer Gebrauch kamen. Die Münze des Ordens erfreute sich langer Zeit großer Stabilität und infolgedessen Beliebtheit; Ordensmünzen waren außerhalb Preußens angesehener als auswärtige Münzen in Preußen. Diese gute Münze verlor nach der Schlacht von Tannenberg allerdings rasch ihren Ruf, kam sogar wiederholt in Verruf.[26]

Mit dem Wegfall Preußens auch als Münzstätte (1525) hätte der Bedarf nach einer ordenseigenen, neuen Münzstätte im Reich befriedigt werden müssen. Doch da gab es nur wenig Aktivitäten: Denn gerade zu dieser Zeit bemühten sich die Reichsstände, der Münzvielfalt in den deutschen Landen allmählich Einhalt zu gebieten. Schon 1524 hatte man in Eßlingen eine Reichsmünzordnung verabschiedet und ihre Einhaltung in die Verantwortung der Reichskreise gestellt. Hochmeister Walter von Cronberg ließ zwar 1534 in Mergentheim, dem neuen Ordenszentrum, eine Münze einrichten. Doch nur wenig später schon ließ er, vom Reichskreis Franken dazu verpflichtet, in Würzburg, Nürnberg oder Wertheim prägen. Zu einem ordenseigenen Münzwesen kam es also nicht mehr. Die wenigen Münzprägungen, die noch stattfanden, waren Gedenkmünzen, dienten der Repräsentation und nicht dem Geldverkehr.

Sonderkulturen

Preußen war unter der Ordensherrschaft binnen eines Jahrhunderts ein reiches Land geworden. Im Weichselgebiet, im Kulmerland und in

Osterode wurde sogar Wein angebaut.[27] Allerdings erfroren alle Rebstöcke 1473, und der Weinbau wurde nicht mehr fortgesetzt. Der Untergang dieser Kulturpflanze ist im doppelten Sinne von Bedeutung: Zum einen zeichnet sich in diesen Jahrzehnten europaweit die Verschlechterung des milden hochmittelalterlichen Klimas an; zum anderen darf man in ihm durchaus symbolhaft den Untergang der Herrschaft des Ordens in Preußen erkennen. Sonderkulturen pflegten schon die Pruzzen mit der Imkerei, die neben Honig als dem einzigen Süßstoff der Zeit auch das vielbegehrte Wachs brachte. Der Orden führte noch den Obstbau ein und brachte ihn zu großer Blüte.

Die Historiographie des Ordens

Die Überlieferung von geschichtlichen Quellen über den Orden weist einige Lücken auf: Zum einen konnten die Urkunden, die im Ordensarchiv in Montfort/Starkenberg und später in Akko aufgehoben wurden bei der überstürzten Flucht 1271 und 1291 nicht alle gerettet werden; zum anderen zerstörten Bauern während des Bauernkriegs 1525 – vierzehn Tage nach der Huldigung des neuen Herzogs in Preußen, Albrecht von Brandenburg, an den polnischen König – das Archiv des Deutschmeisters auf der Burg Horneck oberhalb von Gundelsheim. Beide Ereignisse hängen nicht zusammen, beleuchten aber die Spannungssituation, in der sich der Orden befand: Er ging in doppeltem Sinne seiner Grundlagen verlustig.

Die früheste Erzählung, die *Narratio de primordiis ordinis Theutonici*, über den Orden stammt aus dem Jahr 1244. Über die erste Zeit in Preußen berichtet Ordenschronist Peter von Duisburg/Dusburg, in lateinischen Versen, in seinem *Chronicon terrae Prussiae*, geschrieben 1324–1331. Während die lateinische Fassung wohl kaum Beachtung fand, scheint die deutsche Übersetzung *Kronike von Pruzinlant*, die Nikolaus von Jeroschin, ein Kaplan des Hochmeisters, in den dreißiger Jahren des 14. Jahrhunderts vornahm, bei den Rittern sowohl im Reich als auch in Preußen sehr beliebt gewesen zu sein. In Livland schrieb ein Ritter schon zwischen 1279 und 1290 eine «Reimchronik», die ebenfalls zur Tischvorleselektüre gezählt haben dürfte, zu der, dem Mönchsordensgedanken entsprechend, auch die Ordensregeln gehörten.

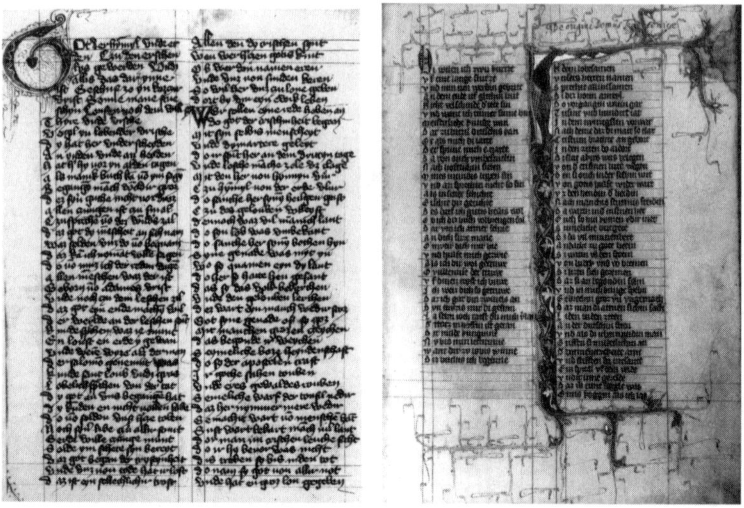

Handschrift der livländischen Reimchronik, 1. Viertel des 15. Jahrhunderts, Pergament (Cod. Pal. Germ. 367).

Zwar entwickelte sich eine umfangreiche ordensbezogene Historiographie, doch gerät ihr das Geschehen außerhalb des Ordens in der Regel aus dem Blick. Diese Aussage gilt für die preußische und livische Geschichtsschreibung ebenso wie für die Ordensgeschichtsschreibung im Reich. Darüber hinaus ist zu vermerken, dass beide Ordensteile voneinander kaum Notiz nehmen, die Preußen nicht vom Reich, das Reich nicht von Preußen. Von einer Gesamtgeschichtsschreibung des Ordens kann darum erst gegen Ende des 15. Jahrhunderts die Rede sein.[28]

In den Inventaren der Deutschordensburgen Preußens sind auch die Bücherbestände verzeichnet. Neben geistlicher und historiographischer Literatur enthalten sie auch juristische und medizinische Werke. Sprachlich gehören diese Werke mit ihrer ordensoffiziellen Schriftsprache zum Ostmitteldeutschen. Im täglichen Umgang hingegen verwendeten die Ritter ihre Heimatidiome. Die preußische Hochsprache gab es nur im schriftlichen Umgang mit dem Orden, sie war gewissermaßen Amtssprache. Die Sprache der Städte war hingegen stark beeinflußt vom Niederdeutschen der Hanse lübischer Prägung. Im Reich gab es regionale Ausprägungen des Deutschen, hier kam es nicht zu einer ordensspezifischen Amtssprache.

Da der Auftrag des Ordens Krieg und Vorbereitung der christlichen Mission war, konnte sich in den Konventen keine so reiche Kultur wie in den Mönchsklöstern entwickeln. Dabei dürfte die soziale Herkunft der Ritter die geringste Rolle gespielt haben. Kultur und Bildung erwarb man sich bis zur Reformationszeit in der Regel im Kloster, ab dem 14. Jahrhundert allmählich auch an den Universitäten. Aufnahme ins Kloster und damit Zugang zur Schriftlichkeit, zur Bildung, zur Musik konnte im Prinzip jeder finden. Nur frei mußte er sein, keinem Herrn untertan.

Das Bauwesen

Über die frühen Bauten des Ordens in Palästina ist wenig überliefert. Bekannt ist nur, daß sein erstes Haus in Akko in der Nähe vom Nikolaustor lag, einen eigenen Begräbnisplatz auf dem nahegelegenen Nikolausfriedhof hatte und daß dem Orden die Baupflicht für die Stadtmauer auferlegt worden war. In Jerusalem hatte ihm Kaiser Friedrich II. das «königliche Haus», einen größeren Gebäudekomplex, der Friedrich als König von Jerusalem gehörte, und das ehemalige deutsche Spital endgültig übertragen – der Orden wurde erstmals Grundbesitzer in Jerusalem. Die Burg Montfort, auch Starkenberg genannt, war im 12. Jahrhundert von französischen Kreuzrittern angelegt worden und kam 1226 in den Besitz des Ordens. Nach umfangreichen Ausbesserungsarbeiten und Neubbauten zog die Ordenszentrale 1229/1230 von Akko nach Montfort – aber 1271 vertrieb Sultan Baibars die Ordensritter von der Burg. Sie zogen wieder nach Akko zurück. In Montfort sind Haupthaus, Remter mit Keller, Bergfried und Kapelle noch heute erkennbar, auch gibt es eine Ringmauer auf der halben Höhe der Bergkuppe; allerdings gibt es «Zweifel an der baulichen Struktur dieser Residenzburg».[29]

Ordenskultur in Preußen ist – neben der Entwicklung einer weit über die zeitüblichen Verhältnisse hinausgehenden Herausbildung von fortschrittlichen staatlichen Strukturen – eine von militärischen Bedürfnissen bestimmte Kultur, die hingegen über zeitübliche Strukturen nicht hinausweist: Ordenskultur in Preußen ist in erster Linie Burgen- und

Schloßbau, Landeserschließung, Städtegründung, Bau von Verkehrswegen. Kein deutscher Landesherr hat so systematisch und so konsequent Burgenbau betrieben wie der Deutsche Orden in Preußen und Livland, kein Landesherr hat zu einem so einheitlichen Burgentypus gefunden und kein Landesherr war Eigentümer einer so großen Zahl von Burgen.

Begonnen hat der Burgenbau naturgemäß zunächst so einfach wie praktisch.[30] Wie auch die Pruzzen errichteten die Ritter ihre ersten Burgen aus Holz hinter Holzbefestigungen und Erdaufschüttungen – reine Zweckbauten, die militärisch geplant und genutzt wurden. Bald änderten sich die Nutzungsanforderungen: Die Burgen mußten den Wohnzwekken des Konvents der Ordensritter, militärischen Erfordernissen wie den Verwaltungs- und Organisationsanforderungen eines Grundbesitzers sowie einer geordneten Vorratshaltung genügen. Ende des 13. Jahrhunderts, als sich der Orden in Preußen fest etabliert hatte, kam es zu der typischen Burgenform des Ordens, der Kastellburg, die nirgendwo sonst in Europa gebaut wurde. Niels von Holst hält einen Zusammenhang mit «den von islamischen Meistern entwickelte Typ des spanischen Alcazar» für wahrscheinlich.[31] In ihr fanden die Wirtschaftsfunktionen in der Vorburg ihren Platz, während die Wohn- und Verwaltungsfunktionen in der Hauptburg, die neben der Kasernierung von Soldaten auch eine klösterliche Unterbringung gewährleisten mußte, untergebracht wurden.

Die Grundform der Ordensburg war in der Regel quadratisch oder rechteckig, Abweichungen von diesem Grundmuster fußen auf Vorgängerbauten und/oder topographischen Bedingungen; meist lagen die Burgen in der Ebene und waren von einem Wassergraben umgeben.

Die Räume für die Unterbringung der Ordensbrüder (Schlafräume, Sitzungs- und Aufenthaltsräume, Speiseräume, Kirche/Kapelle, Alten- und Krankenspital (Firmarie), Küche, Keller, Lagerräume in Erd- und Dachgeschoß, Wohntrakte für Vogt, Komtur oder andere Gebietiger) fanden in den vier Flügeln Platz. Im Hof lag der Brunnen, der Hof (Kämpe) wurde von einem Kreuzgang (Laubengang oder Hoflaube) umgeben, über den sämtliche Räume im Erdgeschoß erschlossen wurden. Die Toilette (Dansker) lag außerhalb der Gebäude und war über einen gedeckten Gang erreichbar. In kleineren Burgen gab es wie im

Ordensburg Heilsberg, Außenansicht.

Westen einen Aborterker. Das Erdgeschoß wies aus verteidigungstechnischen Gründen nach außen keine oder nur kleine Fenster auf, die Wohn- und Arbeitsräume befanden sich im Obergeschoß.

In festem räumlichen Zusammenhang mit der Hauptburg stand der Wehrturm als Eckturm. Sämtliche Räume der Hauptburg hatten einzeln regelbare Warmluftheizungen,[32] ein Luxus, der im Westen auch in den Ordenshäusern unbekannt war. Die meisten Böden waren mit Platten aus gebranntem, häufig buntglasiertem Ton ausgelegt.

In der Vorburg wurden die wirtschaftlichen Funktionen konzentriert, gelegentlich auch Verwaltungsfunktionen untergebracht: Viehhaltung, Lagerhaltung vor allem für die landwirtschaftlichen Güter, handwerkliche Betriebe (Mühle, Schmiede, Waffenschmiede, Brauhaus, Schirrhaus, Sattelhaus und andere mehr) und Arsenal (Karwan). In der Vorburg lebte auch das Burgpersonal; in Krisenzeiten bot sie überdies Platz für Kriegsflüchtlinge. Beide Komplexe, Vorburg und Hauptburg, wurden durch den Hausgraben, einen Trockengraben oder Wassergraben voneinander getrennt, aber gemeinsam von Wassergräben und meist doppelter Wehrmauer mit dazwischen liegendem Zwinger (Parcham) mit Wehrgängen umgeben.

Eine Trutzburg, die über die zeitübliche Ausstattung anderer Burgen in Deutschland und anderen Ländern weit hinausragte. Diese Burgen erforderten auch einen großen Aufwand: Jähnig schreibt, daß «auf den größeren Burgen (...) mit mehreren hundert Personen zu rechnen» sei, die zu ernähren waren; Elbing habe Ende des 14. Jahrhunderts (also noch vor der Schlacht von Tannenberg) 155 Personen beherbergt, die zum Gesinde gezählt wurden, eine vergleichbare Zahl der Ritterbrüder ist für diese Zeit nicht bekannt; Mitte des 15. Jahrhunderts waren hier etwa 50 Ritterbrüder, Priesterbrüder und Graumäntler untergebracht.[33] In der Marienburg gab es eine Geschützgießerei; die Waffenkammern mußten gefüllt und gepflegt werden; für den Orden waren auch Glokkengießer tätig; für den täglichen Verwaltungsaufwand benötigte man Papier oder Pergament, liturgisches Gerät mußte von Goldschmieden hergestellt werden – all diese Ausgaben wurden sorgfältig in den Rechnungsbüchern notiert.

Kunstgeschichtlich gehören die preußischen und livischen Burgen des Ordens zur Gotik. Im Baltikum stand Kalkstein in ausreichenden Mengen zur Verfügung, also tritt er an den dortigen Burgen als Bruch- und Haustein deutlich in Erscheinung; in Preußen mußten die Baumeister auf den Backstein zurückgreifen. Wie in den Hansestädten entfalteten die Handwerker der Ordensburgen eine künstlerische Phantasie, die dem eigentlich spröden Backstein ungeahnte Gestaltungsvariationen entlockte. Für den Reichtum des Ordens spricht auch die hochkünstlerische Ausgestaltung der Kapellen-/Kirchenräume ebenso wie die der Konventsräume.

In diesem zentralen Raum der Burg dominierte das wahrscheinlich aus England übernommene Sternengewölbe auf schlanken Säulen. Die Wände waren meist ornamental-dekorativ oder figurativ bemalt. Plastiken und Tafelmalerei ergänzten das künstlerische Umfeld der Ordensritter. Reich geschmückt wurden die Burgportale. Eine Besonderheit waren bunt glasierte Backsteine und Tonplatten, mit denen Schriftbänder hergestellt sowie Plastiken wie die Maria an der Außenseite der Kapelle auf der Marienburg geschmückt wurden. Dafür gab es Vorbilder im Nahen Osten, ein direkter Zusammenhang mit der lokalen Kunst konnte nicht nachgewiesen werden. Dort sind sie seit dem ausgehenden 13. Jahrhundert bekannt, also seit dem Ende der Preußenkriege, aber noch vor dem endgültigen Umzug der Ordenszentrale auf die Marienburg. Die livischen Burgen unterschieden sich nicht nur in der Materialwahl von den preußischen. Sie waren weder so regelmäßig in der Anlage, noch innenarchitektonisch so erlesen ausgestattet. In den Repräsentationsräumen herrschte das baugeschichtlich ältere Kreuzgewölbe vor.

Den schärfsten Kontrast zu den für die damalige Zeit ungewöhnlich luxuriösen Lebensumständen der Deutschordensritter in Preußen bildeten die «Durchschnittsburgen» im Reich, sowohl hinsichtlich ihrer baulichen Gegebenheiten als auch der Lebensumstände ihrer Bewohner, die in der Regel sehr einsam und nicht unähnlich den Bauern in der Umgebung lebten. Von diesen Burgen aus regierten die Ritter über ihr kleines Lehen, aus dem sie den Lebensunterhalt für ihre Familie und die Kosten für den Kriegsdienst bestreiten mußten.

Die Kleidung des Burgherrn und seiner Frau unterschied sich kaum von den einfachen Gewändern der Knechte und Mägde. Manchmal durfte der Burgherr an einem Turnier teilnehmen oder ihm zumindest zuschauen. Selbst eines auszurichten, hätte seine wirtschaftlichen Möglichkeiten überstiegen. Veranstalter waren die hohen Herren bei Hof und später die Städte. Die Ritter, die in der Regel weder schreiben noch lesen konnten, vergnügten sich mit dem Würfel-, Dame- und Schachspiel und mit der Jagd.

Der Bau einer Burg nahm drei bis sieben Jahre in Anspruch; die Burg verband die Wehr- mit einer Friedensfunktion: Auf dem Burggelände herrschte der Burgfrieden. Die Burg sicherte Zolleinnahmen, war Wirtschaftszentrum, das sogar handwerkliche Überschußproduktion erzeugte, Vermögensobjekt und Verwaltungszentrum.

In dem Sachsenspiegel, dem berühmtesten Rechtsbuch der Stauferzeit, sind die Bauvorschriften für Burgen genau festgelegt: Die Fundamente durften nur so tief gelegt werden, wie ein Mann die Erde mit einer Spaten herausschaufeln konnte, nur ein Stockwerk aus Holz oder Stein durfte in der Erde, nur zwei durften darüber errichtet werden. Außerdem durfte die Tür nicht höher als kniehoch über dem Boden angebracht werden und der Hof mit Zäunen und Palisaden nur so hoch befestigt werden, wie ein Mann auf einem Pferd hoch zu greifen vermochte.

In der Regel waren die Wohnverhältnisse auf einer Ritterburg bis in das 14. Jahrhundert hinein sehr beengt; die hygienischen Bedingungen ließen sehr zu wünschen übrig.

Ganz aus dem Rahmen der deutschen und europäischen Burgen hingegen fallen die Burgenbauten des Deutschen Orden in Preußen: Sie entstanden seit dem ausgehenden 13. Jahrhundert, zu einer Zeit, als die Burgenbaukunst schon einen sehr hohen Entwicklungsstand erreicht hatte. Da der Auftraggeber, der Orden, sehr reich war, mußten die Architekten nicht über die Maßen sparen.

Diese Burgen dienten mönchisch lebenden Rittern als Wohnsitz; sie lagen, der Natur des Landes entsprechend, nahezu durchweg in der Ebene, ihre räumliche Ausdehnung wurde nicht von topographischen Gegebenheiten bestimmt und eingegrenzt, sondern von den Bedürfnissen der Ritter und ihren Überlegungen, die Verteidigungsfähigkeit optimal zu gestalten.

Die Baukunst im 18. Jahrhundert

Nach dem Abschied des Ordens aus Preußen und Livland, den religiösen Wirren und in ihrem Gefolge dem verheerenden Dreißigjährigen Krieg war keine weitere Aufwärtsentwicklung zu verzeichnen. Erst in der Barockzeit erlebten die Balleien und Kommenden einen neuen Aufschwung, wenn auch weitgehend beschränkt auf die Baukultur. Materiell ging es dem Orden gut, er konnte wieder, wie in ganz frühen Zeiten, sogar Geld verleihen. Da die Leitung des Ordens stets in Personalunion mit anderen wichtigeren Ämtern wahrgenommen wurde, waren die Kosten für die Führung gering; Mergentheim wurde nicht zu einer Residenz ausgebaut; allerdings entwickelte sich dort eine weltliche Verwaltung.[34] Es gab zwar genügend Pläne zur Ausgestaltung einer Residenz – sogar Balthasar Neumann griff einmal zur Zeichenfeder und reichte Pläne ein –, doch neu gebaut wurde nicht. Nach einem Entwurf von François de Cuvilliés wurde die Schloßkirche innen neu gestaltet. Maximilian Franz, der schon genannte Auftraggeber von Beethoven (übrigens auch eines Herrn Weber, dessen Sohn Carl Maria im Schloßtheater auftrat), ließ den Hofgarten im englischen Stil umbauen. Sonst siegte in Mergentheim letzten Endes immer wieder der Sparwille.

Anders in den Balleien und Kommenden. Den Anfang machten Sachsenhausen und Würzburg schon um 1700, gleich darauf erfolgte der Baubeginn in Ellingen (1711 bis etwa 1774/75) – diese drei Balleien gehörten übrigens zu den frühesten Besitzungen des Ordens in Deutschland. Dort setzte sich barockes Repräsentationsbedürfnis architektonisch eindrucksvoll ins Bild. Johann Caspar Bagnato und Johann Lukas von Hildebrandt waren die bevorzugten Architekten und Baumeister.

Die Ballei Elsaß-Burgund galt als die damals reichste Ballei des Deutschen Ordens; ihr Bauwesen ist gründlich erforscht und mit dem Leben von Johann Caspar Bagnato, dem großen Barockbaumeister, eng verbunden, wie Hans Martin Gubler dargelegt hat.[35]

Die Ballei Elsaß-Burgund hatte Herrschaftsrechte und Besitzungen in Württemberg, Vorderösterreich, in der Schweiz und im Elsaß. Neben dem Balleisitz in und um Altshausen gab es Kommenden in Andlau, Rixheim, Ruffach (alle im Elsaß), Hitzkirch, Basel (beide in der Schweiz), Freiburg, Mainau, Beuggen, Rohr und Waldstetten (alle in Vorderösterreich). Dabei konnte es durchaus vorkommen, daß ein Komtur mehrere Kommenden leitete, so Mitte des 18. Jahrhunderts, als beispielsweise Wilhelm Jakob Eusebius von Breitenlandenberg als Komtur von Ruffach, Straßburg, Andlau und Kaysersberg zugleich tätig war.

Bagnato bestimmte etwa dreißig Jahre lang das Bauwesen der Ballei wie auch weit darüber hinaus das einer ganzen Landschaft im deutschen Südwesten. Er war mit Sicherheit in rund neunzig Orten tätig, zugeschrieben werden ihm Gebäude in weiteren etwa zwanzig Orten. Ihm ist der Bau von repräsentativen Schlössern wie in Altshausen oder auf der Mainau, Kirchen, Wohnhäusern, Pfarrhäusern, (Zehnt)Scheunen, Bauernhöfen, Mühlen, Amtsgebäuden, Klöstern, Werkstätten, Keltern, Toren bis hin zu Gasthäusern zu verdanken.

Seine Auftraggeber waren neben dem Deutschen Orden die Bischöfe von Konstanz und Basel, Klöster (Obermarchtal, Salem, St. Gallen, St. Blasien), die Familien der Ordensmitglieder, Städte sowie der Johanniterorden. Diese Bauherren, so stellt Gubler fest, muß man «in gewissen Grenzen als homogene Gruppe verstehen», nämlich von ihrem sozialen Status her als Ordenskomture, Bischöfe, Äbte, die hinwiederum meist aus dem niederen Adel stammten, einer sozial homogenen Schicht.

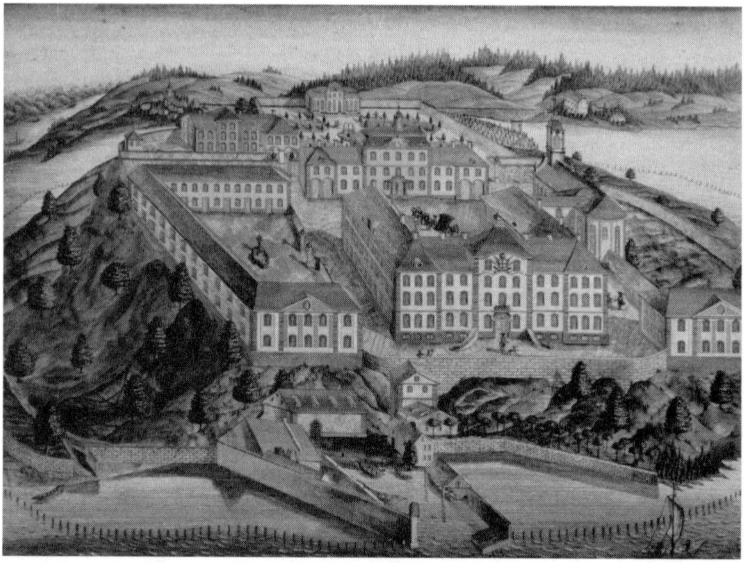

Kommende Mainau, Ansicht aus der Vogelperspektive. Holzintarsie von Franz Joseph Denner, 1773.

Daß Bagnato für so viele Bauherren tätig werden konnte, liegt darin begründet, daß er erst in den letzten Lebensjahren als Architekt und Baumeister der Ballei galt. Bis dahin war er ein dem Landkomtur zunächst nur für den Bau des «Newen Residenz baw» in Altshausen per Vertrag und Jahresbesoldung fest verbundener, dennoch «freier Architekt». Diese «Freiheit» konnte er allerdings erst etwa ab 1735 für sich beanspruchen. Sämtliche Bauarbeiten des Ordens mußten vom Kapitel der Ballei genehmigt werden. Bagnato prüfte fremde Entwürfe, machte Änderungsvorschläge, reichte eigene Entwürfe ein, entwarf Kostenvoranschläge. Er war aber auch Bauunternehmer auf eigene Rechnung und schloß als solcher die Verträge mit den Bauhandwerkern. Der Orden verfügte, im Gegensatz zu anderen Landesherren im Reich, nicht über eigene Bauhütten oder Bauhandwerker, auch nicht über ein Hofbauamt. Die Arbeit vor Ort übertrug Bagnato Palieren im Generalakkord, die auch die Bauleitung hatten. Über die Zusammensetzung der Bautrupps ist nur wenig bekannt, die Handwerker dürften im wesentlichen aus dem Bregenzerwald, Vorarlberg und Tirol stammen.

Bagnatos Werk «entsprach den Forderungen seiner Bauherren. (...) Seine Bauten waren kostengünstig und repräsentierten trotzdem den Stand angemessen.» (Gubler)

Nachwort

Die hier vorgestellten 800 Jahre Geschichte des Deutschen Ordens sind eingebettet in 800 Jahre europäischer Geschichte und in 800 Jahre Geschichte des Christentums. Sie spiegeln zugleich auch 800 Jahre Geschichte des Heiligen Römischen Reichs Deutscher Nation. Das sind unter politischen, rechtlichen, wirtschaftlichen und sozialen Aspekten unverkennbar 300 Jahre Spitzenleistungen für den Orden im Vergleich zu den Verhältnissen im Reich wie im übrigen Europa dieser Jahrhunderte. Mit dem Verlust von Preußen 1525 fällt die Organisation Deutscher Orden dann nahezu zwangsläufig in das gleiche Mittelmaß wie die anderen deutschen Fürsten – ist also auch darin Spiegel des Deutschen Reichs und ihm ebenbürtig.

Diese Thesen gelten unabhängig davon, daß es zwischen dem *Reich* und dem *Orden* keine unmittelbaren formalen Beziehungen oder Abhängigkeiten gegeben hat, sondern immer nur zwischen dem deutschen König/römischen Kaiser und dem Orden. Auch insofern sind die national gefärbten Debatten zahlreicher deutscher und polnischer Historiker und ihrer politischen Apologeten, die in den letzten 200 Jahren über den Deutschen Orden geführt wurden, müßig.

In diesen 300 Jahren seines Wirkens in Preußen ist jedoch der Deutsche Orden auf faszinierende Weise signifikant anders als das gesamte europäische Umfeld – obwohl alle seine Mitglieder diesem Umfeld entstammten und von dem sie in jeder Hinsicht geprägt waren. Sobald Kreuzritter oder Ordensritter preußischen Boden betraten, wechselten sie ihre Identität; kamen sie indes in die Heimat zurück, fanden sie dort sofort folgen- und bruchlos ihre alte Identität wieder: Das ist das größte Rätsel der Ordensgeschichte überhaupt, zumal es keine nachvollziehbaren Erklärungen für diese Andersartigkeit im gesamteuropäischen Kontext gibt.

Die Genesis dieser Andersartigkeit und Einmaligkeit hat historisch gesehen einen Urheber, viele zwangsläufige Folgen und viele Nachfolger. Daher kann die Geschichte des Deutschen Ordens auch geschildert werden als die überragende Glanzleistung eines einzelnen Menschen, dessen geistiger Horizont Generationen von Erben prägte und bestimmte: Alle Grundsteine der drei Jahrhunderte lang so erfolgreichen Geschichte des Ordens in Preußen hatte Hochmeister Hermann von Salza gelegt, und das, obwohl er dem derzeitigen Kenntnisstand der Forschung nach nie selbst in Preußen war. Auch unter diesem Aspekt muß man ihn als eine überragende Persönlichkeit einschätzen, da er nicht nur seinen Zeitgenossen geistig und in der Fähigkeit zu politischem Denken weit überlegen war, sondern darüber hinaus die Kraft hatte, viele nachfolgende Generationen zu prägen. In dieser lang anhaltenden Wirkung ist er vergleichbar beispielsweise einem Bernhard von Clairvaux, dem es mit seinem neuen Entwurf des Mönch-/Nonnentums gelang, im Zisterzienserorden unzählige Menschen in seine Gefolgschaft zu bringen und ihr geistiges Leben nachhaltig zu bestimmen.

Selbstverständlich kann man dem Hochmeister Hermann von Salza nicht Gedanken oder Absichten unterstellen, die er nie gehabt hat oder hätte haben können: Das sind politische Ansprüche und Rechtsfiguren, die gemeinhin erst sehr viel später formuliert wurden und die etwa, in heutigen Begriffen ausgedrückt, die «Einschränkung der Willkür» des hoheitlichen Entscheidens oder des Verwaltungshandelns zum Ziel hatten; oder eine im Zeitkontext völlig untypische «Rechtssicherheit» ermöglichen sollten. Beide Erscheinungen sind nicht gezielt angestrebt worden, sondern überwiegend mittelbare, also unbeabsichtigte Folge des einheitlichen Rechts im gesamten Ordensstaat auf der Basis der Kulmer Handfeste. Dennoch hat es diese Wirkungen de facto gegeben, so wie es auch die weitgehende Gleichstellung aller Untertanen gab, der Einheimischen, der zugezogenen Bauern und der Städter. In diesem Zusammenhang ist auch die völlige Abwesenheit «nationalen» Gedankenguts während der Geschichte des Ordensstaates in Preußen zu nennen: Es konnte eine solche Teilung der Gesellschaft nicht geben, ja, es gab nicht einmal einen Begriff dafür.

Die Grundsteine des Wirkens von Hermann von Salza reichen von der Entscheidung zur Besitzergreifung des Pruzzenlandes über die Fixierung der rechtlichen Strukturen bis hin zur Entwicklung einer Eigenstaatlichkeit; selbst das so spezifische Burgenbauwesen der Ordensleute, das erst fünf Jahrzehnte nach seinem Tod, nämlich nach dem Ende der Pruzzenkriege, entwickelt werden konnte, muß in diesen Horizont eingebettet werden: Die neuen Häuser des Ordens seit dem Ende des 13. Jahrhunderts sind Zeugnisse für die gemeinsame Lebenshaltung einer Gruppe von mönchisch lebenden Männern, die im Dienst einer höheren Sache Militäraufgaben (daher kaserniert – wenn auch höchst unmönchisch luxuriös – leben) und zugleich die bauliche Repräsentation einer über die Zeitverhältnisse weit hinausragenden staatlichen Struktur. Auch wenn es europaweit und im Vorderen Orient Vorbilder für den Burgentypus des Deutschen Ordens gegeben haben mag, so sind diese dennoch von den Rittern selbständig weiterentwickelt und ihren Bedürfnissen in einmaliger Weise angepaßt worden. Allerdings nur in Preußen, nicht im Reich (wo der Orden zur gleichen Zeit auch Burgenneu- oder -umbauten hat durchführen lassen).

Ist diese einzigartige Burgenbaugestaltung so offensichtlich und auch heute noch leicht zu erkennen (selbst in den zahlreich erhaltenen Ruinen), führt der Hinweis auf die Kulmer Handfeste tief in die Struktur des sich etablierenden Ordensstaates hinein, der sich ohne diese einheitlichen Rechte gewiß nicht so erfolgreich hätte entwickeln und so lange selbständig halten können. Dieses Stadtrecht, das ja auch eine Art Landrecht war, galt für Jahrhunderte und für alle Untertanen in gleicher Weise. Auch hierin ist die Handschrift des Hermann von Salza unverkennbar, denn ohne seine Zustimmung hätte es weder entwickelt noch verliehen werden können. Gleiches (oder zumindest annähernd gleiches) Recht für alle Untertanen gab es als politischen Anspruch erst in den vom Bürgertum geprägten Nationalstaaten des 19. und 20. Jahrhunderts – also auch auf diesem Gebiet Singularität des Ordens für Jahrhunderte. Dieses einheitliche Recht hatte auch zur Folge, daß sich aus dem systembedingten ständigen Wechsel der Ritter und der Führungskräfte (durch Wegzug oder Tod) in Preußen keine Herrschaftsinstabilität ergab, vielmehr deren Kontinuität gesichert wurde. Bezeichnenderweise erfuhren einerseits die Untertanen nach der «Preußischen Huldigung» seit 1525 zunächst eine schleichende, im Endergebnis etwa zwei Jahrhunderte später massive Verschlechterung ihrer Rechtsstellung; andererseits wurde alsbald ein neuer Stand, der Adel, etabliert und damit die Sozialstruktur des Landes den Üblichkeiten in Europa angepaßt.

Welcher Landesherr hat im Westen regelmäßig mit seinen Untertanen je einen schriftlichen Vertrag über die Überlassung und Nutzung seines Eigentums und die daraus für den Untertan resultierenden Pflichten geschlossen? Jedenfalls in Polen nicht und auch nicht im Deutschen Reich. Der mögliche Hinweis auf das Gewohnheitsrecht als Antwort auf diese Frage trifft den Kern des Arguments nicht – niemand war ja daran gehindert, sich so zu verhalten wie der Orden in Preußen und dessen Vorteile zu nutzen. Die vergleichsweise frühe Schriftlichkeit und den sie voraussetzenden Willen zu korrektem Verwaltungshandeln war überhaupt eminent wichtig für den Bestand des Staates!

Eine weitere Besonderheit der Geschichte des Deutschen Ordens war seine Mitgliedschaft in der Hanse. Der Deutsche Orden war der einzige Landesherr, der diesem Kaufleute- und späteren Städtebund als gleichberechtigtes Mitglied angehörte; er war der einzige Landesherr in Europa, der in wesentlichem Umfang selbst Handel betrieb, und zwar höchst erfolgreich auf allen Gebieten, nicht nur bei der Vermarktung des Bernsteins. Wie es zu dieser Entwicklung kam, ist nicht ganz klar erkennbar, stützt sich aber auch darauf, daß an seiner Gründung Bremer und Lübekker Kaufleute beteiligt waren und bis in das 16. Jahrhundert hinein *Bürgerliche* Mitglied dieses *Ritter*ordens werden konnten (zu einer Zeit, als die beiden anderen Ritterorden das Adelsprivileg längst vollzogen hatten). Als sich dann doch der Alleinanspruch des (niederen) Adels auf Mitgliedschaft auch beim Deutschen Orden durchsetzte, war Preußen dem Orden soeben verloren gegangen und die Hanseherrlichkeit seit dem Verlust von Nowgorod und dem Eindringen englischer, holländischer und französischer Kaufleute in den Ostseehandel ohnehin im Untergang begriffen.

Keiner der aus Westeuropa angereisten Fürsten hat jemals einen Anspruch auf die von ihm oder mit seiner Hilfe eroberten Gebiete erhoben, alle haben sich stets in den Dienst des Ordens gestellt und immer zu seinen Gunsten verzichtet. Auch für diese ganz und gar unübliche «Bescheidenheit» des Adels gibt es keine überzeugende Erklärung.

Die Aufzählung der Besonderheiten des Deutschen Ordens endet mit einer Vermutung: Offensichtlich haben die nach Westeuropa wieder zurückkehrenden Litauen-Reisenden und Ordensritter die andersartigen Verhältnisse in Preußen nie als den «Fortschritt» im Verhältnis zu den Realitäten im Westen zu erkennen vermögen oder wollen, als den wir ihn heute einschätzen müssen.

Anhang

Anmerkungen

Bei Erstnennung eines Autors wird der vollständige Titel der Publikation genannt, anschließend nur der Autorname bzw. Kurztitel (siehe dazu das Literaturverzeichnis).

Einleitung

1 Schlesisch-privilegierte Zeitung Nr. 34 vom 20. März 1813, S. 595; zit. nach Meinecke, Friedrich: *Das Zeitalter der deutschen Erhebung 1795–1815* (Monographien zur Weltgeschichte Bd. 25). Bielefeld/Leipzig [3]1924, Repro nach S. 120.
2 Schmitt, Eva: *Der preußische Eisenkunstguß.* Berlin 1985, S. 134; *800 Jahre Deutscher Orden.* Ausstellungskatalog des Germanischen Nationalmuseums, hg. von Gerhard Bott/Udo Arnold. Gütersloh/München 1990, S. 447f.
3 Boockmann, Hartmut (1): *Der Deutsche Orden.* München [3]1989, S. 236; Borchert, Friedrich: *Burgenland Preußen. Die Wehrbauten des Deutschen Ordens und ihre Geschichte.* München/Wien 1987, S. 108.
4 zit. nach Zimmermann, Harald (1): «Der Deutsche Ritterorden in Siebenbürgen», in: *Die geistlichen Ritterorden Europas.* Sigmaringen 1980, S. 268.
5 Boockmann, Hartmut(1): a.a.O., S. 237.
6 Boisserée, Sulpice: *Geschichte und Beschreibung des Doms von Köln.* Stuttgart [1]1823–1832, [2]1842; der Ausstellungskatalog *800 Jahre Deutscher Orden* stellt auf S. 441 fest, daß die Renovierungsarbeiten an der Marienburg erst nach 1880, nach Abschluß der Arbeiten am Kölner Dom, fortgesetzt wurden – übrigens in der festen Überzeugung, «daß die gotische Baukunst sich bei gründlicher Vorbereitung nachbauen lasse».
7 *800 Jahre Deutscher Orden* S. 446; Abb. der Aquatinta-Blätter bei Niels von Holst: *Der Deutsche Ritterorden und seine Bauten.* Berlin 1981/Wiesbaden 1997, S. 86, 103, 152, 156, 159, 169; zur Abrißplanung vgl. Friedrich Borchert: *Burgenland Preußen,* a.a.O., S. 92 und *800 Jahre Deutscher Orden,* S. 438; zu Max von

Schenkendorf siehe *800 Jahre Deutscher Orden*, S. 447; zu Schinkel siehe *800 Jahre Deutscher Orden*, S. 448; das Gemälde von Domenico Quaglio zeigt den Hochmeisterpalast im Zustand von 1837 (im vorliegenden Buch auf S. 149); zur Denkmalpflege der Marienburg siehe *800 Jahre Deutscher Orden*, S. 464–468.

[8] *800 Jahre Deutscher Orden* S. 452.

[9] Ebd., S. 455f.

[10] Boockmann, Hartmut (1): S. 244.

[11] Boockmann, Hartmut (2): *Ostpreußen und Westpreußen*. Berlin [2]1992, S. 34; die Entwicklung der Geschichtsschreibung über den Deutschen Orden a.a.O., S. 21–74; das zweite Zitat siehe *800 Jahre Deutscher Orden*, S. 439.

[12] Siehe Kleßmann, Christoph; zur Entwicklung der Nationalitätendebatte zwischen deutschen und polnischen Politikern im ausgehenden 19. Jahrhundert und ihren realen Hintergründen vgl. Boockmann, Hartmut (2): S. 379–391.

[13] *800 Jahre Deutscher Orden*, S. 471f.

[14] Boockmann, Hartmut (1): S. 253.

[15] *800 Jahre Deutscher Orden*, S. 452.

[16] Ebd., S. 471.

[17] Siehe Kluger, Helmuth: *Hochmeister Hermann von Salza und Kaiser Friedrich II.* Marburg 1987, S. 186–190 (Kurzbericht über die Debatten der Historiker mit Blick auf Hermann von Salza); Boockmann, Hartmut (1): S. 234–254; vgl. Boockmann (1) und (2) passim; siehe auch *800 Jahre Deutscher Orden*, S. 437–444; Armgart, Martin: *Die Handfesten des preußischen Oberlandes bis 1410.* Köln 1995, S. 2.

[18] Zuletzt K. Lange-Müller, die, laut FOCUS 9/2002, S.39, bei der neuerlichen (2002) Diskussion um «Preußen» von einem «Rückfall in die Barbarei des Deutschen Ritterordens» schreibt.

Die Anfänge in Palästina

[1] Bumke, Joachim: *Höfische Literatur, Kultur und Gesellschaft im Hohen Mittelalter.* Frankfurt a. M. [6]1992, S. 403; der Bericht folgt weitgehend Mayer, Hans Eberhard: *Geschichte der Kreuzzüge.* Stuttgart [7]1989 und LeGoff, Jacques: *Das Hochmittelalter.* Frankfurt a. M. 1965, S. 132–137.

[2] Zum Turnier vgl. Duby, Georges: *Wirklichkeit und höfischer Traum.* Frankfurt a. M. 1991, S. 153–156.

[3] Willerding, Ulrich: «Gärten und Pflanzen des Mittelalters», in: *Der Garten von der Antike bis zum Mittelalter*, hg. von Maureen Carroll-Spilecke. Mainz 1992, S. 268–273 bietet eine Liste von Pflanzen, die seit der Römerzeit in Europa heimisch gemacht wurden; im Mittelalter waren das beispielsweise bei den Blumen Christrose oder Goldlack, beim Gemüse Feldsalat oder Kohl oder Lauch,

bei den Gewürzen Basilikum oder Majoran, bei den Heilkräutern Baldrian oder Johanniskraut (insgesamt etwa 25 Arten).

4 Demurger, Alain: *Die Templer. Aufstieg und Untergang 1120–1314.* München 1994, S. 44–46.

5 Boockmann, Hartmut (1): S. 19–26.

6 Ebd., S. 36.

7 Mayer, Hans Eberhard: S 41–43.

8 LeGoff, Jacques: S. 136.

9 Mayer, Hans Eberhard: S. 47.

10 Ebd., S. 53.

11 Ebd., S. 57.

12 Beide Zitate bei LeGoff, Jacques: S. 137.

13 Über die Titulatur des ersten europäischen Herrschers in Jerusalem gibt es einen Historikerstreit: Da Gottfried während seiner Amtszeit keine eigenen Urkunden ausgestellt hat, ist der Titel, den er selbst verwendet hat, eben nicht zu rekonstruieren; siehe Mayer, Hans Eberhard: S. 58 und Anm. 30.

14 Mayer, Hans Eberhard: S.123; wir zweifeln hier erstmals an der Korrektheit mittelalterlicher Zahlenangaben.

15 Ebd., S. 129.

16 Ebd., S. 133.

17 Ebd., S. 134.

18 LeGoff, Jacques: S. 141ff.

19 Mayer, Hans Eberhard: S. 168f.

20 Zusammenfassend Demurger, Alain: S. 219–228.

Der Deutsche Orden im Heiligen Land und im Reich

1 Zit. nach Arnold, Udo (1): S. 81; zur Quelle siehe auch Boockmann, Hartmut (1): S. 29.

2 Arnold, Udo(1): S. 83; Lageplan der Stadt Akko (von 1291) siehe Demurger, Alain: S. 342.

3 Boockmann, Hartmut (1): S. 28f.

4 So z.B. Arnold, Udo (1): S. 90ff.; Boockmann, Hartmut (1): S. 30ff.

5 Boockmann, Hartmut (1): S. 34; vor allem: «Wenn man vom Deutschen *Ritter*orden spricht, redet man also von der Zeit zwischen 1835 und dem Ende des Ersten Weltkrieges.» (Hervorhebung von Uwe Ziegler).

6 Boockmann, Hartmut (1): S. 42; zur Einschätzung als «staufischer Hausorden» siehe *800 Jahre Deutscher Orden*, S. 13; Kluger, Helmuth: S. 41.

7 Zur päpstlichen Bulle 1196 siehe Boockmann, Hartmut (1): S. 28; zu den Bullen von 1209 und 1216 siehe Kluger, Helmuth: S. 8; die päpstliche Bulle von

1221 siehe *800 Jahre Deutscher Orden*, S. 11; schon 1206 hatte König Philipp von Schwaben den Deutschen Orden aus der Lehenshierarchie des Reiches eximiert – siehe Boockmann, Hartmut (1): S. 42.

[8] Leistikow, Dankwart: «Kreuzritterburgen im lateinischen Königreich Jerusalem – Überblick und Forschungsstand», in: *Istanbuler Mitteilungen* 39/1989, S. 354f.; *800 Jahre Deutscher Orden*, S. 15–17; Kluger, Helmuth: S. 74–78.

[9] Boockmann, Hartmut (1): S. 38; *800 Jahre Deutscher Orden*, S. 45: «Ähnlich den älteren und größeren Ritterorden bemühte sich auch der Deutsche Orden um die Bildung einer großräumigen Territorialherrschaft.»

[10] Mayer, Hans Eberhard: S. 188f.

[11] Zit. nach LeGoff, Jacques: S. 151.

[12] Vgl. die von Joachim Bumke so umfassend gesammelten literarischen und quellenkundlichen Belege: Zu ihrer historischen Einordnung siehe S. 11: «Die Jahrzehnte, in denen die höfische Dichtung ihre höchste Blüte erlebte, waren in Deutschland eine besonders schlimme Zeit innerer Kriege und öffentlicher Wirren.» Und S. 12: «Den negativen Erscheinungen der mittelalterlichen Wirklichkeit haben die höfischen Dichter ein Gesellschaftsbild entgegengesetzt, in dem alles fehlte, was das Leben damals beschwerlich und drückend machte... Dieses extrem unrealistische Bild der Gesellschaft ist offensichtlich als Gegenentwurf zur Realität konzipiert worden.»; s. a. Fleckenstein, Josef: *Rittertum und seine Welt*. München 2002.

Hermann von Salza

[1] Kluger, Helmuth: S. 7; *800 Jahre Deutscher Orden*, S. 14f.

[2] Boockmann, Hartmut (1): S. 31f.

[3] Kluger, Helmuth: S. 6f.

[4] Darauf macht Niess, Ulrich: *Hochmeister Karl von Trier (1311–1324)*. Marburg 1992 auf S. 9 aufmerksam.

[5] Kluger, Helmuth: S. 8.

[6] Die Darstellung folgt weitgehend Zimmermann, Harald (3): *Der Deutsche Orden im Burzenland. Eine diplomatische Untersuchung*. Köln 2000, der die Entwicklung der Forschung zur Ordensgeschichte im Burzenland zunächst breit darstellt, bevor er seine eigene Positionen entwickelt; hier auch S. 162–216 Abdruck der wichtigsten Urkunden zur Deutschordensgeschichte in Ungarn. Vgl. auch Zimmermann, Harald (1): S. 273f; Boockmann, Hartmut (1): S. 59–61.

[7] Zimmermann, Harald (1): S. 272.

[8] Abb. siehe Zimmermann, Harald (3) Abb. 7; zum Streit über die Kreuzburg siehe Zimmermann (3): passim.

[9] Boockmann, Hartmut (1): S. 68; Kluger, Helmuth: S. 23–25; Zimmermann, Harald (3): passim.
[10] Boockmann, Hartmut (1): S. 68; Kluger, Helmuth: S. 21–23; Zimmermann, Harald (1) S. 269f., S. 290f; Abdruck der Papstbulle bei Zimmermann, Harald (3): S. 178f.
[11] Vgl. dazu die ausführliche Darstellung bei Zimmermann, Harald (3).
[12] So z.B. Boockmann, Hartmut (1): S. 69.
[13] Kluger, Helmuth: S. 58; Zimmermann, Harald (1): S. 288.
[14] Papstschreiben bei Zimmermann, Harald (3): S. 206f., der aber S. 140 eine Mitverantwortung von Bela bezweifelt.
[15] Zimmermann, Harald (3): S. 215f. die Wiederberufung des Ordens nach Ungarn 1427 durch König Sigismund.
[16] Kluger, Helmuth: S. 8.
[17] Kluger, Helmuth: S. 11–20; Mayer, Hans Eberhard: S.191–201.
[18] Mayer zitiert S. 200 einen französischen Troubadour.
[19] *800 Jahre Deutscher Orden*, S. 11f.
[20] Kluger, Helmuth: S. 23–30.
[21] Ebd., S. 43f.
[22] Ebd., S. 42–44 (Kaisermanifest von Catania von 1224 und Privileg des Papstes Honorius III. von 1225).
[23] Ebd., S. 39f.
[24] Boockmann, Hartmut (1): S. 75f.
[25] Kluger vertritt die Ansicht (S. 184), daß der preußische Landmeister Hermann Balk «weit eher als der Hochmeister als *spiritus rector* der kulmischen Rechtskodifikation anzusehen» sei. Balk ist gewiß nach Martin Armgart S. 369 als Aussteller tätig gewesen; es erscheint aber als höchst unwahrscheinlich, daß er eine so weitreichende Entscheidung in eigener Kompetenz vorbereitet oder sogar getroffen hat.
[26] Armgart, Martin: S. 32f.
[27] Dollinger, Philippe: *Die Hanse.* Stuttgart ^{4}1989, S. 168.
[28] So z.B. Kluger, Helmuth S. 191, der über die Bulle von Rimini urteilt, daß sie «allenfalls Alternativlösung, eher noch als schemenhaftes Programm» anzusehen sei, «(...) dessen auch nur ansatzweise Verwirklichung vorerst ganz hinter die Kreuzzugsbemühungen zurückzutreten hatte».
[29] Zum Vertrag von Kruschwitz und dem Problem seiner Echtheit vgl. Boockmann, Hartmut (1): S. 87–90.
[30] Kluger, Helmuth: S. 69–122; Mayer, Hans Eberhard: S. 207.
[31] Heinisch, Klaus J.: *Kaiser Friedrich II. Sein Leben in zeitgenössischen Berichten.* München ^{4}1994, S. 285.
[32] Ebd., S. 286.
[33] Abbildung der Krone bei Holst, Niels von: S. 33.

[34] Kluger, Helmuth: S. 123–140.
[35] Ebd., S. 191; Abbildung der Kirche und des Spitals des Deutschen Hauses in Jerusalem bei Holst, Niels von: S. 27; Grundriß S. 219; Stadtplan von Jerusalem «unter den lateinischen Königen» siehe Demurger, Alain S. 341 und Kluger, Helmuth Abb. 2.
[36] Aus der Chronik des Roger von Wendover, zitiert nach Heinisch, Klaus J.: S. 39f.
[37] Kluger, Helmuth: S. 163.
[38] Zimmermann. Harald(1): S. 296, der darauf hinweist, daß die päpstliche Bulle von Rieti auch Schlußfolgerungen aus den schlechten Erfahrungen im Burzenland aufweist; Zimmermann, Harald (3): S. 128f vermutet als Grundlage einen Textentwurf des Ordens; s.a. Boockmann, Hartmut (1): S. 90–92.
[39] Kluger, Helmuth: S. 192.

Der Deutsche Orden in Preußen, Livland und Litauen

[1] Diese Zahl erscheint wie alle mittelalterlichen Zahlenangaben entschieden zu hoch. Die Bedeutung des Ereignisses würde aus heutiger Sicht indes nicht dadurch geschmälert, wenn man lediglich von einem Zehntel ausginge.
[2] Boockmann, Hartmut (1): S. 93.
[3] Siehe vorliegendes Buch, Umschlagbild und Abb. S. 110.
[4] Boockmann, Hartmut (1): S. 76: 170 000; so auch S. 111; Boockmann, Hartmut (2): S. 81 (Preußen einschließlich Kulmer Land): 220 000.
[5] *800 Jahre Deutscher Orden*, Abb. S. 83.
[6] Zur historiographischen Einschätzung der Greueltaten vgl. Boockmann, Hartmut (2): S. 23; Zitat ebd., S. 170.
[7] Boockmann, Hartmut (1): S. 140.
[8] Vgl. Niess, Ulrich: S. 54; Boockmann, Hartmut (2): S. 152; Dollinger schätzt S. 168 die Gesamtbevölkerung von Danzig um 1300 auf «vielleicht 2000».
[9] Boockmann, Hartmut (2): S. 163.
[10] Mayer, Hans Eberhard: S. 162–168.
[11] Siehe Mayer, Hans Eberhard: S. 59f. – hier erscheint uns seine Beschreibung von Klima und Flora zu sehr an den heutigen Verhältnissen orientiert ist (siehe S. 167); über die rechtlichen, wirtschaftlichen und sozialen Verhältnisse in den Kreuzfahrerstaaten im 12. und 13. Jahrhundert a.a.O. S. 138–172.
[12] Niess, Ulrich: S. 7f. und 23ff.
[13] *800 Jahre Deutscher Orden*, S. 3f.; Niess, Ulrich: S. 13f.
[14] Über den Baubeginn der Marienburg gibt es verschiedene Angaben; wir folgen Niess S. 31/32; die Verleihung des Stadtrechts an Marienburg erfolgte erst 1286.

[15] So auch Dehio: *Handbuch der Kunstdenkmäler West- und Ostpreußens*, bearb. von Michael Antoni. München/Berlin 1993, S. 384.
[16] So Weise, Erich: *Ost- und Westpreußen. Handbuch der Historischen Stätten.* Stuttgart 1966, S. 128.
[17] Siehe Niess, Ulrich: a.a.O.
[18] Ebd., S. 109.
[19] Ebd., S. 185.
[20] So z.B. Boockmann, Hartmut (1): S. 148.
[21] Niess, Ulrich: S. 131f.

Die Hochblüte des Deutschen Ordens

[1] Samsonowicz, Henryk: «Der Deutsche Orden als Wirtschaftsmacht des Ostseeraumes», in: *Zur Wirtschaftsentwicklung des Deutschen Ordens im Mittelalter*, hg. von Udo Arnold (Quellen und Studien zur Geschichte des Deutschen Ordens, Bd. 38). Marburg 1989, S. 110.
[2] Siehe Paravicini, Werner: *Die Preußenreisen des europäischen Adels*, Bd. I und II. Beihefte der *Francia* Bd. 17/1 und 17/2. Sigmaringen 1989/1995.
[3] Weise, Erich: S. 130.
[4] Gegen die Einschätzung der Litauerreisen als «Sport» wendet sich Boockmann, Hartmut (1): S. 160; zur Verteidigung der «blühenden Kultur des Abendlandes» siehe z.B. Maschke, Erich (1): «Deutsche Wacht im Osten durch die Jahrhunderte», in: *Tannenberg. Deutsches Schicksal – Deutsche Aufgabe*, hg. vom Kuratorium für das Reichsehrenmal Tannenberg. Oldenburg/Berlin 1939, S. 168; Ranke, Leopold von: *Zwölf Bücher preußischer Geschichte*. Berlin 1929, S. 41: der Orden «hatte die abendländische Kultur im Osten zu schützen».
[5] Boockmann, Hartmut (2): *Ostpreußen und Westpreußen*. Berlin [2]1992, S. 139 mit Abb.; *800 Jahre Deutscher Orden*, S. 73f.; Abb. von Spielfiguren siehe *800 Jahre Deutscher Orden*, S. 93.
[6] Dehio: S. 384–393; Borchert, Friedrich: *Burgenland Preußen. Die Wehrbauten des Deutschen Ordens und ihre Geschichte*. München/Wien 1987, S. 94–106.
[7] Boockmann, Hartmut (2): S. 222; Paravicini, Werner: S. 288–310; zum Thema Lesen und Schreiben urteilt Boockmann, Hartmut (2): S. 21: «Die Deutschordensritter waren in aller Regel Analphabeten.»
[8] Weise, Erich: S. 130; Abb. Fragment der Marienmadonna siehe *800 Jahre Deutscher Orden*, S. 106f.
[9] Siehe Arnold, Udo (2): «Weinbau und Weinhandel des Deutschen Ordens im Mittelalter», in: *Zur Wirtschaftsentwicklung des Deutschen Ordens im Mittelalter*, hg. von Udo Arnold (Quellen und Studien zur Geschichte des Deutschen Ordens, Bd. 38). Marburg 1989, S. 71–102.

[10] Weise, Erich: S. 130; Herzog Albrecht gründete 1544 in Königsberg eine Universität.
[11] Siehe Boockmann, Hartmut (1): S. 171–176.
[12] Pierson, William: *Preußische Geschichte*, hg. von John Pierson. Berlin ^{9}1906, S. 106.
[13] Boockmann, Hartmut (1): S. 213f.
[14] Das Gedicht bei Jelicz, Antonina: *Polnisches Mittelalter. Ein literarisches Lesebuch.* Frankfurt a.M. 1987, S. 293; die Anmerkung ebd., S. 375; vgl. auch Ekdahl, Sven: *Das Soldbuch des Deutschen Ordens 1410/1411. Die Abrechnungen über die Soldtruppen*, bearb. von Sven Ekdahl (Veröffentlichungen aus den Archiven Preußischer Kulturbesitz, Bd. 23/I). Köln 1988, S. 13; er nimmt an, daß wahrscheinlich nur 3700 Söldner im Auftrag des Ordens an der Schlacht beteiligt waren; weitere 2000 seien in Pommerellen stationiert gewesen.
[15] Z. B. Maschke, Erich (1): S. 178; so auch Boockmann, Hartmut (2): S. 184.
[16] Wir folgen der Schlachtbeschreibung von Maschke, Erich (1): S. 176–183.
[17] Bei Ohler, Norbert: *Krieg und Frieden im Mittelalter.* München 1997 fanden wir dazu keine Angaben.
[18] *800 Jahre Deutscher Orden*, S. 125f.; Abb. siehe Holst, Niels von: S. 172f.
[19] *800 Jahre Deutscher Orden,* S. 124.
[20] Abb. des Steins mit Inschrift siehe Maschke, Erich (1): nach S. 184; der Text auch bei Weise, Erich: S. 218.
[21] *800 Jahre Deutscher Orden*, S. 458f.
[22] *800 Jahre Deutscher Orden*, S. 471f.
[23] Beispielsweise Maschke, Erich (1): S. 181.
[24] Weise, Erich: S. 130f.
[25] Das Gemälde von Martin Schoninck: Belagerung der Marienburg siehe *800 Jahre Deutscher Orden*, Farbabbildung III.13.9 und S. 262f. Maschke, Erich (1): S. 181 nennt einige der Gründe, warum die polnischen Truppen die Belagerung aufgegeben haben.
[26] So z.B. Maschke, Erich (1): S. 182 und Weise, Erich: S. XXXII; Boockmann, Hartmut (2) bezweifelt S. 185 diese These mit guten Gründen; Abb. Urkunde 1. Thorner Frieden siehe *800 Jahre Deutscher Orden*, S. 126f.

Das Ende des Ordens in Preußen und Livland

[1] Boockmann, Hartmut (2): S. 125.
[2] Ebd., S. 191.
[3] Die Seinsheimsche Fälschung: siehe *800 Jahre Deutscher Orden*, S. 346; die revidierte Regel von 1442 ebd., S. 347.

[4] Boockmann, Hartmut (2): S. 212; Abb. Gründungsurkunde «Preußischer Bund» siehe *800 Jahre Deutscher Orden*, S. 128.
[5] Boockmann, Hartmut (1): S. 207.
[6] Weise, Erich: S. 47f.; eine Karte beider Teile Preußens nach 1466/1525 bietet Boockmann, Hartmut (2) S. 331; Abb. Urkunde 2. Thorner Frieden siehe *800 Jahre Deutscher Orden*, S. 131f.
[7] Boockmann, Hartmut (2): S. 213.
[8] Weise, Erich: S. 223.
[9] Boockmann, Hartmut (2): S. 225.
[10] Portrait des neuen Herzogs Albrecht von Preußen siehe Boockmann, Hartmut (2): S. 229.
[11] Abb. siehe Boockmann, Hartmut (2): S. 237.
[12] Siehe *800 Jahre Deutscher Orden*, S. 7; Abb. Friedensvertrag zwischen Polen und Preußen am 8.4.1525 siehe ebd., S. 135f.
[13] Abb. *800 Jahre Deutscher Orden*, S. 135.
[14] Biographie und Bildnis von Gotthard Kettler siehe ebd., S. 138.

Von der Reformation bis zur Gegenwart

[1] *800 Jahre Deutscher Orden*, S. 145f.; Bildnis des Walter von Cronberg ebd., S. 144.
[2] Kluger, Helmuth: S. 63 schon für die Frühzeit: «Strategisch wichtige Ordensprovinzen (...) verblieben in der Hand des Hochmeisters.»
[3] *800 Jahre Deutscher Orden*, S. 140: «Waren (...) 1513 noch 68 % Priester, so waren es 1577 nur noch 6 %.»
[4] Niess, Ulrich: S. 14f.; Boockmann, Hartmut (1): S. 294.
[5] *800 Jahre Deutscher Orden*, S. 140; zur Trikonfessionalität in Marburg siehe ebd., S. 247; Boockmann, Hartmut (1): S. 224.
[6] *800 Jahre Deutscher Orden*, S. 5; Boockmann, Hartmut (1): S. 195.
[7] Boockmann, Hartmut (1): S. 197; *800 Jahre Deutscher Orden*, S. 7: «Vom Ende des 14. bis zum Beginn des 16. Jahrhunderts sank der Personalstand auf etwa ein Viertel herab.» Der Orden habe die Aufnahme neuer Brüder restriktiv behandelt, weil wegen der spätmittelalterlichen Agrarkrise seine Einnahmen gesunken seien. Sonja Neitmann: *Von der Grafschaft Mark nach Livland: Ritterbrüder im livländischen Deutschen Orden* (Veröffentlichungen aus den Archiven Preußischer Kulturbesitz Beiheft 3). Köln 1993 teilt mit, daß es nach der Visitation von 1451 in Livland 197 Ritterbrüder gegeben habe.
[8] Reichsachturkunde gegen Herzog Albrecht siehe *800 Jahre Deutscher Orden*, S. 146.

[9] Ebd., S. 140; Bildnis von Hochmeister Erzherzog Maximilian von Österreich ebd., S. 164; die Regelrevision von 1606 ebd., S. 347f.

[10] Über die neuen Uniformen und zum Folgenden siehe *800 Jahre Deutscher Orden*, S. 188ff.; Staatshandbücher ebd., S. 219f.; Meßgeräte ebd., S. 226f.; Tafelservice ebd., S. 228ff.

[11] Dazu siehe Gubler, Hans Martin: *Johann Caspar Bagnato 1696–1757 und das Bauwesen des Deutschen Ordens in der Ballei Elsaß-Burgund im 18. Jahrhundert*. Sigmaringen 1985; über die Kompositionen von Beethoven siehe *800 Jahre Deutscher Orden*, S. 191f.

[12] Aufhebungsdekret Napoleons siehe *800 Jahre Deutscher Orden*, S. 148f.

[13] Ebd., S. 319f.

Die kulturellen Leistungen des Deutschen Ordens

[1] Pospieszny, Kazimierz: «Die Bauweise der ritterlichen Klosterburgen in Preußen», in: *Burgenbau im späten Mittelalter*, hg. von der Wartburg-Gesellschaft zur Erforschung von Burgen und Schlössern (Forschungen zu Burgen und Schlössern, Bd. 2). München/Berlin 1996, S.186 schreibt, daß «die Entstehung des Prototyps in Preußen selbst stattfand».

[2] Siehe Neitmann, Klaus: *Der Hochmeister des Deutschen Ordens in Preußen*. Köln 1990.

[3] Zu den Graumäntlern und Priesterbrüdern siehe *800 Jahre Deutscher Orden*, S. 342f.

[4] Siehe Arnold, Udo (3): «Die Hanse und Preußen», in: *Die Hanse und der deutsche Osten*, hg. von Norbert Angermann, Lüneburg 1990, S. 80f.

[5] Boockmann, Hartmut (1): S. 29; das päpstliche Privileg von 1244 siehe *800 Jahre Deutscher Orden*, S. 345; die Regel von 1264 ebd., S. 345f; zur Statutengeschichte vgl. *800 Jahre Deutscher Orden*, S. 339–355.

[6] Vgl. Holst, Niels von: S. 60–75.

[7] *800 Jahre Deutscher Orden*, S. 3.

[8] Zum Spital in Koblenz siehe *800 Jahre Deutscher Orden*, S. 18; zum Spital in Ellingen ebd., S. 521f.

[9] Ebd., S. 6f.

[10] Ebd., S. 4.

[11] Zu den Inventarverzeichnissen siehe Boockmann, Hartmut (2): S. 26; siehe auch Niess, Ulrich: S. 189.

[12] Maschke, Erich (2): «Deutschordensbrüder aus dem städtischen Patriziat», in: *Festschrift für K. Forstreuter*. Göttingen 1958, S. 255–271.

[13] Boockmann, Hartmut (2): S. 138–152.

[14] 15. Jahrhundert siehe Boockmann, Hartmut (1): S. 57; 1671: siehe *800 Jahre Deutscher Orden*, S. 169ff.
[15] Wir folgen der Zusammenfassung bei Boockmann, Hartmut (1): S. 115–121.
[16] Zum Thema «Handfeste» vgl. Armgart, Martin; die Definition S. 16f.; das zweite Zitat ebd., S. 23; zur Überlieferung der Quellen ebd., S. 33f.
[17] Boockmann, Hartmut (1): S. 135, S. 181.
[18] Ebd., S. 119.
[19] Ebd., S. 121–126.
[20] Kulmer Handfeste: Abb. der Fassung von 1251 im vorliegenden Buch auf S. 220; das fast gleichlautende Original ist 1244 verbrannt; vgl. Boockmann, Hartmut (1): S. 126.
[21] *800 Jahre Deutscher Orden*, S. 47: 93 Städte; Henryk Samsonowicz beziffert auf S. 106 die Zahl der Dörfer in Preußen auf 1400; William Pierson S. 103 zählt 80 Städte und 1400 Dörfer; Übersicht über die Ordensburgen in Preußen siehe Anhang S. 262–266; Fläche des Ordensstaates siehe Samsonowicz, Henryk: S. 107.
[22] Boockmann, Hartmut (1): S. 121, S. 129f.
[23] Siehe Dollinger, Philippe: *Die Hanse.* Stuttgart 1989; Ziegler, Uwe: *Die Hanse.* Bern/München/Wien [2]1996.
[24] Zum Bernsteinhandel siehe *800 Jahre Deutscher Orden*, S. 80.
[25] Samsonowicz, Henryk: S. 109; Jähnig, Bernhart: «Zur Wirtschaftsführung des Deutschen Ordens in Preußen vornehmlich vom 13. bis zum frühen 15. Jahrhundert», in: *Zur Wirtschaftsentwicklung des Deutschen Ordens im Mittelalter*, hg. von Udo Arnold (Quellen und Studien zur Geschichte des Deutschen Ordens, Bd. 38). Marburg 1989, S. 124–130; Nowak, Zenon Hubert: «Die Vorburg als Wirtschaftszentrum des Deutschen Ordens im Mittelalter», ebd., S. 152 hat 175 Vorwerke gezählt, die von den Konventsburgen aus bewirtschaftet wurden; Boockmann, Hartmut (2): S. 127 nennt 157 Vorwerke, fünfzig Höfe und fünf Wirtschaftshöfe; siehe auch Arnold, Udo (3): S. 80.
[26] *800 Jahre Deutscher Orden*, S. 81f.; zum Golddukaten um 1413 ebd., S. 149f; zur Zeit nach 1525 ebd., S. 206f.
[27] Arnold, Udo (2): S. 97f.
[28] Siehe dazu Niess, Ulrich: S. 179; Boockmann, Hartmut (2): S. 24; Abb. «De primordiis Ordinis Theutonici narratio» siehe *800 Jahre Deutscher Orden*, S. 14f.; zur ordenseigenen Historiographie ebd., S. 49; Abb. der «Livländischen Reimchronik» im vorliegenden Buch auf S. 226; Abb. der «Kronike von Pruzinlant» des Nikolaus von Jeroschin ebd., S.96f.
[29] Lageplan von Akko mit dem Ordenshaus siehe Holst, Niels von: S. 220 und Kluger, Helmuth: Abb. 6. Zum Erwerb des Gebietes und der Burg vgl. Kluger, Helmuth: S. 74–78; *800 Jahre Deutscher Orden*, S. 15f; Zitat Leistikow S. 354f.; Abb. Holst, Niels von: S. 40f.

[30] Zur bautechnischen, organisatorischen und logistischen Aufgabe des Ordens im besonderen: «Bau einer Burg» siehe Arszynski, Marian:«Das Bauwesen im Wirtschaftssystems des Deutschen Ordens in Preußen», in: *Zur Wirtschaftsentwicklung des Deutschen Ordens im Mittelalter*, a.a.O.

[31] Holst, Niels von: S. 94 (dagegen *800 Jahre Deutscher Orden*, S. 50: «Deren genetische [!] Beziehungen zu den ältesten Ordensanlagen sowie zum europäischen Burgenbau überhaupt sind noch nicht überzeugend und eindeutig geklärt.»); siehe Jähnig, Bernhart: S. 137–143; kompakt und differenziert über die Funktionen der Vorburg siehe Nowak, Zenon Hubert a.a.O.

[32] Holst, Niels von: S. 358 zeigt eine Rekonstruktion der Heizanlage der Marienburg; Abb. einer Fußbodenplatte der Marienburg siehe *800 Jahre Deutscher Orden*, S. 105f; dgl. Thorn ebd., S. 109.

[33] Jähnig, Bernhart: S. 141.

[34] Boockmann, Hartmut (1): S. 239; *800 Jahre Deutscher Orden*, S. 220; Zeichnungen von Neumann und weitere Umbauplanungen ebd., S. 221ff.

[35] Siehe Gubler, Hans Martin, a.a.O.

Literaturverzeichnis

Armgart, Martin: *Die Handfesten des preußischen Oberlandes bis 1410* (Veröffentlichungen aus den Archiven Preußischer Kulturbesitz Beiheft 2) Köln 1995

Arnold, Udo (1): «Entstehung und Frühzeit des Deutschen Ordens», in: *Die geistlichen Ritterorden Europas,* hg. von Josef Fleckenstein und Manfred Hellmann. Sigmaringen 1980, S. 81–107

Arnold, Udo (2): «Weinbau und Weinhandel des Deutschen Ordens im Mittelalter», in: *Zur Wirtschaftsentwicklung des Deutschen Ordens im Mittelalter*, hg. von Udo Arnold. (Quellen und Studien zur Geschichte des Deutschen Ordens Band 38) Marburg 1989, S. 71–102

Arnold, Udo (3): «Die Hanse und Preußen», in: *Die Hanse und der deutsche Osten,* hg. von Norbert Angermann. Lüneburg 1990, S. 79–95

Antoni, Michael: *Dehio Handbuch der Kunstdenkmäler West- und Ostpreußen*, bearb. von Michael Antoni. München/Berlin 1993

Arszynski, Marian: «Das Bauwesen im Wirtschaftssystem des Deutschen Ordens in Preußen», in: *Zur Wirtschaftsentwicklung des Deutschen Ordens im Mittelalter*, hg. von Udo Arnold (Quellen und Studien zur Geschichte des Deutschen Ordens Band 38) Marburg 1989, S. 163–179

Bengtsson, Frans G.: *Die langhaarigen Merowinger.* München 1994

Boockmann, Hartmut (1): *Der Deutsche Orden.* München ³1989

Boockmann, Hartmut (2): *Ostpreußen und Westpreußen.* Berlin ²1992

Borchert, Friedrich: *Burgenland Preußen. Die Wehrbauten des Deutschen Ordens und ihre Geschichte.* München/Wien 1987

Bott, Gerhard/Arnold, Udo: *800 Jahre Deutscher Orden. Ausstellungskatalog des Germanischen Nationalmuseums.* Gütersloh/München 1990 (zit.: *800 Jahre Deutscher Orden*)

Bumke, Joachim: *Höfische Kultur, Literatur und Gesellschaft im Hohen Mittelalter.* Frankfurt a. M. ⁶1992

Cassanelli, Roberto: *Die Zeit der Kreuzzüge. Geschichte und Kunst.* Stuttgart 2000

Dehio: *Handburch der Kunstdenkmäler West- und Ostpreußen*, bearb. von Michael Antoni. München/Berlin 1993
Demurger, Alain: *Die Templer. Aufstieg und Untergang* 1120–1314. München [4]1994
Dollinger, Philippe: *Die Hanse.* Stuttgart [4]1989
Duby, Georges: *Wirklichkeit und höfischer Traum.* Frankfurt a. M. 1991
Ekdahl, Sven: *Das Soldbuch des deutschen Ordens 1410/1411.* Die Abrechnungen über die Soldtruppen bearbeitet von Sven Ekdahl (Veröffentlichungen aus den Archiven Preußischer Kulturbesitz Band 23/I). Köln 1988
Erbstösser, Martin: *Die Kreuzzüge. Eine Kulturgeschichte.* Leipzig [3]1996
Fleckenstein, Josef/Manfred Hellmann: *Die geistlichen Ritterorden Europas* (Vorträge und Forschungen Bd. 26). Sigmaringen 1980
Fleckenstein, Josef: *Rittertum und ritterliche Welt.* Berlin 2002.
Gubler, Hans Martin: *Johann Caspar Bagnato 1696–1757 und das Bauwesen des Deutschen Ordens in der Ballei Elsaß-Burgund im18. Jahrhundert.* Sigmaringen 1985
Handbuch der historischen Stätten Ost- und Westpreußen, hg. von Erich Weise. Stuttgart 1966
Heinisch, Klaus J.: *Kaiser Friedrich II. Sein Leben in zeitgenössischen Berichten.* München [4]1994
Holst, Niels von: *Der Deutsche Ritterorden und seine Bauten.* Berlin 1981/Wiesbaden 1997
Huizinga, Jan: *Herbst des Mittelalters.* München 1924
Jähnig, Bernhart: «Zur Wirtschaftsführung des Deutschen Ordens in Preußen vornehmlich vom 13. biszum frühen 15. Jahrhundert», in: *Zur Wirtschaftsentwicklung des Deutschen Ordens im Mittelalter*, hg. von Udo Arnold. (Quellen und Studien zur Geschichte des Deutschen Ordens Band 38). Marburg 1989, S. 113–147
Jelicz, Antonina: *Polnisches Mittelalter. Ein literarisches Lesebuch.* Frankfurt a. M. 1987
Kleßmann, Christoph: *Polnische Bergarbeiter im Ruhrgebiet 1870–1945.* Göttingen 1978
Kluger, Helmuth: *Hochmeister Hermann von Salza und Kaiser Friedrich II.* (Quellen und Studien zur Geschichte des Deutschen Ordens Band 37). Marburg 1987
Kossert, Andreas: *Masuren. Ostpreußens vergessener Süden.* Berlin 2001
LeGoff, Jacques: *Das Hochmittelalter.* Frankfurt a. M. 1965 (Fischer Weltgeschichte Band 11)
Leistikow, Dankwart: «Kreuzritterburgen im lateinischen Königreich Jerusalem – Überblick und Forschungsstand», in: *Istanbuler Mitteilungen*, 39/1989, S. 341–372, insbes. S. 354f.

Livländische Reimchronik. Stuttgart 1844/Neudruck Amsterdam, hg. von Franz Pfeiffer 1969
Maschke, Erich (1): «Deutsche Wacht im Osten durch die Jahrhunderte», in: *Tannenberg. Deutsches Schicksal – Deutsche Aufgabe*, hg. vom Kuratorium für das Reichsehrenmal Tannenberg. Oldenburg/Berlin 1939, S. 165–196; insbes. S. 176–183
Maschke, Erich (2): «Deutschordensbrüder aus dem Städtischen Patriziat», in: *Festschrift für K. Forstreuter.* Göttingen 1958, S. 255–271
Mayer, Hans Eberhard: *Geschichte der Kreuzzüge.* Stuttgart ^{7}1989
Meinecke, Friedrich: *Das Zeitalter der deutschen Erhebung 1795–1815* (Monographien zur Weltgeschichte Bd. 25). Bielefeld/Leipzig ^{3}1924
Neitmann, Klaus: *Der Hochmeister des Deutschen Ordens in Preußen – ein Residenzherrscher unterwegs* (Veröffentlichungen aus den Archiven Preußischer Kulturbesitz Band 30). Köln 1990
Neitmann, Sonja: *Von der Grafschaft Mark nach Livland: Ritterbrüder im livländischen Deutschen Orden* (Veröffentlichungen aus den Archiven Preußischer Kulturbesitz Beiheft 3). Köln 1993
Niess Ulrich: *Hochmeister Karl von Trier (1311–1324)* (Quellen und Studien zur Geschichte des Deutschen Ordens Band 47). Marburg 1992
Nowak, Zenon Hubert: «Die Vorburg als Wirtschaftszentrum des Deutschen Ordens in Preußen. Eine Fragestellung», in: *Zur Wirtschaftsentwicklung des Deutschen Ordens im Mittelalter*, hg. von Udo Arnold (Quellen und Studien zur Geschichte des Deutschen Ordens Band 38). Marburg 1989, S. 148–162
Ohler, Norbert: *Krieg und Frieden im Mittelalter.* München 1997
Paravicini, Werner: *Die Preußenreisen des europäischen Adels*, Bd. I und II. Beihefte der Francia Bd. 17/1 und 17/2. Sigmaringen 1989/1995
Pierson, William: *Preußische Geschichte*, hg. von John Pierson. Berlin ^{9}1906
Pistohlkors, Gert von: *Baltische Länder.* Berlin 1994
Piper, Otto: *Burgenkunde.* Augsburg 1993
Pospieszny, Kazimierz: *Die Bauweise der ritterlichen Klosterburgen in Preußen. In: Burgenbau im späten Mittelalter*, hg. von der Wartburg-Gesellschaft zur Erforschung von Burgen und Schlössern (Forschungen zu Burgen und Schlössern Bd. 2). München/Berlin 1996
Ranke, Leopold von: *Zwölf Bücher preußischer Geschichte.* Berlin 1929
Samsonowicz, Henryk: «Der Deutsche Orden als Wirtschaftsmacht des Ostseeraumes», in: *Zur Wirtschaftsentwicklung des Deutschen Ordens im Mittelalter*, hg. von Udo Arnold (Quellen und Studien zur Geschichte des Deutschen Ordens Band 38). Marburg 1989, S. 103–112
Schmidt, Alexander: *Geschichte des Baltikums. Von den alten Göttern bis zur Gegenwart.* München/Zürich 1992
Schmitt, Eva: *Der preußische Eisenkunstguß.* Berlin 1985

Schönwiese, Christian-Dietrich: *Klima im Wandel. Von Treibhauseffekt, Ozonloch und Naturkatastrophen*. Reinbek 1994
Schreiber, Hermann: *Land im Osten. Verheißung und Verhängnis der Deutschen*. Düsseldorf/Wien 1961
Voigt, Johannes: *Geschichte Preußens von den ältesten Zeiten bis zum Untergange der Herrschaft des Deutschen Ordens*. Königsberg 1827–1839
Weise, Erich: *Ost- und Westpreußen. Handbuch der Historischen Stätten*. Stuttgart 1966
Willerding, Ulrich: «Gärten und Pflanzen des Mittelalters», in: *Der Garten von der Antike bis zum Mittelalter*, hg. von Maureen Carroll-Spillecke. Mainz 1992, S. 249–284
Wolfrum, Heinrich: *Die Marienburg. Das Haupthaus des Deutschen Ritterordens und seine Geschichte*. Leer ³1986
Zeune, Joachim: *Burgen. Symbole der Macht*. Regensburg ²1997
Ziegler, Uwe: *Die Hanse*. Bern/München/Wien ²1996
Zimmermann, Harald (1): «Der Deutsche Ritterorden in Siebenbürgen», in: *Die geistlichen Ritterorden Europas*. Vorträge und Forschungen Bd. 26. Sigmaringen 1980, S. 267–298
Zimmermann, Harald (2): *Siebenbürgen und seine Hospites Theutonici. Vorträge und Forschungen zur südostdeutschen Geschichte*. Festgabe zum 70. Geburtstag, hg. von Konrad Gündisch. Schriften zur Landeskunde Siebenbürgens, Bd. 20. Köln 1996
Zimmermann Harald (3): *Der Deutsche Orden im Burzenland. Eine diplomatische Untersuchung*. Studia Transsylvanica Bd. 26. Köln 2000

Die Hochmeister des Deutschen Ordens

zusammengstellt nach Boockmann (1), S. 290f.

Heinrich Walpot	1198–1200
Otto von Kerpen	1200–1208
Heinrich von Tunna gen. Bart	1208–1209
Hermann von Salza	1209–1239
Konrad von Thüringen	1239–1240
Gerhard von Malberg	1240–1244
Heinrich von Hohenlohe	1244–1249
Gunther von Wüllersleben	1249–1252
Poppo von Osterna	1252–1256
Anno von Sangershausen	1256–1273
Hartmann von Heldrungen	1273–1282
Burchard von Schwanden	1282–1290
Konrad von Feuchtwangen	1291–1296
Gottfried von Hohenlohe	1297–1303
Siegfried von Feuchtwangen	1303–1311
Karl von Trier	1311–1324
Werner von Orseln	1324–1330
Luther von Braunschweig	1330–1335
Dietrich von Altenburg	1333–1341
Ludolf König	1341–1345
Heinrich von Dusemer	1345–1351
Winrich von Kniprode	1352–1382
Konrad Zöllner von Rotenstein	1382–1390
Konrad von Wallenrode	1391–1393

Konrad von Jungingen	1393–1407
Ulrich von Jungingen	1407–1410
Heinrich von Plauen	1410–1413
Michael Küchmeister	1414–1422
Paul von Rusdorf	1422–1441
Konrad von Erlichshausen	1441–1449
Ludwig von Erlichshausen	1449–1467
Heinrich Reuß von Plauen	1469–1470
Heinrich Reffle von Richtenberg	1470–1477
Martin Truchseß von Wetzhausen	1477–1489
Johann von Tiefen	1489–1497
Friedrich von Sachsen	1498–1510
Albrecht von Brandenburg-Ansbach	1511–1525
Walter von Cronberg	1527–1543
Wolfgang Schutzbar gen. Milchling	1543–1566
Georg Hund von Wenckheim	1566–1572
Heinrich von Bobenhausen	1572–1590/1595
Maximilian von Österreich	1590/1595–1618
Karl von Österreich	1619–1624
Johann Eustach von Westernach	1625–1627
Johann Kaspar von Stadion	1627–1641
Leopold Wilhelm von Österreich	1641–1662
Karl Joseph von Österreich	1662–1664
Johann Kaspar von Ampringen	1664–1684
Ludwig Anton von Pfalz-Neuburg	1684–1694
Franz Ludwig von Pfalz-Neuburg	1694–1732
Clemens August von Bayern	1732–1761
Karl Alexander von Lothringen	1761–1780
Maximilian Franz von Österreich	1780–1801
Karl Ludwig von Österreich	1801–1804
Anton Victor von Österreich	1804–1835
Maximilian Joseph von Österreich-Este	1835–1863
Wilhelm von Österreich	1863–1894
Eugen von Österreich	1894–1923
Norbert Klein	1923–1933
Paul Heider	1933–1936

Robert Schälzky	1936–1948
Dr. Marian Tumler	1948–1970
Ildefons Pauler	1970–1988
Dr. Anton Wieland	1988

Die Burgen des Deutschen Ordens in Preußen

zusammengestellt nach *Dehio Handbuch der Kunstdenkmäler: West- und Ostpreußen* (bearb. von Michael Antoni, München/Berlin 1993) und *Handbuch der historischen Stätten Ost- und Westpreußens* (hg. von Erich Weise, Stuttgart 1966)

Allenburg (1274)
Allenstein (ermländische Domkapitelburg etwa 1348)
Althausen (zweitälteste Burg 1232, erste Ordensburg in Stein)
Alt Kischau (1316)
Alt Wartenburg (1325; 1353/54 zerstört und in Wartenburg neu errichtet)
Angerburg (um 1335)
Arnau (1322)
Auglitten (1256)
Baldenburg (Ende 14. Jahrhundert)
Balga (1239)
Barten (1325)
Bartenstein (1241)
Bäslack (1402)
Birglau (1270)
Bischöflich Papau (1280)
Bischofsburg (1389)
Brandenburg (1267)
Braunsberg (ermländische Bischofsburg 1240)
Briesen (kulmische Bischofsburg Anfang 14. Jahrhundert)
Bütow (1393)

Christburg (1248)
Danzig (1308)
Domnau (um 1300)
Eckersberg (um 1340)
Elbing (1237)
Engelsburg (1242)
Fischhausen (samländischeBischofsburg 1266)
Frauenburg (ermländische Domkapitelburg 1278)
Georgenburg (samländische Bischofsburg um 1350)
Gerdauen (um 1315)
Germau (1270)
Gilgenburg (um 1316 in Stein)
Gollub (1293)
Graudenz (1234)
Groddeck (Mitte 14. Jahrhundert)
Groß Wohnsdorf (Ende 13. Jahrhundert)
Grunenburg (ermländische Bischofsburg 1289)
Hammerstein (1396)
Heilsberg (ermländische Bischofsburg 1241)
Hohenstein (1349)
Insterburg (1336)
Johannisburg (1345)
Kaimen (1254)
Kamswykus/Tammow (1275)
Kauernik (kulmische Domkapitelburg 1291)
Königsberg (1255)
Kreuzburg (1240)
Labiau (1258)
Lamgarben (1328)
Laptau (samländische Bischofsburg 1351)
Lauenburg (Mitte 14. Jahrhundert)
Laukischken (1258)
Leipe/Lippinken (1277)
Lenzenburg (1246)
Leunenburg (1326)
Liebstadt (1357)

Löbau (kulmische Bischofsburg 1302)
Lochstedt (1264)
Lötzen (vor 1341)
Lyck (1398)
Marienburg (1274)
Marienwerder (pomesanische Domkapitelburg 1234)
Medenau (samländische Bischofsburg 1258)
Mehlsack (ermländische Bischofsburg 1288)
Memel (1252)
Mewe (1283)
Mohrungen (1280)
Neidenburg (1266/68)
Neuenburg (um 1350)
Neuhausen (samländische Domkapitelburg 1292)
Neumark (um 1325)
Nordenburg (1366)
Norkitten (1275)
Ortelsburg (1350/60)
Osterode (vor 1300)
Pobethen (nach 1283)
Powunden (samländische Bischofsburg 1265)
Preußisch Eylau (1338)
Preußisch Holland (vor 1319)
Preußisch Mark (1312)
Putzig (erste Hälfte 14. Jahrhundert)
Ragnit (1289)
Rastenburg (vor 1329)
Rehden (1234)
Rhein (1377)
Riesenburg (pomesanische Bischofsburg 1276)
Roggenhausen (um 1285)
Rößel (ermländische Bischofsburg 1241)
Rudau (1274)
Saalau (1275, seit 1325 samländische Domkapitelburg)
Schaaken (samländische Bischofsburg 1328)
Schlochau (1325)

Schönberg (pomesanische Domkapitelburg 1301)
Schönsee (um 1280)
Schwetz (1338)
Seeburg (ermländische Bischofsburg vor 1338)
Seehesten (1330)
Sobbowitz (1309)
Soldau (Anfang 14. Jahrhundert)
Stolbeck/Splitter (Stadtgebiet Tilsit; 1365)
Strasburg (1308/17)
Stuhm (1326)
Tapiau (um 1280/90)
Taplacken (vor 1336)
Thierenberg (samländische Bischofsburg nach 1270)
Thorn (1231)
Tiefenau (1250 zerstört)
Tilsit (1406)
Tolkemit (1454 zerstört)
Tuchel (erste Hälfte 14. Jahrhundert)
Unislaw (Ende 13. Jahrhundert)
Vogelsang (erste Ordensfeste bei Thorn 1231)
Waldau (1264)
Wartenburg (ermländische Bischofsburg 1325)
Wehlau (Ende 13. Jahrhundert)
Willenberg (etwa 1317)
Windenburg (1360)
Woplauken (nach 1311)
Wormditt (ermländische Bischofsburg Anfang 14. Jahrhundert)
Zantir (1247)

Das sind hundertzwanzig Burgen und feste Häuser allein in Preußen, in Livland kommen noch weitere etwa sechzig hinzu. Im Ausstellungskatalog des Germanischen Nationalmuseums Nürnberg *800 Jahre Deutscher Orden*, S. 50, werden «in Preußen etwa hundertvierzig Steinburgen ... in Livland ... etwa siebzig» gezählt.
Vollständig oder weitgehend vollständig erhalten und/oder restauriert sind im ehemaligen Preußen: Allenstein, Angerburg, Bäslack, Barten,

Birglau, Bütow, Frauenburg, Georgenburg, Schloß Golau in Gollub, Heilsberg, Hohenstein, Marienburg, Marienwerder, Neidenburg, Osterode, Rhein, Rößel, Saalau, Schwetz, Soldau, Tapiau.
Neben der Marienburg am eindrucksvollsten, weil im Originalbauzustand, gut restauriert und zugleich wenig besucht, wirkt Heilsberg.

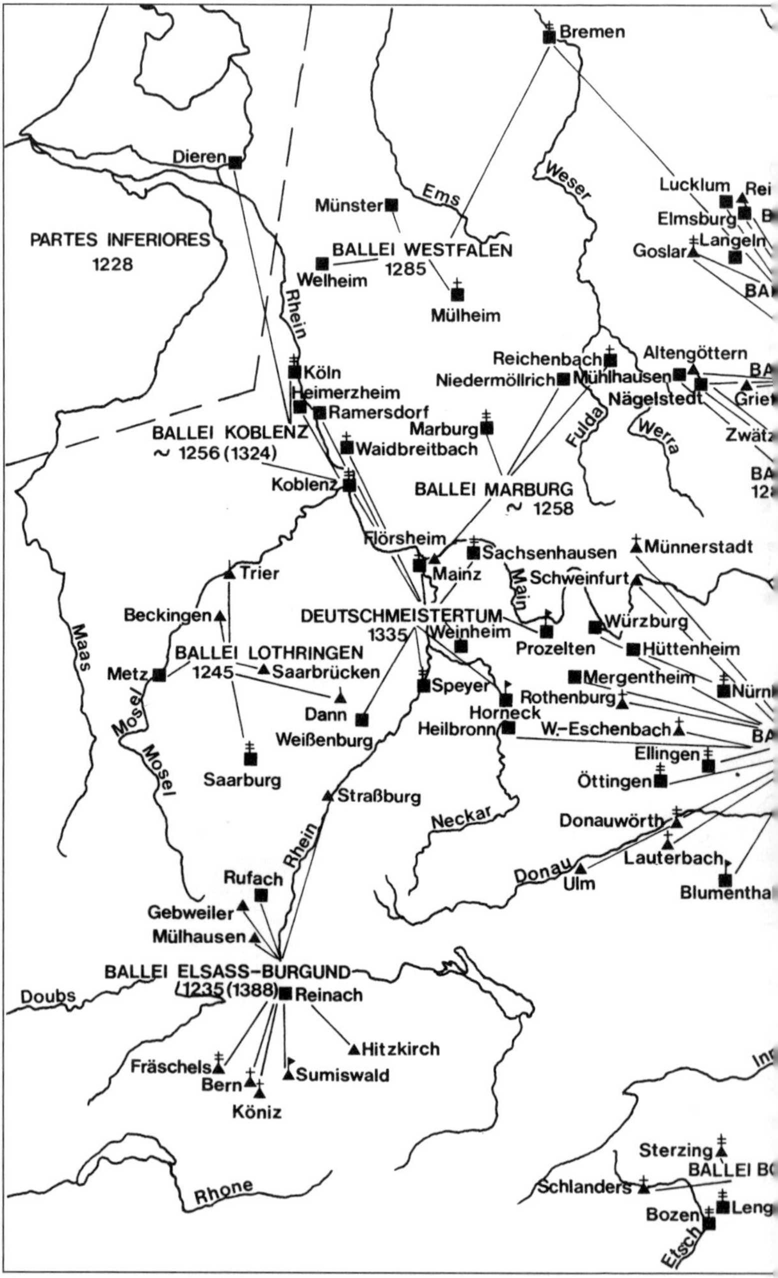

Deutschordensballeien im Reich. Nach der Karte von K. Militzer, in: *Die Entstehung der Deutschordensballeien im Deutschen Reich* (Quellen und Studien zur Geschichte des Deutschen Ordens 16, 1970).

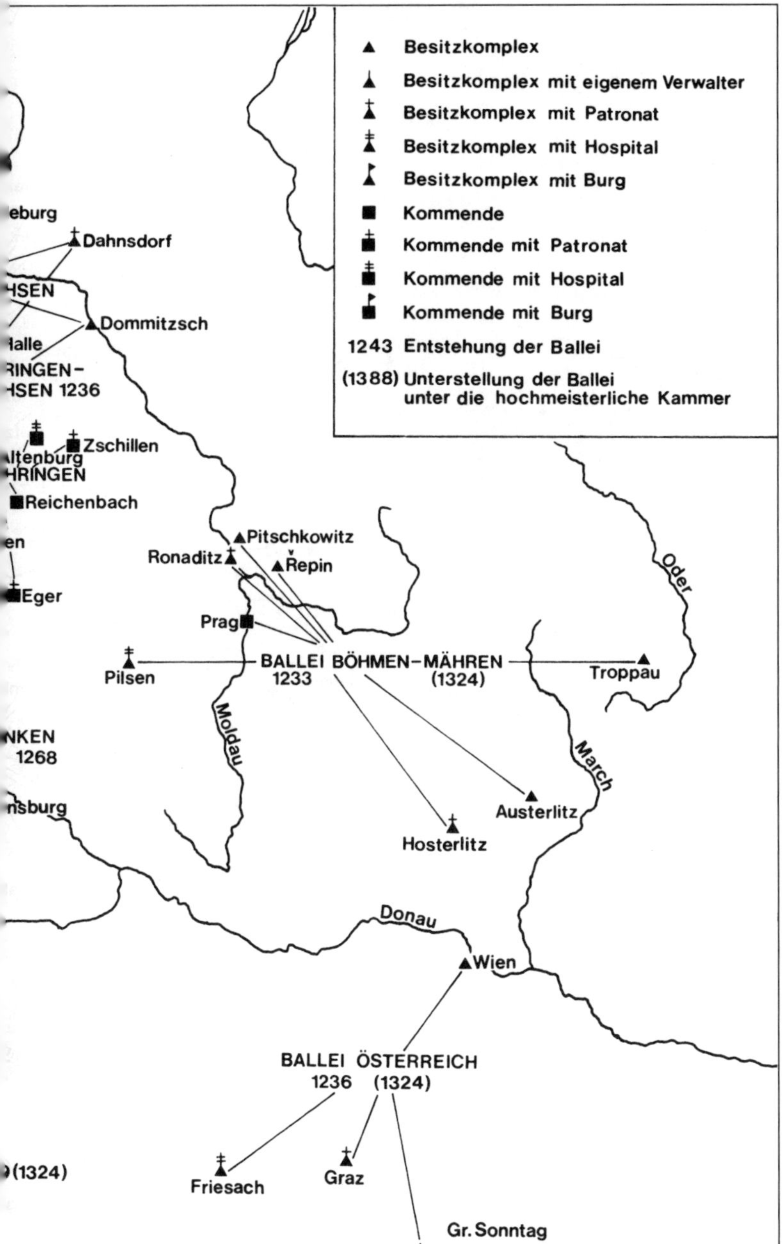

Besitzkomplex
Besitzkomplex mit eigenem Verwalter
Besitzkomplex mit Patronat
Besitzkomplex mit Hospital
Besitzkomplex mit Burg
Kommende
Kommende mit Patronat
Kommende mit Hospital
Kommende mit Burg
1243 Entstehung der Ballei
(1388) Unterstellung der Ballei unter die hochmeisterliche Kammer
Dahnsdorf
Dommitzsch
Zschillen
Reichenbach
Eger
Pitschkowitz
Ronaditz
Repin
Prag
Pilsen
BALLEI BÖHMEN-MÄHREN
1233
(1324)
Troppau
Oder
March
Moldau
Austerlitz
Hosterlitz
Donau
Wien
BALLEI ÖSTERREICH
1236 (1324)
Friesach
Graz
Gr. Sonntag
1268
(1324)

Preußen um 1400. Nach einer Karte von B. Jähning, in: *Blätter für deutsche Landesgeschichte* 116, 1980

Windenburg
KT. MEMEL
Tilsit
Ragnit
KT. RAGNIT
Schaaken
Labiau
LAND
Wargen
Königsberg
Waldau
Kremitten
Tapiau
KT.
BST.
SAML.
Wehlau
Brandenburg
KÖNIGSBERG
Kreuzburg
KT. BRANDENBURG
Pr. Eylau
KT. BALGA
Heilsberg
Wartenburg
Allenstein
Rajgród
Ortelsburg
zu KT. ELBING
Hohenstein
OSTERODE
Neidenburg
Soldau
Hochmeistersitz
Komtursitz
Sonstiger Ort
Gebiete der Domkapitel
Gebiete der Bischöfe
BST. Bistum
KT. Komturei
VT. Vogtei

Bildnachweis

AKG, Berlin: Abb. S. 27, 64, 103 (© Germanisches Nationalmuseum Nürnberg), 110, 118, 149, 153, 164, 168, 185, 229 (Foto: Erich Lessing)
Geheimes Staatsarchiv Preußischer Kulturbesitz, Berlin: S. 100 (Schiebl. 3 Nr. 4b)
Universitätsbibliothek Heidelberg: S. 226
Toruń, Archiwum Państwowe, Kat I, Nr. 1: S. 234
Tomasz Wert, BESTA-Film, Warschau: S. 128
H. Ewe, *Schiffe und Siegeln*, 1972: S. 101
N. von Holst, *Der Deutsche Ritterorden und seine Bauten*, Wiesbaden 1997: S. 54, 113, 145
K. Militzer, *Die Entstehung der Deutschordensballeien im Deutschen Reich*. Quellen und Studien zur Geschichte des Deutschen Ordens 16. 1970: S. 268/269
B. Jähning, *Blätter für deutsche Landesgeschichte* 116, 1980: S. 270/271

Personenregister

Ortsregister

Günter Erbe

Dandys – Virtuosen der Lebenskunst

Eine Geschichte des mondänen Lebens

2002. 352 S. 20 s/w-Abb.
Gb. mit Schutzumschlag.
€ 24,90/SFr 42–
ISBN 3-412-05602-2

Böhlau

Köln Weimar

In unserer glitzernden Medienwelt, in der Schein mehr gilt als Sein, kommen die Attitüden des Dandys, die früher nur in exklusiven Kreisen Resonanz fanden, wieder in Mode. Der Dandy, der modebewusste Beau, in der Regel ein Aristokrat und Müßiggänger, beherrschte zu Anfang des 19. Jahrhunderts die elegante Männerwelt und erlebte im Fin de siècle eine Renaissance. Welche Faszination ging von ihm aus?
Von der Regency-Epoche über die Ära des Bürgerkönigs Louis Philippe, die Belle Époque, bis zu seinen letzten Ausläufern im 20. Jahrhundert wird dieser Gesellschaftstypus in europäischem Maßstab dargestellt. Im Dandy, begriffen als komplexe soziale Erscheinung, durchdringen Mode-, Gesellschafts- und Literaturgeschichte einander auf spannende Weise.
Zugleich bietet das Buch auch eine Geschichte der mondänen Gesellschaft der europäischen Metropolen, in der prominente Dandys wie George Brummell, Lord Byron, Benjamin Disraëli, Baudelaire oder Oscar Wilde zu Wort kommen. Memoiren, Briefe, Tagebücher von Zeitzeugen, Biografien, Reiseliteratur, Anstandsbücher und Traktate, sittengeschichtliche Darstellungen, Artikel der Modepublizistik, Modekupfer und Karikaturen sowie Werke der schönen Literatur sind die reichhaltigen Quellen, auf die sich Günter Erbe in seiner Untersuchung stützt.

Ursulaplatz 1, D-50668 Köln, Telefon (0221) 913900, Fax 9139011

Michael Zaremba

Johann Gottfried Herder

Prediger der Humanität

Eine Biografie

2002. VI, 270 Seiten. 20 s/w-Abbildungen im separaten Tafelteil. Gebunden mit Schutzumschlag. ISBN 3-412-03402-9

Böhlau

Köln Weimar

Johann Gottfried Herder, geboren 1744 im ostpreußischen Mohrungen und gestorben 1803 in Weimar, gehört zu den bedeutendsten Vertretern der Weimarer Klassik. Vor allem durch sein Hauptwerk »Ideen zur Philosophie der Geschichte der Menschheit«, seine »Volkslieder«-Sammlung sowie die »Briefe zu Beförderung der Humanität« gebührt ihm ein Ehrenplatz in der deutschen Literatur- und Geistesgeschichte.
Mit Blick auf das 200. Todesjahr Herders legt Michael Zaremba eine moderne Biografie vor, die erstmals auf die Gesamtausgabe von Herders Briefen zurückgreifen kann.
Herders theologische Gedanken, die das Humane zum Zentrum haben, bezaubern ebenso wie die facettenreichen Nuancen seines Stils. Der Geistliche verstand sich als Politosoph, der das Individuelle mit dem Gesellschaftlichen verbindet, die Gotteslehre mit dem Anspruch von Menschlichkeit gleichsetzt. Er war Prediger der Humanität in einer Epoche, in welcher der Begriff als Phrase galt, ja verlacht wurde. Aber diese christlich Weltsicht fundierte zugleich eine moderne Existenz, denn Herders Denken und Wirken war wie ein Funken an der Wegscheide zur Moderne. Seine Briefe und Schriften, welche Grundlage dieser Biografie sind, kehrten sein Innerstes nach außen.

ISBN 3-412-03502-5Ursulaplatz 1, D-50668 Köln, Telefon (0221) 913900, Fax 9139011